狂密與真密

第二輯

—平實導師　著—

ISBN 957-30019-2-6

慈悲亦須輔以智慧，若無真正之般若慧，而一味慈悲，欲將西藏密宗之邪法用來利益眾生者，其實是戕害眾生，非是利益眾生也；必害眾生墮於毀破重戒及破壞佛教正法之地獄罪故，必將導致眾生於無量世受諸尤重純苦故。

——平實導師——

以數珠為喻：西藏密宗乃是以種種虛構之觀想法、持外道咒、天瑜伽、遷識……等外道法為數珠，以風瑜伽為隔珠，以佛教教相及僧寶表相為佛頭珠；以自己所定義之般若中觀名相及果位修証名相，作為佛頭珠所懸之飾穗，最後以淫樂之樂空雙運欲界外道雙身法為串繩，貫串密宗之一切成佛理論與行門。如是串成之數珠，即是西藏密教之真實宗義。——平實導師——

目次

《第二輯》：

《第三輯》：

《第四輯》：

第十五章　密宗推廣之手段

第十七章　總結

自序

凡修學佛法者，全仗佛語開示、輯成經典以表佛旨，遵行不渝而證法道；凡我佛子親證佛道，莫不仰仗 佛力加持，然後方得一念相應、親證般若；若人欲修佛法、欲證佛道，而不依止 世尊，如是欲證佛菩提者，名爲愚人。然而密教之見、修、行、果，悉皆依止密教祖師自設之雙身佛—以恒時手抱女人而受淫樂之雙身「佛」爲報身佛（如是報身佛，實非真正之報身佛，悉是鬼神夜叉之假形示現），復以得自外道中之性力派雙身淫合之法而求佛道，以之作爲佛法之正修，而不依止創建佛教之 釋迦世尊，乃竟依止凡夫俗子之蓮花生上師，以爲密教之主，而與顯教分庭抗禮，不依止 佛，名爲顚倒。

蓮花生本是外道凡夫，肉胎出生，娶妻生子，並非眞正蓮花化生；密教上師爲建立密教之教主，是故渲染附會而流傳之，加以後人盲目誤傳，遂成密教所公認之蓮花化生，故名蓮花生。彼蓮花生既是凡夫，所弘之法復又全是外道性力派之世間淫樂邪道，乃是 世尊於諸經中一再指斥之欲界愛無明，說爲三乘一切佛子所應斷者，而蓮花生竟教人貪著淫欲中最大之樂觸，完全反 佛所說，焉得名爲「佛教之密教主」？是故學佛之人當依 釋迦牟尼佛，不應依止凡夫外道之蓮花生上師。

復次，已知依佛而不依凡夫外道已，當知依止正法而不依止於人（依法不依人）之正理。佛所說法，不外解脫道及佛菩提道；如是二法，綜而言之，則悉函蓋於佛菩提道中。解脫道之修證，要依斷我見及我執而得；我見者，執見聞覺知之心為「常不壞我」，堅認此意識心由往世轉生而來，死已能去至後世，誤執此心作為輪迴之主體識，是名我見；如是我見，即是密教「證悟成佛」後之蓮花生上師所說離念靈知心也。今者密教建立蓮花生為教主之後，復又將彼常見外道法套用佛學名詞而說為佛法，再將彼外道法高推為更勝於佛教顯宗之法，名為即身成佛之妙道，然實完全違背佛法，故名外道。

斷我見後尚須除斷我執，我執斷已，名為三界一切人天應供之阿羅漢或辟支佛，此是解脫道之正修行也。今者密教上自教主蓮花生，下迄今時一切上師法王，悉以樂空靈知心及離念靈知心為佛地眞如，悉墮意識之中；復又誤認涅槃空無形色、受樂之覺知心空無形色，名之為空性，誤會般若經中 佛意，由此二緣名為未斷我見之凡夫；依此而弘之法悉是常見外道法，與民間信仰所說之靈魂無異，唯是「有念離念」之差別爾。如是常見外道法若可依止者，則一切外道法悉可依止為佛法也。

今者密教古今上師所說之法，悉是常見外道法，復以鬼神夜叉所傳之性力派雙身法爲中心思想，焉可依止？有智之人悉當審觀細思，而後知所取捨：依正法而不依上師。佛菩提道之正修，則是以佛所說：親證第八識如來藏爲首，然後依所證如來藏而親領受——親自現前領受如來藏之體性，因而發起般若慧之根本智（般若總相智）及後得智（般若別相智與一切種智）；以證此識故知實相，以證此識故起後得智中之一切種智少分，名爲道種智，是名初地菩薩，如是方名佛菩提道之正修行也。

然密教卻因不能證得第八識如來藏，因之不能發起般若慧；便另行發明觀想所出現之中脈內明點，作爲佛所說之如來藏阿賴耶識，以之矇混代替，作爲般若慧之修證而秘密之，不令顯教中人知其所證如來藏阿賴耶識即是明點。復以明點能通達中脈上下五輪之外道法證量，作爲佛教般若慧通達位之初地菩薩證量，以之籠罩顯教出家在家菩薩，及籠罩密教中之初機學人，令之崇拜不已，不敢生疑。

如是，密教古今諸師，悉皆依止蓮花生外道而欲求證佛法，悉皆依止中脈明點觀想之外道法而欲求證佛法，猶如煮沙而欲成飯，與佛法實不相應，名爲顚倒。是故一切佛教學人修學佛法，悉當依止　釋迦世尊，莫依止外道蓮花生；當依止佛教正法，莫依止密宗外道法；當依止佛教僧寶，莫依止密教外道喇嘛上師，否則即成顚倒想、顚倒修也。

復次，密教以男女雙身淫合之法，作爲佛法正修；以性高潮之一心不亂名爲等至，以行淫作爲禪定之正修行，與 佛所說外道及菩薩修證之四禪八定相違，亦與 佛所說之解脫道相違，更與 佛所說之佛菩提道完全牴觸、背道而馳。如是印度教性力派外道所說世間淫樂之法，而密教高推之爲超勝於佛教之勝法，依之而修者，必將導致後世之長劫輪迴三途而不可止，受苦無量，焉得名爲佛法正修？是故一切人修學佛法者，當依 佛所說法，莫依密教諸師所說之外道法。

密教興而佛教亡，是古印度之歷史事實。密教之興盛，必將導致佛法之衰落；興盛至極而完全取代顯教已，則必滅亡佛教；此因密教之法並非眞正佛法，乃是外披佛教表相，內實常見外道及淫合享樂之世間法──乃出家人行在家法；是故密教完全取代顯教之後，佛教即告滅亡，徒有佛教寺院及僧侶，本質已轉變成**鬼神爲中心、爲依止之外道**。

凡修密教之法者，全仗 佛力加被，此是密教一切上師法王之共識。而今密教諸師卻一致主張：「依止上師爲主，依佛爲次。」主張「應依上師所造密續、不依 釋迦佛所說經典，密續勝於顯教經典。」亦如宗喀巴之主張「依雙身法大貪而修，離貪即是違犯三昧耶戒。」而古今法王上師之修證，悉墮常見外道法中；密續中之一切經續，復是密教祖師之長期集體結集，非佛所說；其中之法復是外道法，如是而言依止上師、不依顯教經典，依止密教所崇奉之鬼神化現雙身佛、不依止顯教眞正之佛，焉能證得佛法？則知密教諸師之言及密續所說，悉是顚倒之說也。

余造此書者，其故衆多：乃因密教學人普皆不知密教之本質，故受矇騙誤導；復因台灣顯教近年來有許多大法師，競相貪緣密教達賴喇嘛大名聲，以抬身價；如是作爲，導致顯教許多出家二衆，不知彼諸大法師攀緣密教自高之用意，誤以爲密教眞是佛教；復因求證般若極爲困難，久修而不能親證之，每見密教諸師個個皆有「證量」，所言證量「高超」—動輒入地、成佛，彼諸出家二衆不知密教底細，乃轉向密教求法；末因社會普遍不知密教非是佛教，但見弘密之道場爆發「性醜聞」已，便謂是佛教道場法師發生邪淫之事，怪罪佛教，令佛教常受密教之牽累，屢受其害。由是諸故，應造此書，以正視聽，以護佛教。

然造此書最大之原因，則是觀察密教以外道法代替佛教法義，處處說爲更勝於顯教之究竟成佛法門，如是以外道法冒充佛法，以喇嘛外道身冒充佛教僧寶，再以崇密抑顯之手段而蠶食鯨吞佛教資源，以漸進和平之方式，滅亡佛教於佛子不知不覺之中，將又重演古天竺佛教滅於密宗手中之歷史。而密教法義之當代首領，首推達賴喇嘛及印順法師；達賴公開推廣無因論之緣起性空觀，否定第三轉法輪之唯識諸經，依宗喀巴之說而指爲不了義法；復又暗中弘傳雙身法，說爲究竟成佛之法；印順法師則以顯教法師身份而主動繼承密教邪法，極力弘揚密宗黃教無因論之應成派中觀，明爲反對密教（指斥密教雙身法），實際則以廣弘應成派中觀之無因論而護持密教，以此而否定 佛說之第三轉法輪諸經如來藏妙義，由此故令密教之雙身法獲得生存之空間；如是今時顯密二大師之弘傳密教邪法，一明一暗，同令密教得以擴大其勢力，同令佛教學人誤以爲密教眞是佛教，其惡劣影響極爲重大深遠，不能不據實加以披露。

由是諸因，必須盡示密教之法義秘密，必須盡辨密教法義之邪正，普令一切佛子及社會人士知之，乃有此書之著作與發行，欲令大衆了知密教之外道本質及其異於眞正佛教之處，以護眞正之佛教。

余作是辨正密教法義之行，欲令密教回歸顯教法義，驅逐密教崇奉之外道邪法遠離佛門，故以此書爲緣，期望佛教法義回歸佛世之純淨—不夾雜密教諸外道法，普願我教一切大師學人悉知密教之眞實面目，亦令密教遠離外道法，回歸顯教諸經 佛說正法，而令佛教日趨純淨，以求賡續佛法慧命至月光菩薩降世之時。若密教不願修正其外道法者，則當令密教脫離佛教，與佛教兩不相干，方能令 世尊聖教從此永安，不復受密教外道法之干擾。

然今密宗諸師眼見余之辨正密教法義，不願修正其邪謬法義，而欲繼續原有邪法以救密宗外道法之將亡、思圖密宗謬法之久存，乃故意於網站上以顯教之學人之身份，化名誣蔑余爲附佛法外道，藉以混淆視聽──令人誤以爲是顯教學人對余之批判；如是行爲卑劣失格，猶如賊人之大喊抓賊無異。密宗諸師生大瞋恚於余──大肆詆譭余爲外道，然彼等只能私下對信衆飾言：「平實居士於密法外行，吾人不屑與之對話或辯論。」而皆不敢、亦不能對平實之言論，公開書具眞名地址而提出佛教法義上之辨正，只能作諸飾辭及遮掩之說。

此因彼等密教中修行三十年以上之喇嘛上師實已自知：密宗之法只是將佛法名相套用於彼等祖師從外道所學得之世間法中爾，本質絕非佛教。彼等實亦自知未曾證悟般若，自知未證如來藏，自知尚未入菩薩法中；然若據實而言，必將遭致密教衆人圍攻，故無人肯據實而言；亦因難捨名聞利養，是故仍藉密教之法續受供養，因循苟且以度時日。由是之故，密教諸師於余所說密教法義之內涵，悉皆諱莫如深，不敢作具名公開之辯解，亦不敢前來與余作私下之法義辨正；彼等皆已了知：密教之法皆是套用佛法名詞之外道世間法，皆不能端上大雅之堂故。

復次，密教之法，自始至終不離雙身淫樂第四喜之法，將之懸為修證成佛之最終鵠的，是故西藏密教之所有密續一切隱語所言者，悉皆同是此法，無有二意；若必各派一一密續皆一一加以闡釋者，則必導致極多前後重複之討論，讀者閱已，唯增厭煩，並無實義，是故僅舉代表性之宗派密續，以括弧註解之，令讀者能了其意即可。

復次，本書文辭必須淺白，乃至使用世俗常用而非正統之成語文字者，於此亦應說明。蓋密教之法確實邪淫荒謬，是故不許令外人知之，乃以隱諱之暗語而弘傳之，故其密續之中，多諸暗語。此諸暗語若不加以淺白之解釋，則學人讀之亦不解其義；若不解義，則不能辨正其法之正邪，此後密教諸師仍可從中作諸飾辭而轉移焦點、遮掩其謬，令余護持佛教正法之行功虧一簣；是故本書文辭必須淺顯明白，令讀者悉得解知其義，亦令密教諸師不能曲解掩飾。復次，鑑於密宗初機行者多屬教育層次較低者，為令彼等諸人讀已，能得真解余書所說之意，故本書言詞必須淺白，儘量避用一般人不常用之詞彙。

復次，本書對於所舉證之密教「經部、續部」文詞，多以括弧（）而附註於後，乃因：若必一一加以逐段解釋者，則篇幅將更大幅增加，是故採取較為簡便之方式，以括弧而附註之，節省篇幅；讀者閱已即知，便能據實而作解析、了知密教法義之邪正，即能回歸正道而捨邪法，則余目的已可成就，是故作此較為簡便之方式而註釋之。

復次，本書原計劃篇幅為一冊約四百頁；然因密教法義之**全面**偏邪，導致評論之文辭量鉅，無法縮減，達於五十五萬餘字，乃於內文部份每頁增加三行成十七行，如此儘量容納之，仍需分成四冊方能完印。是故編排較為擁擠，可能導致年長讀者較耗眼力，實是不得已之舉，謹此先表歉意。

復次，本書為防部份迷信之密教信徒大量蒐集焚燬—猶如昔年有人蒐集《正法眼藏—護法集》而焚之，故不以免費結緣方式流通，改以局版書發售之方式流通之，然因不以營利為目的，故以不敷成本之「成本價」流通之，由本公司餘書所得利潤挹注之，以廣流通、廣益學人，如是護持佛教正法。

茲以此書出版在即，故敘緣由及編輯大意如上；普願顯密一切行者細讀此書，一一加以驗證而明辨之，以護自身、兼救他人，大眾同離破壞佛教正法之大惡業，莫再因循苟且而隨密宗邪法深入岐途。

菩薩戒佛子　平實居士　謹誌

公元二〇〇二年仲春序於喧囂居

蔣巴洛傑 序——從天珠談起

頂禮　一切智薄伽梵，身口意供養三寶

大約從十多年前開始，跟隨著歐美新世紀（New Age）思潮加上台灣本島特有的社會風俗，台灣地區興起一股天珠（Dzi）熱潮，原本是藏區婦女世代傳家的寶石，被有意無意的炒作為「天上落下、非人間本有的寶物」、「佩帶者無需修行，未來必可成佛」，爾後經現代科學檢驗，證實只是古代白化瑪瑙的加工品；今日台灣甚至成為世界最大古天珠出口地－外銷至藏區以滿足全球收藏家。此一事實眞相之披露，終結了天珠美麗而變調的神話。

從人類學的角度來看，歷史上佛法的傳播，常會因時、因地而進行文化取代（Cultural Substitution），甚至由環境決定（Environmental Determinize）重組後的文化元素（Cultural elements），因此現代禪的李元松先生說：「密教的本質是一堆鍍金的垃圾圍繞著一粒鑽石。」但其中光芒耀眼的鑽石，是否眞為　世尊兜羅綿手觸之本地、澄清紺目夜睹之明星？抑或只是以假亂眞的鋯石，只因炫光刺眼，密宗行者便無法、也不願看清其本質？

大體而言，中國完整地承接唐朝以前的天竺大乘佛教，而西藏則接續了此後印度佛教的外道化發展；在印度，大乘佛教興盛後，逐漸融入了大量的印度教的文化元素，互化(Transculturation)而演化出坦特拉(Tantra)佛教，然後成爲印度佛法的主流思想，這一點可從那爛陀寺遺址的考古紀錄中看出，亦可由玄奘法師及義淨法師著作目錄中得到許多佐證。

吐蕃自松贊干布後(大約唐代初期)，正式進入文字時代，並大量向印度及中國引入新的文化元素，其中影響最深遠的莫過於佛法正式成爲其國教；黑暗期後，西藏幾乎完全地接收了印度的坦特拉佛教，並且融入了藏地苯教(Bon)的一些元素，經由後弘期仁欽桑布等譯師的弘傳，藏傳佛教主要架構便已建立：以小乘而後大乘、而後金剛乘(密教)、而即身成佛的修行次第爲主。

就其哲學基礎而言，自古以來，藏傳佛教各派可總括爲如來藏中觀與應成派中觀二個系統。前者如寧瑪、噶舉、薩迦、覺囊，其內容或曰如來藏、自續中觀、唯識見、輪涅不二見、大中觀、他空見等，皆是站在「世俗諦無、勝義諦有」的原則上，而各自講述其勝義諦要旨，其間差異南轅北轍，不可謂不大；而應成派中觀則是由較晚形成的格魯派宗喀巴師徒數代而發揚，挾其政治上新霸主的實力，造成如來藏系思想弘傳不彰、人才凋零，應成派中觀至今仍爲藏傳佛教哲學的主流思想。

藏傳密教思想中則以無上瑜珈(Mahayoga)爲最殊勝、最難行道，也是唯一可以頓超諸地而即身成佛（甚至不經中陰）之道。彼以爲福智兼備行人，可依此道成就三身，圓滿佛果；觀其修行之道，最初的第一、第二灌頂，皆是爲後來第三、第四灌頂建立基礎，向上成就第三灌頂功德事業，進修第四灌頂而成圓滿佛果，其間或有跳過智慧灌頂而直接進修名詞灌頂，但以不違背三灌精神爲原則。

1984年我開始修習密教，花了很長時間接受了完整的灌頂與教法，爾後將修行當做是正業，世間諸事放置一旁；日間讀經思惟－佛學圖書館藏書泰半過目－夜間修習密法，前後達十一年之久；當時密法資訊難得，擁者悉皆自珍，猶記得爲求斷簡殘篇，動輒南北奔波、尋師訪友；爲求法教，多次往來印度、尼泊爾間，走訪各派長老大德，多年來，也算親自見證了台灣密教的興盛過程。

一方面雖於前人修證軌跡多能一一親自經歷，另一方面心中疑問卻越來越深。雖然密法號稱是眞正的教外別傳，然而卻處處違背經典中世尊所說教示，其間差異，已無法用「方便說、一時說」來籠統函蓋，更糟的是：這些無法釋懷的盲點，求諸彼等「學行兼備」的大金剛上師們，卻都指鹿爲馬、籠罩一番。

天珠熱退燒後，台灣又興起天鐵（Iron Meteorite）熱潮。尼泊爾波大塔邊（Boudhanath）的一家佛具店，有一次店家無意間將一支天鐵杵放在門口，被陽光曬後溫度昇高，只見一位台灣客將其拿起燙手後，就直嚷著佛菩薩來加持了，最後台灣客出了天價「請」走了這支「有感應」的鐵杵。從此之後，所有佛具店的老板都將鐵製品放在門口櫥窗曬太陽，以招徠台灣來的朝聖客。台灣佛弟子的慷慨捐輸，大大地建設了藏、印、尼等地的「佛寺」軟硬體，每每在異鄉遇到虔誠弟子，放棄了家庭與工作來依止密教上師，但所得到的仍是在生滅法中的胡思妄想，其心不可謂不誠，其行不可曰怠忽，而終究墮於妄想之中，實為可憐憫者。

無上瑜伽四種灌頂的修習，都是在意識心上做想像及覺受的領納，甚至要求自我暗示及自我麻醉；有時加上鬼神力感應，不離妄想性自性。如諾那上師所言：「能與本尊對話，只是修行的第一步。」由外力鬼神賜予神異而不自知，等而下之者，淪為鬼神之代言委辦；不論天瑜伽如何堅固成就，進入開刀房，只需一劑麻醉針便半點也無了，試問如此修行，怎可名為成就本尊天色身瑜伽？

至於第二與第三灌頂內容，實為印度教坦特拉派內身(Subtle body)氣、脈、明點之串習；所謂內身成就，是以印度教內容套上佛法三昧的名詞，與佛法修證實無相關，印度教派行者亦修習脈氣明點及雙運，亦多有虹光身成就者傳說，甚至密教史上許多大師也同是印度教之傳承大師。自從美歐嬉皮風潮後，印度教內身思想書籍，多有翻譯為英文版本，吾人很容易檢驗出藏傳與印傳內身修習法門根本是同一根源，二者實際修習程序完全相同，唯密宗套用佛法名詞有異；然而密教行人泰多不願廣習佛法經典乃至世間法義，故密教行人無法也不願去承認此現象；又如苯教修習之「大圓滿、金剛橛」等五部法要，亦與密教所傳實質相同，歷史上苯教與寧瑪掘藏者原本就互通款曲，許多「大師」更是兼有佛教與苯教的宗教大師地位，如此，試問佛法與外道不共之處何在？

名詞灌頂顯示修證的終點，但觀乎四大派無上極密心要所言，與香港月溪法師「遍滿虛空大自在」荒唐臆想落處相近，仍是在意識心上蒸沙做飯、或勤做黑窟鬼活，尚無能力現觀自身七八二識作用，卻侈言已證佛地眞如，其實不離第六識體用，何來轉識成智？實則落入大妄語而不自知。

無上瑜伽的修證，於佛法三學皆無有實義，墮入與其他宗教相同的依歸處，而徒具佛法外相，也正是這個原因，天竺的佛教實質上早已亡於密教化的過程中，無待於異教徒的殺戮而後滅亡，因爲佛法的核心已失故。

總結來說，密教思想並非眞實的佛法，且處處違背 世尊經教，其徒衆因爲不具道種智、復不識 文佛本懷，無力檢視教法修證的正確性與否，故皆以上師教導爲依歸，而不能有所簡擇。如此上代便已錯解，下代更形錯亂卻不自知，久而久之，便徒具佛法名相而行外道之實質；密教行人無力自行檢驗，再加上對密教法王上師之名聲權威崇拜等，無法面對事實的眞相、不能剖析正理所在，只能在情感上痲醉自己，要自己相信上師等同於佛、相信想像之天身終究成眞、相信所觀境嫻熟後即成眞實、相信本尊空行所顯境爲實、相信能觀與所觀會合一、相信鬼神化現本尊空行所授爲了義、相信定中所見是眞實、相信香巴拉國土、相信想像之淨土終究成眞、相信脈氣成就即是佛身、相信雙身法乃無上大法無關淫穢、相信樂明無念遍知即是涅槃本心、相信死後身內身外靜忿百尊轉化成佛即入輪涅不二……。

藏傳密教發展至今，益形壯大，光是台灣一地陸續出現的密教中心便達上百處，所吸引徒衆當在數十萬人以上，所聚集的資源更是難以算計；表面上似乎佛法大興，實際上則是帶領這些信衆走向外門法、外道法乃至毀戒重罪法，即是重演天竺佛教衰亡的歷史；而造成這些現象的更深一層內在原因，就是數十年來台灣佛學院所教授者，幾乎皆以印順法師著作爲其藍本。然而印順思想本質上即賡續藏密黃教應成派中觀思想，且其著作中處處暗示：「大乘佛法非佛說，無彌陀無淨土，無釋迦報身常住色究竟天宮說法，無菩薩無地獄……」等，其子弟若欲更上層樓，則必走向南傳佛法或藏傳佛法，向此二極中求取眞法，實可謂「著僧伽黎破世尊正法」；諸山長老或因不具種智無力勘驗，而信受印順之法；或欲攀緣密教徒衆財力名聲，競相附會依靠，令人不禁憂心：正法的未來何去何從？

三乘佛子應常深切反觀思惟：學佛之初發心爲何？是否益發照見自己內心的黑暗？是否學佛後已經破除了某些迷惑？生出了佛法的智慧？吾人是依智還是依人？所作所爲是否眞正利益衆生？是否眞在奉行 佛所說正法？是否親證菩提了義實相？ 又 佛說衆生七八二識不斷，試問二六時中，吾人七八二識如何無刹那無間斷地現量運作？如果連這個人人本具、時時恒在的阿賴耶、恒審思量的末那都不識，而說其他三昧如何神妙，無異自欺欺人。

1996年冬天，也許因過去生亦有些微福德，有幸從學於吾師 平實先生，此後得窺佛法堂奧，一方面重新修正佛法知見，正法脈絡一一浮現，以往學密之疑難陰霾，次第煙消雲散，才知過去錯誤成見及自我局限，於是由凡夫地而菩薩地而佛地，階梯軌徑方得明朗，漸具道種智及擇法眼，能知各家所學落處爲何，如觀掌中果；一方面由念佛法門入手，以無相念佛拜佛增進功夫，待定力成片，不待臨終彌陀示現，自心確知生西把握，赫然發現古今多少大德，感嘆生西有望卻苦無把握，箇中原因即落此處。待因緣到來，得見實相，則三乘一切了義經典磐基，盡奠於此，神鬼亦不知此眞如實相。依此方得以地地增上，自此悟後起修，依 佛語及 恩師教授，進修一切種智及正修諸三昧；凡此家裏事，只應家裏人知，非如以往之蜉蝣井蛙不能知蟠龍飛天。

恩師 平實先生人如其名，雖過去生實常為教法領袖，已往法教至今仍多有人禮拜供養，但決意放棄過往虛幻名聲，不屑世間諸師神頭鬼面，壹以平淡踏實作風自行化他，為眾生典範—於自身證量成就，從不作無謂異譚，故慢心學人多起惡心輕視之念。吾師於正法命脈，輒以身命護之；即使受人輕之賤之，亦不稍改護法之心。悲心所至，不忍「眾生發善心而成就地獄業」，故秉持如來家風，作獅子吼，期望能振聾發聵以救護眾生。不明究理之人，常認為其貢高我慢，實乃大謬。

多年來隨侍門下，知吾師為人處事隨和隨緣，極其慈悲并無盡老婆，利益大眾無顧自身；今為救護廣大佛子、為佛法正本清源、為正法長久延續，故不能視而無見，不能再作鄉愿，非下苦口針砭則重病不能瘉，故廣蒐密典諸續，徹底明示似佛外道脈絡，示種智摩尼珠以澄清穢濁、杜學人來世地獄之門，故造此《狂密與眞密》鉅著，非再來菩薩所不能為。

忝列門下，師不以余魯鈍，囑余為序，敬撰數語，祈願一切讀者能暫置個人成見，詳審比對密經密續，而後加以反覆思考、深切佐證本書內容，以救自沈。是禱！

菩薩戒子 **秋吉・蔣巴洛傑** 二〇〇二年春節序於雙和居

第七章　般若中觀——兼述密宗之明光大手印

第三節　應成派中觀之般若見（下半）

意識之「證自證分」，一切俗人已能認知、確定其有，謂一切人於意識（含無念靈知心）現起時，皆能於六塵境界之中了知自己所處六塵境界故；由了知自己正處於六塵境界故，心中生起順違之受，故有苦樂憂喜捨受等，已證實意識心確有「自證分」；由有此「自證分」故，意識覺知心復又具有了知自己「是否正處於順違之境中」，能觀察證實之，此已證實意識心確有「證自證分」。若如今時台灣諸應成派中觀師於被余嚴辭評論其無知時，正起種種瞋恨怨惱，卻如植物人不能了知自己此時正處於起瞋恨怨惱之違心境界，方得名爲無「證自證分」也。是故，意識覺知心於六塵境界中，皆能了知自身是否處於順違之境，皆有「證自證分」也，非如應成派諸中觀師之妄謂意識覺知心無「證自證分」也。

如是，一切俗人尙能證知意識靈知心之具有「證自證分」功能，而彼等自認最有修行、最有證量、最有智慧之應成派諸中觀師，竟然不能覺知意識自己有「證自證分」，眞可謂指鹿爲馬、顚倒黑白之人也。一切應成派中觀師，其實皆早已證知意識自己之「證自證分」，只緣於欲維護其應成派中觀之歪理，而故意顚倒其說罷了。

佛如是於第三法輪諸經中說第八識心無「證自證分」，復說意識心有「證自證分」；應成派諸中觀師因否定第八識故，只好將**心不自見心**闡釋第八識之佛語，取來解釋第六意識靈知心，而誣謂 佛說意識無「證自證分」，明知此說與其日常生活中之現實體驗不符，猶自強辯意識心無「證自證分」；用此 佛說第八識體性之語，誣責唯識宗說意識心有「證自證分」之說爲誤。而唯識宗則依佛語，說第八識無「證自證分」，說第六識覺知心有「證自證分」，此說則符佛語，而悖應成派之說，是故應成派乃故意曲解佛語、而誹謗唯識宗所說不符佛說。然究其實，乃是應成派中觀師誤引佛語、曲解佛語，然後誣責宣揚正法之唯識宗所說違背佛語，其實違背佛語者卻是應成派自己。

復次，佛說**意如刀劍鋒，不能自割自**者，乃是說第七識意根，亦名末那識。佛說此第七識名爲意根，是意識種子自第八識中現起之動力故，意識依末那識之作意方能現起故，現起後悉依意根末那識之作意而運行，故說末那識是意識之根。此意根之別境慧極劣，只能於五塵上之法塵作極簡單之了別—譬如五塵上之法塵有無大變動？　此第七識非如意識覺知心能於五別境心所法伶俐運作，不具「欲、勝解、念、定」心所法，而於慧心所（別境慧）之功能亦復極劣，唯能於法塵上之變動作極簡單之了別。

如是，於五塵境尚不能作了別，須喚起意識，而後依意識之別境慧，方能於諸境界作種種思量，云何而有能力返觀自己？云何而有能力思維諸法？云何而有能力修正自己之心行及習氣？是故此第七識雖極伶俐而能遍緣一切法，復能依意識心之別境慧而處處作主、時時作主，復能思量決定種種心行；然而若離意識之別境慧，便無所能爲；由如是體性，佛說意（意根末那識）猶如刀劍之鋒利（喻其能遍緣一切法之伶俐性。意識雖有別境慧，然不能遍緣一切法），而不能自己割自己（喻其無別境慧之「證自證分」故不能修正自己之善惡心行）；意謂此識之「欲改變其染污性、欲轉變爲清淨意根」者，必須依靠意識之別境慧及思維慧，方能有所轉變，非唯依自身功能便能除斷自身之相應煩惱也，是故佛云**意如刀劍鋒，不能自割自**。今者密宗應成派諸中觀師誤會佛意於先，誣責唯識宗所言種智正理於後，云何可言其法爲眞實佛法？乃竟妄評唯識宗所言正法爲非法？乃竟以其邪見而破斥唯識種智妙法？顚倒殊甚也。

如密宗引述唯識宗所云：「若無自證分，心識怎憶念？」謂有情需有「自證分」，方能憶念過往所曾經歷之境。寂天則謂無「自證分」也能回憶，其理由如下：《《心境相連故，能知如鼠毒。》》意謂：意識心雖有斷滅時，然此覺知心因爲心境前後相連故，所以具有前後連續相知之功能，所以能憶念往昔事。如是之言，違背佛說，亦昧於日常生活經驗之事實。

一切人皆知：若是所未曾經歷之境界，而聞人言說此一境界；或親自經歷此一境界，而心中已生勝解，則成所經歷之境（聞者以所聞之理解境界爲經歷之境界，親歷者以所歷境界爲其「曾經境」），始能於後時重複憶念之—憶念起所曾聞說境界或所曾親歷境界。由是之故，必於彼境生勝解已，方能有日後之回憶。

若無「自證分」，則是於所經境不起勝解（如於所聞所經境中昏沉而不覺知其境—無彼境界之自證分），則於日後不能憶想彼中境界。此理極易明瞭，世俗之人聞之即知其意，並能親自證實之，而密宗應成派諸中觀師卻仍強詞奪理而作辯解：《《心境相連故，能知如鼠毒。》》

彼意謂：《《因爲心境相連，所以由回憶**所經驗**的外境，就能順帶憶起**經驗的心**。就像冬季被鼠咬時，不知中毒；春雷響時毒發，才知被

咬時已中了毒。因此無自證分也能回憶。》》（3-2-325）

然而此答乃是答非所問。謂彼寂天已自承認由回憶**所經驗**的外境，**就能順帶憶起經驗的心**；既如是，則已顯示於當時已經勝解**所曾經歷**之境界；既有所曾經歷之境界，當知經歷之時已有「自證分」也，彼時已於其境上有充分之了知故；既有充分之了知，彼於境界中了知者即是「自證分」也。如是而復言意識覺知心無「自證分」者，眞是強詞奪理之徒也。是故應成派中觀師遮破唯識宗所說意識覺知心有「自證分」之說者，名爲妄破，不應正理也。

復次，寂天所言《**心境相連故，能知如鼠毒**》一語，有大過焉。此謂覺知心夜夜斷滅，次晨須依意根之作意，方能從如來藏中復起覺知而回憶往事；若是有斷有滅之法，若是次晨尚須依他識（依意根及阿賴耶識所藏意識種子）方能現起之法，云何能自己具有回憶之功能？云何可言意識心是**心境相連**？眠熟即告斷滅故。斷滅則成無法，無法則必不能自行再現起；不能自行再起之無法，云何能昨日今日**心境相連**？無是理也。

必須是從來不滅不斷之心，方可言其具有昨日今日往劫此劫**心境相連**之功德也；今者現見意識覺知心夜夜斷滅，次晨必須依他（依四種「俱有依」之法）而起，尚不能自起，云何密宗應成派諸中觀師妄言意識夜夜斷滅之法可因自己之**心境相連故、能知如鼠毒**？而自行回憶已往之所曾經境？無是理也。

復次，若意識覺知心不須第八識之持種，便能自己心境相連而能知往事者，則應往事之一切種子悉由意識自心所持；若由意識自心所持者，則應意識能回憶所曾經歷之一切事。然而現見意識不能完全回憶所曾經歷之一切事，有時欲回想曾親經歷之某一事、某一人名、某一物所置之處，而悉不能憶起，要待意根從第八識中碰觸而後始能由意識覺知心忽然憶起；若意識是心境相連者，則必是持種者，則必能自己隨意欲思何年何月何世事、便能隨意思之而無錯謬，然而現見並非如是。是故意識絕非寂天所言之**心境相連故、能知如鼠毒**，而是眠熟等五位必斷，不能**心境相連**；既非前後心境相連者，則知必非能持種者，要待他法方能持種。非不斷之法，非能自己前後心境相連之意識覺知心，焉可說爲**心境相連**者？無是理也！

寂天又妄云「無自證分也能覺知」：《《見聞與覺知，於此不遮除；此處所遮者，苦因執諦實。》》以此而言意識心眞實不壞。並質問唯識宗云：《《若心離所取，眾皆成如來。施設唯識義，究竟有何德？》》（3-2-325~326）。此亦是誤會唯識宗眞旨後，卻來質問及否定唯識宗義之又一例也。

唯識宗說：有情之所以不能解脫生死而出三界者，皆因執取意識覺知心作爲眞實不壞心而導致，故須先斷除「意識常而不壞、能來往三世」之我見。寂天則謂：《《見聞覺知等性，我們應成中觀宗是不遮除的；於此處辨正中所遮止者，乃是眾苦之因—執著諸法實有（詳前段偈文）。》》於此段辯解之中，亦可見寂天之未斷我見也。寂天與月稱、印順等應成派中觀師，皆認爲：佛唯說有六識。於三乘諸經中 佛所隱顯而說之第七八識密意，完全不知，是故否定第七八識。

既否定第七八識已，則證得無餘涅槃時，必將成爲斷滅，是故應成派中觀師決不認同 佛之否定意識心，反而一心建立**意識別有細心不壞**之說，決不認同佛所開示「**意法爲緣生意識，意識虛妄，不能往來三世**」之說，於是曲解佛意、曲引佛經，而言意識不壞，故不遮除意識妄心，欲以意識妄心而入涅槃；職是之故，寂天於《入菩薩行論》此段偈中，乃言不遮止意識之覺知心性，只遮止「意識執著諸法實有」。

然而如是說法，完全違背佛旨；此謂 佛所說之解脫果修證，乃在斷除「意識常而不壞、能來往三世」之我見，佛更進一步明言：「一切粗細意識皆意法爲緣（而出）生。」如是令諸弟子斷除「意識常而不壞、能來往三世」之我見，然後進斷意根之自我執著，而成解脫三界分段生死之羅漢，捨壽時滅除十八界之自己，不留任何一界，亦不復有未來世之自己出現，名爲無餘涅槃，方是眞正之二乘無我法。

初地滿心菩薩於捨壽時，能斷盡思惑而成慧解脫、取中般涅槃；三地滿心以上菩薩，證得如是無我法已，於捨壽時能斷盡思惑而成俱解脫者而取現般涅槃；然菩薩爲求自身之成就究竟佛道，及爲廣利衆生故，捨壽時能取無餘涅槃而不入滅度，反而發起受生願，以其轉依後之清淨意識及清淨末那識，依意生身再受人間之後有，永不滅除清淨意識及清淨末那，世世受生於三界中，進修佛道及利益衆生，次第邁向佛地。如是大菩薩雖不「斷除意識心及末那心而入無餘涅槃」，世世受生於三界之中修學佛法；但其前提是：必須先斷我見，及修學「般若禪」而證得第八識實相心―如來藏；否則菩薩即無異凡夫，有何佛法證量及解脫果之可言耶？

是故初地、三地滿心以上菩薩不滅覺知心、不遮止覺知心者，迥異應成派中觀師之不遮止覺知心（譬如印順法師及宗喀巴、達賴喇嘛等人之不依佛說，而別立意識細心常住不壞，以之作爲衆生輪迴三世生死之主體識）。菩薩證得第八識如來藏及其所含一切種，而生道種智，實地證知覺知心之虛妄，而用覺知心自己作為修學佛法之工具，而轉變意根末那識之我執，以求三乘所證之解脫果，及佛地一切種智；密宗黃教應成派中觀師則故意漠視佛說「意法為緣生意識」之開示，而認定覺知心意識為本有自在之常不壞法，而認定意識非如佛說之「由意根法塵為緣而生」，正墮我見之中，明目張膽違逆 佛說。如是未斷我見而自言已斷我見我執，所言所修所證皆是外道常見我見，未入三乘見道法中，尚墮外道凡夫我見之中；是故印順、達賴、宗喀巴、寂天、月稱、阿底峽…等應成派中觀師之知見悉皆偏邪，迥異菩薩之所見所修所證，亦背離佛語聖教量也。

如是應成派中觀之邪見我見者，堅持意識常而不壞，能來往三世，認為意識是生死輪迴之主體識；以如是常見外道見，卻來否定唯識宗所弘傳、完全符合佛意、甚深極甚深之種智，謂唯識宗所說「意識有自證分、阿賴耶識無證自證分」等正說，誣責為不符佛說；於 佛所說「阿賴耶識無證自證分、意識有證自證分」之正說，顛倒說為「佛說意識無證自證分，亦無自證分」，以此倒說而誣責唯識宗所說之法為錯誤之說法；阿底峽、寂天、印順、達賴…等應成派諸中觀師，知見顛倒至此地步，可見彼等之淺學無知也。

如是無知未證之徒，卻來指責唯識宗云：《《若心離所取，眾皆成如來。施設唯識義，究竟有何德？》》（3-2-325~326）。應成派中觀師誤以爲唯識宗所言**心離能取所取，即可成究竟如來**之義，認爲覺知心若離能取所取，則如木石無情之無功無用，何能證得智慧般若？所以質問唯識宗：「如是而言成就究竟佛道，有何意義？」

然唯識宗所言之**心離能取所取**，乃謂菩薩證知第八識阿賴耶心之本離能取所取，是故令覺知心及恒審思量作主之末那識轉依第八識之本來清淨體性，而斷除「覺知心常住不壞」之我見，斷除執取自我之我執，於自己無所執著；復於三界萬法皆無所著，如是名爲心離能取所取。菩薩如是修行，次第轉至佛地而究竟無所著時，名爲究竟離能取所取，故成如來。然如來地之覺知心仍能分別一切法，而無一絲一毫執著；是故佛於人間分別邪見外道種種邪見而破斥之，盡形壽恒如是破邪顯正，以救衆生，非將覺知心變成無知無覺也，非謂覺知心不了六塵也。

應成派誤會唯識種智宗旨，誤以爲唯識宗所說爲：「應將覺知心離能取所取—永不了別六塵。」—若覺知心離能取所取而永不了別六塵者，則諸佛應皆是不能分別正邪之白痴，亦應諸佛示現在人間之色身皆不知痛癢也；如是而言成佛，有何意義？如是責人，方是正責也。今者應成派中觀師皆誤會唯識宗所說之種智正義，將唯識宗所說之法誤會之後加以倒說，而後責之，名為誣責，非是正責也，尚不可謂為世間正直有智之人，何況可謂為佛法中有證有智之人耶？

密宗應成派諸中觀師雖亦言**應見空性**，然卻誤會空性義，以為：「一切萬法皆緣起性空，而能了知一切法緣起性空之覺知心意識空無形色，即是空性心」，是故寂天作如是言：《《若無空性心，暫滅惑復生，猶如無想定，故應修空性。為救愚苦者，菩薩離貪懼，悲智住輪迴，此即悟空果。不應妄破除，如上空性理；切莫心生疑，如理修空性。》》（3-2-329）。

此即應成派中觀師之空性觀—以心外一切諸法皆是緣起性空，即是空性；而覺知心亦空無形色，故覺知心即是空性心；並勸密宗行者應如是修空性，欲藉此修證「空性」而斷除煩惱障及所知障。如是而修佛法，完全不離意識心之範疇，完全不曾觸及法界之實相—第八識如來藏及其所含一切種子。

應成派諸中觀師如是修行，正墮煩惱障及所知障中，乃竟奢言能斷二障。煩惱障之斷除，首要之務在於認清覺知心之緣起性空、依他而有，從來不曾有常住不壞之自體性，如是而斷我見；若如應成派中觀師之認定覺知心常住不壞者，名為我見凡夫，佛於四阿含中說此是常見外道之我見故。應成派諸中觀師卻以爲此覺知心了知自己空無形色後，即成空性心，然後以此「空性心」不懼生死苦、不貪世間法，而起悲心及「智慧」，住於世間度化衆生，故說《《**爲救愚苦者，菩薩離貪懼，悲智住輪迴，此即悟空果**》》。然此「悲智」之智，其實只是世間智，並非菩薩之「世、出世間」智，非如佛說之以第八識空性心之了知爲智故。如是以凡夫我見之「智」而起悲心，救度衆生同入我見之中，而各各自謂已斷我見、已證空性，皆墮大妄語中。

　　彼等應成派諸中觀師，之所以各皆墮於意識心而誤認爲即是空性心者，皆因先接受應成派中觀邪見而否定第八識、別求空性心所致。如宗喀巴云：《《如是前座已畢，後座未修，中間亦應作諸善事，此即清淨受用瑜伽；謂自憶持主尊天慢，根緣境時，當觀諸境體爲諸天，由彼供養。若依總清淨者，當觀**一切皆以**（空樂）**無二智無體**，金剛持爲相。若修各別清淨，當觀色爲毗盧（佛）、聲爲不動（佛）、香爲寶生（佛）、味爲彌陀（佛）、觸爲不空（佛），此是方便清淨。若依慧清淨者，當觀五境爲色金剛等五天女，而修供養。復以三輪不可得慧任持。若能一切時中依止正念，即是速能圓滿二資糧方便。》》（21-539）

　　如是密宗應成派諸中觀師皆因不能證得第八識心，故否定第八識心為如來藏，不肯承認有第八識心是如來藏，故墮意識境界中，依意識相應之境界，而求般若之體，遂以雙身修法中之「樂空無二智」為體。由此復生邪見，將五塵配為五佛，自墮邪見之中。如此以五塵法界中之「樂空無二智」為般若之體，迥異佛說以第八識「非心心、無心相心」之本來自性清淨涅槃為般若智之體，焉得謂為佛法？更來貶抑顯教所弘正法，而自高推為更勝於顯教之法，其實尚墮外道邪見泥淖之中，師徒俱皆不能自拔，有何超勝之處？

密宗諸師不以斷除「覺知心常恒不壞」之邪見故不斷我見，不以斷除「覺知心常恒不壞」之邪見而斷我執，卻以「愛他而棄我」，名為斷我執，是故悖於小乘法中佛旨，而作是說：《《如於他精卵，本非吾身物，串習故執取，精卵聚為我。如是於他身，何不執為我？自身換他身，是故亦無難。自身過患多，他身功德廣，知已當修習：愛他棄我執。》》（3-2-297）

寂天如是之言，謂以愛惜眾生之心，而修自他交換法；於修習自他交換法之過程中，分分修除我執。然我世尊於二乘法中，說欲斷我執者，應於四威儀中現前觀察十八界我（含覺知心意識及思量作主之末那識）皆是虛妄假有，如是現觀而斷我執，非如密宗自己發明之自他交換觀行法門所說也。自他交換法所修之行門，永遠都有「覺知心我常住不壞」之意識心在，尚不能斷我見，何況能斷我執？是故所說非理也。

大乘法中則不唯現前觀察覺知心意識及思量作主之末那識等二我虛妄，尚須現前證得第八識，現觀第八識心之如何出生前七識？現觀第八識之如何出生色身？現觀第八識如何出生衆生之見聞覺知心行？現觀第八識與種種煩惱間之關係；由如是證知前七識虛妄故，斷盡我見，其後亦如是現觀而進斷我執，並因此而生起般若之別相智及一切種智。

密宗欲以自他交換法之觀行而斷我執者，絕無可能，唯是自以爲已斷我執爾，非能眞斷我執，非眞佛法之正修也。密宗黃教之所以墮此邪見中者，其最大之原因，即是否定第八識；由否定第八識故，便無證得第八識心之因緣，便只能於此第八識眞實心之外而求佛法，即成心外求法之外道也。如是沉墮之因緣，一切學佛人皆應引以爲戒，莫再誹謗唯識正法而障自己未來證得般若慧之因緣。

密宗黃教由於否定第八識故，遂墮於「無因論」之「無我斷滅論」中，最後成爲撥無因果之宗徒。如寂天云：《《若我非實有，業果繫非理；業造已既滅，誰應受業報？作者受者異，報時作者亡；汝我若共許，諍此有何義？》》（3-2-337）

寂天執著覺知心必可去至後世，故由此世作業者之覺知心而受未來世之果報，認爲如是受報之理，方有意義。若此世作業者（意識心）造業已，不能去至後世，而由後世另一全新之意識受此世業之果報，則彼寂天不肯接受此理。卻不知末那識及第八識如來藏仍將去至後世而生起另一全新之意識而受果報，如是果報，《菩薩優婆塞戒經》說爲「非自作自受、非異作異受」；此世覺知心不去至未來世受報，故未來世之覺知心受報者不知因何而受其報，故云「非自作自受」；然有末那及第八識去至未來世，而生全新之覺知心而受其報故，故云「非異作異受」。如是正理，密宗應成派諸中觀師尚且無緣能聞，何況能知？何況能證？更何況彼等否定第七八識已，必無因緣得證，云何能有因緣而證知此理？一切佛門學人皆當以此爲鑑，莫再隨意否定第八識如來藏法，否則必成障道因緣，不可不愼也。

密宗諸師誤會般若空性之理極爲嚴重，每以「諸法無常空無、覺知心無形無色如虛空」，作爲空性：《《故於諸法空，何有得與失？誰人恭敬我？誰復輕蔑我？苦樂由何生？何有憂與喜？若於性中覓，孰爲愛所愛？細究此世人，誰將辭此世？孰生孰當生？何爲親與友？共吾齊受持：一切似虛空。》》（3-2冊356、357頁）

此乃寂天「菩薩」於其《入菩薩行論》中之「勸修空性」之「明眞實義」文中所說偈。此偈中之意，以一切萬法皆是虛妄無常，終歸於空，以如是斷滅之空、作爲般若空性之理。亦以五陰無常空，親友無常空等，作爲「空性」，故說一切似虛空，以之作爲空性。此即是寂天對於空性之認知。

然世尊所言之空性，乃謂衆生皆各自本具之第八識心，恒離見聞覺知、恒離貪染、不著一切三界法，本性清淨，故名空性，非謂五陰及諸法之無常空也。寂天如是開示空性，不符佛說之空性義，如是勸修空性，如是「明眞實義」，實非佛法也，非是佛所言之空性故，非是佛法之眞實義故。

綜觀寂天之《入菩薩行論》所說，已可明見寂天於解脫果之十智，唯能證得初始之世俗智，尚未能證解脫果之法智與類智，更不可能證得後二之盡智與無生智；此謂寂天唯如世俗人之證知色身無常，而猶不知覺知心亦無常，猶執覺知心常而不壞、能去至後世，是故彼論雖言人身五陰無常，然實未能眞知五陰之無常相，執五陰中之識陰爲眞如故，執五陰中之第六識覺知心爲常不壞法故，同於常見外道見故。

至於大乘法之見道，寂天更無論矣！何以故？謂大乘之見道，必須先證第八識如來藏，然後方能現起般若智之法智與類智；由如是般若之法智與類智，必同時發起解脫果十智中之苦、集、滅、道智，及知他心智（此非他心通之知他心智，讀者莫誤會），而猶未能滿足此諸解脫智，何況尚執意識不滅而墮於我見中之凡夫寂天，能知其後所得之盡智及無生智耶？下地智不知上地智故，執「意識不壞」之我見不斷者，不能證知解脫智之法智與類智故。縱得聲聞解脫智之十智具足，亦猶未能稍知大乘菩薩所證之般若總相智，何況其後之別相智及種智？

今觀寂天未得大乘見道，亦未能知二乘所證解脫道，所述之修證空性者，未能外於解脫智之十智之初；復又未能證得如來藏，誤以第六識覺知心不生妄念妄想、及不執著諸法，而謂爲已證空性，完全不知般若所說之空性正義，錯認意識爲般若諸經所說之空性心，根本仍是常見外道見，尚是凡夫之見也。寂天既否定第八識阿賴耶，不承認阿賴耶識實有，可見寂天確實未曾證得第八識阿賴耶；又不知阿賴耶識即是如來藏—未來佛地之眞如，可證寂天於大乘法中，根本未知未證般若慧，尚非別教中七住位菩薩，未證如來藏故；亦未是六住位菩薩，未斷我見、猶認覺知心爲如來藏故，如此即是未修顯教四加行而致未斷我見者，即非六住位菩薩，六住菩薩必修顯教四加行而雙證能取所取空故，覺知心即是能取之心故，覺知心必與所取六塵境相應故。

寂天既未證得聲聞法智等，亦未證得大乘法智等，尚且未能入住六住菩薩位，焉可盲目推崇其爲初地菩薩？復次，初地菩薩皆已分證無生法忍，而無生法忍要由一切種智之分證而得道種智方得，道種智則要由證得第八識阿賴耶之後，方能次第進修而得，是故般若種智之總相智、別相智、一切種智等，皆須由證得第八識阿賴耶爲因，而後能得；今者寂天既否定第八識阿賴耶，不承認有第八識阿賴耶，焉有可能是證得第八識者？既非證得第八識者，根本不能現觀如來藏之運作，則不可能有七住菩薩之般若總相智，何況能有別相智乃至種智？尚不能知般若所說密意即是第八識之體性，而於其論中否定第八識，唯承認有六識，復以一切法空作爲空性，誤會般若中觀，卻以誤會之中觀見而否定證得眞正中觀者所應進修之第八識如來藏種智，而以自己所誤會之唯識義來非毀眞正之唯識正義、非議及破壞唯識種智諸法，云何可謂之爲見道之人？尚非初見道之七住菩薩，何況能是初地菩薩？無是理也。是故寂天一生弘揚應成派中觀邪見，名爲弘揚正法，本質實是破壞正法，皆因信受應成派中觀邪見所致也。

應成派中觀之弘傳者，非唯寂天一人，尚有餘人；譬如阿底峽亦以否定如來藏後之「一切法緣起性空」作爲中觀見，彼於《中觀要訣》中云：《《1、中觀根本見：我們一定要先瞭解：在世俗上，一切法就短視的凡夫來説，因果等一切建立，都像它們所顯現一般地眞實。但是在勝義上或眞實上，世俗所顯現的現象本身，如果用各大正因去解析，那麼就百分之一髮尖的微量也得不到。2、思維修：然後在舒適的座墊上結跏趺坐，（原註：作如下的觀修）：有爲法有兩種：色法和非色法。其中，諸色法是極微塵的集合。再者，如果用方分的分法去分析它，那麼就連最微細的物質也不能剩下，毫無所有。非色法是心，它是這樣的：過去的心既滅且逝，未來的心未生未起，現在的心又像這樣地極難觀察：無色離形，或如虛空無所有，或因離一與多，或因不生，或因自性光明等。如果以正理的利器去觀察分析，就可以理解它不成立。：：3、根本位修無分別慧：去除一切惛沉和掉舉等過失，在那不沉不掉的空檔，心識不要作任何尋思，也不要執取任何意象，斷除一切憶念和作意。在意象或分別心的敵人或盜匪冒出來以前，盡可能將心識安住在那樣的狀態。4、後得位修如幻諸善：一旦想出定了，便緩緩解開跏趺坐而起身，以如幻的心意，盡可能做身語意諸善行。5、修空利益：如果長期恭敬、不間斷地如此修習，那麼有善根的人們，將於今生現見眞諦；並且現證「一切法猶如空中月輪，不需努力，不需勤修，自然得以成就」。6、修道成佛：出了這（原註：根本定）以後所得的（原註：後得智），就是了知一切法如幻等等。到了現證金剛喻定以後，後得智也沒有了，一切的時候都在三摩斯多等引中。否則，（原註：佛）和菩薩有什麼差別？這幾方面的教理，在這裡就不說了。》》（6-281、282）

眞正之中觀，不論在四阿含諸經中，或在第二法輪諸般若經中，或在第三法輪之唯識系諸經中，皆以如來藏之中道性爲中道觀之主體，依第八識如來藏之中道性而作觀行，證知第八識如來藏之中道性，名爲般若。亦依第八識如來藏之一切種子之證知，而成就一切種智。

今者阿底峽則以「現觀」五陰等空，作爲空性；彼又錯會五陰，以爲識陰之意識（覺知心）空無形色，故名空性，則非是眞能現觀五陰無常空者。然而佛於三乘諸經中，皆說此乃五陰「空相」——緣起故其性空，而以第八識心爲空性；意識覺知心乃是依他而起之妄識故，於般若系列諸經中說意識是有相法故，意識與六塵相到故。四阿含諸經中，更說意識覺知心是常見外道所說之「常不壞心」故。阿底峽既以意識之空無形色，而言之爲不壞之空性，則證明阿底峽尚未斷我見，亦未證得第八識阿賴耶，則已證實阿底峽於三乘佛法中之見道功德，未得其一，仍在別教五住位中，未證六住菩薩所證之「雙印能所取空」也。

復次，阿底峽以爲打坐至一念不生時，不墮昏沉與掉舉之中，亦不憶念一切法時，即是證得根本定，以之作爲「根本無分別智」之決定智，顯然誤會佛法之根本無分別智正義。佛法中之根本無分別智，乃是證得第八識，現見其於一切境緣上隨緣任運而皆無分別，方是證得根本無分別智，如是安住此定見而不再生疑轉易其見，方得名爲根本定也，非以意識覺知心不動而可名爲無分別智之根本定也。

阿底峽又認爲：定中一念不生之後，即是**金剛喻定**；出於定境之外，再以一切法如幻而觀察之，並離開一切智慧，**後得智也沒有了**，如此情況下安住於定外，並對一切法都不起分別，即是住於等引位中，如此即是已成究竟佛道了。然而如是境界，始終未曾斷除常見外道所墮之「我見」，始終認意識覺知心是不壞之空性心故，自始至終皆未證得第八識故。不證第八識者，尚不能了知般若之總相智，何況能知般若之別相智？何況能知般若之一切種智？不知不證一切種智，而自言已成佛道者，無是理也。般若智以第八識之無分別性、中道性、涅槃性爲體故，離第八識則無中道理之觀行故。

一切佛、菩薩於因地成爲見道者後，不但見道之根本無分別智一直都在，乃至見道後之修道位中，不唯繼續保留見道時之根本無分別智，於修道開始後之一切位中—包括成佛之後—亦皆一直保留見道之根本無分別智，令見道之根本無分別智與修道所得之後得無分別智並存不悖，非如阿底峽所言之：「**後得智也沒有了**，如此情況下安住於定外，**並對一切法都不起分別，即是住於等引位中，如此即是已成究竟佛道了。**」

若諸佛菩薩皆如阿底峽所說：以「是否住於等引而定其是否住於佛地功德」，則應諸佛菩薩皆是有時成佛菩薩、有時成凡夫，必因是否住於禪定之等引位而有別故。佛教之法若如阿底峽所說，則佛教之見修行果便毫無可貴之處也，同於外道修行之定法故，「成佛已」非永成佛故，成「見道位、修道位」之菩薩亦非永是見道、修道位之菩薩故，將因其是否住於等引位而定其是否有根本及後得智故，將因其是否住於等引位而定其是否住於佛位之智慧故。故說阿底峽此語大謬，謂諸佛菩薩不論是否住於等引位中，其所證得之根本及後得無分別智皆悉於其意識現行位中恒時現起而不中斷，不因其不住等引位中而不現起，亦不因其「成佛」一住等引位中而令**後得智也沒有了**。

應成派中觀師之所以精進修行而毫無所成，導致必須否定如來藏第八識、必須否定第三法輪諸經，並墮入外道邪見中，成就大妄語及破壞正法之地獄罪者，皆因初始即否定第八識，不信佛說有第八識，不知佛於三轉法輪經中皆說有第八識，不知佛所說之大乘見道乃以證得第八識如來藏爲見道之內涵，誤以入住定中一念不生而體會覺知心與所住定境「非一非異」之見解，作爲見道及修道之內容，所以有阿底峽如是謬說流傳至今，所以密宗學人上師皆以覺知心住於一念不生之境界中而名爲證得根本無分別智，皆以此境之證得而後於定外了知諸法而不生執著，謂爲後得無分別智；阿底峽於此段開示中復以離一切覺知分別之境界作爲成佛之境界，所以認爲住等引位中而令**後得智也沒有了，便是成就究竟佛果**。由如是邪見—不知般若智以第八識性爲體—故否定唯識種智之法、否定第八識，所以外於第八識而修學佛法，所以變成心外求法之徒，乃至成就大妄語之重罪，名爲可憐憫者，有智學人萬勿學之，以免障道及未來世之嚴峻果報。

非唯阿底峽否定第七八識，西密之應成派中觀師宗喀巴亦主張以雙身修法之「智慧」爲法體，故不須有七八識：《《：能依所依清淨，瑜伽部於信等功德之法宣說清淨。無上部中俱說道清淨與蘊等清淨。爲遮妄執能依所依，如未清淨之情器，體各異者，故說宮殿清淨。爲遮妄執諸尊體各異故說天清淨。如是唯依主尊智慧相分，現起能依所依曼陀羅相（現起能依所依之女陰曼陀羅相），離彼更非有體，故彼一切皆以智慧（故彼一切智慧皆以雙身修法之樂空不二智慧）爲體。》》（21-372）

如是建立色蘊、覺知心、貪道、所觀宮殿、所觀本尊、所修空行母曼陀羅（明妃之下體曼陀羅）等悉清淨已，即以雙身合修法中之樂空不二智慧爲般若之體。如是而成樂空不二之即身成佛，建立密宗即身成佛之究竟成佛之果位修行法門；其實皆是建立於邪謬妄想之上，卻以之而貶抑顯教之眞實修行證道之法門爲因地修行下劣之法，顚倒至此。

宗喀巴以雙身法之樂爲法之實性，故不須七八識，如是說法散見於其著作中，多處可拾，且再舉一例爲證，宗喀巴於《密宗道次第廣論》中云：《《…：如是遮左右風，趣入中脈不動，命力功能由此圓滿。此後應修執持，以「於中脈堅穩安住非命力之果」要由執持方成辦故。若風入中脈，入已安住，次以隨念猛瑜伽力，燃猛力火、溶解諸界（溶解諸種子—精液），下降至金剛端（下降至龜頭）不向外洩（不向外射精），成辦俱生不變妙樂（由此下降而不洩之緣故，便能成辦俱生而不變之第四喜妙樂）。…溶菩提心（溶化物質菩提心—精液）任持不洩而修不變妙樂。由第六支於初二支所修成色，自成欲天父母空色之身，隨愛大印得不變樂（任持於龜頭不洩而修淫樂之第四喜至樂），展轉增上（每日八時而修，使其展轉增上）；最後永盡一切粗色

蘊等，身成空色金剛之身（色身因如此觀修而成爲無肉質之空色法，名爲金剛之身），**心成不變妙樂**（覺知心則成爲第四喜至樂之不變妙樂心），**一切時中住法實性，證得雙運之身**（一切時中皆如是住於「法」之「實性」中——住於受此第四喜之至樂體性中——名爲證得空樂雙運之身）。》》（21-564）

宗喀巴此段文中開示之**密宗道**，即是密宗所引以自豪之「即身成佛」之道。意謂密宗行者於觀想本尊天身成就時，再觀本尊天身亦抱明妃，成交合受樂之像。觀成已，尚須修中脈明點觀想、寶瓶氣及拙火，然後以寶瓶氣及拙火之功夫，觀想頂輪之白菩提心（白明點）溶化（下滴）降入金剛端（降入陽具之龜頭）而引發淫樂。於受樂時必須能忍住不洩，令淫樂增強而久受其樂，依宗喀巴之咐囑：「每日八時而修」；練至常受其樂而永遠不洩，即是菩提心不漏，名爲證得「無漏」，成就「解脫果」。於如是「無漏定」中觀察此淫樂之常而不變，故證知此樂是不變大樂；如此觀天身本尊父母與己合一而受淫樂常久不退，名爲證得「隨愛大印——得不變妙樂」。

若能依此雙身修法精進而修，令此淫樂展轉增上，永住（長時間住於）如是受樂之境而不漏洩，能令淫樂之高潮至樂不致中斷者，名爲證得「不變妙樂」，即是「**心成不變妙樂，一切時中住法實性，證得雙運之**

身」，即是已成「究竟佛道」。證得如是雙運之妙樂色身，即是證得密宗所說之報身佛—密宗之報身佛皆是男女雙身交合受樂之果報者—即是已成「究竟佛」，由是故說密宗之修行法門爲「果地成佛」之法。

由此證明應成派中觀師宗喀巴，以男女淫樂之不變大樂爲智慧體，故彼所證「佛法般若」不須以第八識爲體，是故否定第八識心，不承認第八識心實有，乃故意曲解第三轉法輪諸唯識經佛語，誑言：「佛說有第八識者，爲方便說，非眞說有第八識心。」如是曲解佛經佛語者，於其著作中，處處可拾，尤以《入中論善顯密意疏》中最爲嚴重，幾至無頁無之；《辨了不了義善說藏論、密宗道次第廣論》次之，雖非頁頁有之，而於書中常所說之。

宗喀巴非唯以男女雙修之淫樂爲空性本體，有時復以觀想所得之明點作爲般若經所說之空性，名之爲實際；故應成派中觀不須有七八識，便可建立其「佛法」學說：《（幻身）收入光明之理，如五次第論云：「（將所觀想之頭頂白明點）從頭乃至足，直至於心間，行者**入實際**，說名爲整持。先攝動非動，令入於（明點之）光明；後自身亦爾，是隨壞次第。猶如鏡上氣，一切盡消滅；如是瑜伽師，**數數入實際**。」……本論亦作是說，故是與五色風無分別轉，表心之空點（明點）也。生時既從彼（明點）生風火水等，收時亦復還入於彼（明點）。順所淨事修三層薩埵已，入三摩地光明（明點光明）之理，此與聖派所許相同。》》（21-555）

宗喀巴如是建立觀想之明點爲佛法「般若」之實際，謂常入住於明點境界之人，即是瑜伽師；常常入住於明點境界中，不緣外法，即是**數數入實際**。由於密宗應成派建立明點爲菩提眞心，所以不須修證佛所說之第八識阿賴耶心，而以證得明點作爲已證得「阿賴耶識」；如是建立明點爲阿賴耶識，所以說「佛所說之阿賴耶識乃是建立法，是方便說，並非實有一心名爲阿賴耶識，因此第八識之說乃是方便說」，密宗最高修行法門之應成派中觀師皆如是言。若人言：佛說第八識即是如來藏、爲般若之體。異彼所說，彼等便群起而攻，乃至消滅之（如覺囊派之被誣指爲外道破壞佛法者，乃曲解其法義而消滅之）。此類因爲不能證得第八識心，而故意曲解佛經佛意、別行建立淫樂觸受及明點爲菩提心，以代替原有佛法之密宗修行法門，焉得稱之爲佛教行者？是故密宗之應成派中觀，乃是無因論之邪見，乃是以觀想之明點代替佛法中阿賴耶識之外道法。

應成派中觀師宗喀巴，於其所造《密宗道次第廣論》中，妄謂淫樂第四喜爲不變妙樂，妄謂由修雙身法之淫樂能斷我見我執，是故密宗外於佛所說之解脫道及佛菩提道而修，主張以雙身合修之淫樂爲不變不壞之法，主張淫樂第四喜之「妙樂」爲般若之體，故不須以佛說之如來藏爲般若之體。

宗喀巴依應成派中觀之邪見，又認爲以此淫樂之修行，亦可證得佛果、及成就中觀之智慧：《《不變妙樂名不變者，非說因緣所不能生。上曾屢說界（密宗之「界」謂精液種子）向外洩名爲變壞，**故是繫界不漏**（故是繫住精液種子不漏），**名爲不變**。從此所生之樂，非謂於身繫界從身內「可意觸」起身樂受，亦非以此爲無間緣意適悅相所有樂受，又非依於樂受爲因所發無分別定；是以**通達諸法無性正見爲親因緣，繫界不漏爲增上緣**（繫住精液種子不漏作爲增上緣），**所生通達真實之妙樂也**（所生通達永不射精故能常住大樂中之真實妙樂也）。是故此經**說樂爲無得**，空色爲有得。如第五品大疏亦云：「空謂諸法無生無滅、自心所現，智謂證彼之不變樂。」此說**通達空色於真實義生滅性空，無住之性爲不變樂**。……許我執爲生死根本，大小顯密諸乘所共，故許證無我慧能斷生死繫縛根本亦最明顯。以是第四品大疏云：「次當憶念三種根本，謂發大菩提心、清淨意樂、斷除我我所執。」此說能斷我執之道，以證無我慧爲道之根本。又說中觀諸師修不變無二智，亦由二無我門而修。」》》（21-565~566）

宗喀巴認爲密宗之男性行者，於雙身合修之淫樂中，若能於樂觸之最高潮中常住，而不洩漏身中之界（密宗於此處引用唯識學名詞之「界」字—種子。此處之「界」者即是指男性之精液，界即是種子之意）能不洩漏精液，則能保持堅挺而常住於淫樂第四喜之觸樂中，宗喀巴認爲此樂即是不變之樂，認爲此種樂受不屬於無常變易之樂，故名不變之樂。又認爲：於長久保持住於淫樂觸覺中而不洩精之境界中，觀察自己觀想所成之天身無有物質之粗色故性空，並觀察於色空之境界中能生起淫觸之「不變樂受」，而此樂受中之覺知心無住—不貪著一切法，如此即能斷除我見我執。

如此說法，眞是強詞奪理狡辯之詞也。如是受樂者，若離欲界之無常粗色身，即無淫觸之樂受可言故；若離欲界之無常粗色身，即無「天身、中脈明點、寶瓶氣」之可修成故。欲界有情若離欲界之無常粗色身，尚無覺知心可以現行，何況能有身中之中脈明點、寶瓶氣及所觀想之天身可得？而言「空色妙樂」？而言其「常」不變易？顚倒至此。

如是密宗行者、心欲常住淫觸之妙樂中，而常抱女人於懷中受其樂觸，得無太累乎？如是焉得名爲解脫之樂？如此執著樂觸之常在不退，正是執著五塵樂觸法，受「欲界愛」所繫縛，焉得名爲無執？覺知心外之觸塵尚且執著，焉能否定或滅除「覺知心自己」而斷我見我執？如是墮於「我見」—尚不自知，云何可言能斷我見？我見尚不能斷，云何可言能藉淫樂而斷我執？宗喀巴如是顚倒其說，如是堅執我見我執不斷者，云何名爲大修行者？而諸密宗徒衆封之爲至尊？

應成派中觀否定第八識，以「**一切法空、覺知心不具人間之粗形色故空**」作爲空性，令佛子誤認意識爲眞實心，由是能使無上瑜伽雙身修法之理論得以成立—覺知心與淫觸相應、常恒不壞—故應成派中觀師不須以第八識爲般若之體；密宗因此而以爲已經解決「否定第八識則必墮斷滅空」之窘境，便廣弘雙身合修之貪法，破壞本來清淨之佛教；此乃應成派中觀之大過失也。然而一切人皆可現見覺知心之易起易斷，夜夜眠熟必暫斷故，於悶絕位、正死位、無想定位、滅盡定位中皆必斷滅故。是故建立覺知心爲常恒不壞之法者，有種種過，佛於四阿含中早已廣破，說之爲常見外道見，是故宗喀巴建立覺知心爲法界不壞之空性心，建立明點爲阿賴耶識，建立淫樂第四喜爲般若之體者，悉皆違 佛所說聖教，亦悖大衆所知之世諦，非正理也。

譬如宗喀巴如是說空性：《《…又生起次第位，漸收情器入空性時，滅顯色等一切粗境，明了安住唯心；後從定起，雖不作意，亦能顯現天身及現清淨無礙。》》（21-549）

此一段宗喀巴之開示中，明顯表示宗喀巴之知見：將觀想所成之一切法—不論是所觀成之天身抑或明點等—於最後皆觀其溶化而入月輪，再將月輪等溶化而入覺知心中，如是即名「收情器入空性中」；然後唯餘覺知心自己，不緣一切有影像法，獨自安住不動，是名「安住唯心境界」。然而此皆意識心之境界，並非 佛於大乘經中所言之「三界唯心」正義，此是以意識覺知心作爲常住不壞心故， 佛之「三界唯心」以第八識如來藏爲心故。故此「應成派中觀見」即是「常見外道見」，然而今時印順繼承宗喀巴所弘傳之應成派「常見外道見」之覺知心，已普爲顯密學人所共同認定爲眞心，難可轉易此邪見，故名此時爲末法之期也。

然而 佛於三乘諸經說「一切法空」者，皆有一大前提—**依第八識而說一切法緣起性空**。於二乘法爲主之四阿含中，依涅槃之「本際、實際、眞如、識、眞我」，而說蘊處界等一切法緣起性空；於大小品般若諸經中，依「非心心、無心相心、不念心、無住心」，而說一切法緣起性空；於第三法輪諸唯識經中，則依阿賴耶識而說成佛之道，而說意識覺知心爲依他起性之易起易斷心，故說意識是轉識，非眞實心。亦說意根末那識之依阿賴耶識而起、而有遍計執性—能遍緣一切法而不遺漏。是故 佛說空性者，乃說第八識，非以一切法空之斷滅空作爲空性；宗喀巴與印順不知，狡辯「佛說第八識爲方便說」，名爲破法者。

何故說第八識非是宗喀巴與印順所言之方便說？謂 佛一至三轉法輪諸經中，**皆說**阿賴耶識是能生意識、能生末那、能生十八界之法，是常住不斷之法故；今者宗喀巴既認爲夜夜斷滅之意識可以是常住不壞之法，則能生意識之阿賴耶識怎有可能是方便說之法？怎可說阿賴耶識非是實法？所以者何？所生之意識可以是眞實法，而能生意識之阿賴耶識竟然是虛妄之假名施設法？世間及出世間法中，能有如此之理否？而宗喀巴竟作如是顚倒之言論，而密宗黃教師徒，遞傳至今之達賴、印順：：等人，竟無智分辨之？天下竟有如是怪誕之宗教，竟將荒謬至極之應成派中觀奉爲至高無上之中觀？寧非可悲之極耶？

佛於諸經中常說：妄說一切法空者，必墮地獄。且舉密宗經典《楞嚴經》卷八中佛語爲證：《《**琉璃大王、善星比丘：琉璃爲誅瞿曇族姓，善星妄說一切法空，生身陷入阿鼻地獄。**……若沉心中，**有謗大乘、毀佛禁戒、誑妄說法、虛貪信施、濫膺恭敬、五逆十重，更生十方阿鼻地獄。**》》（《大正藏》19-143上）

如是，《楞嚴經》中，處處宣說陰處界虛妄不實，見聞知覺性等皆以業種貪愛等過去世因，而由如來藏中出生；依如來藏之不生滅性而夜夜滅已、晨晨復現，世世滅已、生生復現，故言見聞覺知等性「非生滅、非不生滅」，「**本如來藏妙眞如性**」故，依如來藏而可永遠「滅後繼續現前」故。若離如來藏法，純就見聞知覺性而言，乃是生滅法；若依如來藏之常住而可常令見聞等性繼續滅後再現而言，則見聞知覺性等亦得言非生滅性，以如來藏常住不滅故言見聞知覺性常住不滅；是故非可外於如來藏而言見聞知覺性常住不滅也，故言陰界入等性皆是如來藏所含藏之局部體性—此等七轉識之體性皆由如來藏所含藏，亦屬如來藏之局部體性故。由是正理，故《楞嚴經》令學人須覓如來藏—**知見無見、斯即涅槃無漏眞淨**—須於見聞覺知之際尋覓一切時中恒離見聞覺知之如來藏；若有人眞能了知及親見「從來無見之心」，斯即涅槃無漏眞淨，即是「本來自性清淨涅槃」。

然密宗諸應成派中觀學人聞佛所說，不解佛旨，卻將《般若經》加以斷章取義，遮除如來藏「非心心、無心相心、不念心……」等佛語，而言蘊處界等一切法空，空已，其「空無」常存，故「空無」之性不生不滅，故以一切法空作爲佛所說之正法。如是墮於斷滅空中，卻來誣指已證 佛之眞義之如來藏學說、爲同於外道梵我神我思想，乃至運用政治手段而消滅他宗他派。此即密宗黃教號稱最究竟、冠於一切宗派之應成派中觀之邪見也。

密宗應成派中觀師—如古天竺之月稱、智軍……等人，及西藏之阿底峽、宗喀巴、克主杰、土觀、今之達賴及印順等—皆是如此力破第八識如來藏，妄言為方便施設，誣言為佛所未曾說者；如是否定第八識如來藏已，妄說一切法空即是般若。宗喀巴及歷代達賴……等人，乃至因此而說第三轉法輪之唯識諸經為不了義說（詳宗喀巴之《辨了不了義善說藏論、菩提道次第略論……》等書）。印順法師於其著作中亦處處如是宣示，完全以密宗之應成派中觀作為其中心思想，故說印順表相雖是顯教，其實本質亦是密宗，其法唯是密宗之應成派中觀邪見故，若除去其「密宗之應成派中觀見」，則印順即無任何思想之可言故。

密宗之應成派一切中觀師，秉於天竺月稱、寂天……等人所流傳至今之斷見邪見，墮於一切法空之中，不立自宗而破他宗他派之一切法，以為自宗之法是佛教中之最究竟法，如阿底峽之作如是言，可知其意也：《《月稱則主張：真理離言，雖有喻可譬，卻無因可立。所以自宗不設特定的比量，僅是權巧借用敵宗為因，來論破敵方，令其悟解自宗的立場。》》（6-52）

然而應成派諸中觀師悉墮於一切法空之邪見中，同於外道斷見論者，而悉不能自知已墮於邪見之中，乃更標榜自宗為最究竟法，於與他宗論義之時，便皆取他宗之義而隨言破之。乃至對於眞正究竟了義之第八識法，亦予認定爲外道法而破斥之。如是作爲，乃是藉佛法名詞、以外道見而破眞正之佛法；只因顯教中暫無眞正證得道種智之大善知識，故令應成派中觀之邪見荼毒佛教諸修行者達千年之久。今時既已有人知之，便應辨析其理之邪謬處，令大衆知悉其謬，而免後世之學人再墮於應成派中觀之一切法空「兔無角論」中。

今時之印順法師更加無智，不知應成派中觀之邪謬，反以顯教僧寶之崇高身份，自己去承接外道密宗種種破壞佛法中最嚴重破法者之應成派中觀邪見；更以應成派中觀之邪見，而將般若諸經佛意，於《妙雲集》及其餘諸書中加以曲解，誣說般若爲「性空唯名」—「只說一切法空，無眞實法性，般若所說唯是名相」。如此則令般若成爲「無眞實法性」之「唯名」玄學戲論、成爲虛相法，變成非是宣說法界實相之義學經法；故說印順法師如是之行，表面觀之似爲弘揚佛法之顯教法師，其實卻是將佛法之實相義理從根本上剷除，代之以密宗應成派中觀無因論者，不可說印順是顯教中人也，其中心思想完全是密教應成派中觀之法故。如是以顯教之表相，而藉密教之法代替顯教正法，以便消滅顯教正法於衆人不知不覺之中，手段之高超，令人難以覺察；若無人將眞實義理辨正而令學人廣爲知之，則佛教了義正法，不久便將因印順之密宗思想廣弘與摧殘，而從此永絕於人間。

密宗應成派諸師，皆是外於如來藏而妄說一切法空者，其罪遠過於「錯認見聞知覺性爲常住不壞心之惟覺法師、聖嚴法師」等錯悟者故，如是否定第八識如來藏之作爲、乃是直接剷除三乘佛法之根本故，是故佛說如是妄說一切法空者、墮地獄受長劫苦報後，仍須轉生他方地獄之中再受久劫純苦重報（詳《大乘方廣總持經》佛說）；是知此罪極爲嚴重，一切學人萬勿效法達賴及印順等人之「否定第八識而說一切法空」，以免後世長劫純苦重報。是故：**若依第八識如來藏而說蘊處界覺知心等一切法空，斯有是處；若離第八識、否定第八識而說蘊處界覺知心等一切法空者，無有是處**，學人宜謹記斯言也。

密宗應成派中觀師固否定第八識如來藏，印順法師則更說「如來藏法是外道梵我神我思想之復活」，誣蔑佛說第八識如來藏同於外道梵我神我之第六識心，令人不信有如來藏可證，則佛教之深妙正法將隨之永滅失傳。其見解既如是偏邪，又嚴重破壞三乘佛法，令三乘佛法悉皆墮於斷滅之本質中，成爲「性空唯名」之「兔無角論、無因論」，成爲戲論玄學哲學，即是破壞佛教正法之人；則一切學人皆當共同摒棄如是邪見，以免破壞佛教正法之邪見繼續流傳、荼毒今時後世之佛法學人。

第四節　自續派中觀之般若見

自續派中觀見，乃是密宗紅白花教之般若見。此自續派中觀見者，承認有如來藏，然皆未知如來藏即是第八識阿賴耶心，每將一念不生之覺知心意識，認作是如來藏，有時則索性將此意識心認作究竟佛地之眞如。此派學說由於認定**覺知心自己**可以去至後世，可以從往世來至此世，故名自續派者。自續派中觀見者雖承認有如來藏，此見解異於應成派中觀見者；然不論是自續派或應成派（二派函蓋西密之四大教派），皆以「外於如來藏之一切法緣起性空」作爲般若所說之空性；亦悉同以意識心之空無形色，作爲佛說之般若空性；於此般若空性見上，應成派與自續派之中觀師，見解並無不同之處。

譬如近代密宗極有名之上師陳健民云：《《我們必須領悟到空不異色、色不異空。在「任何形式的空性」下，空和色是完全合一的（原註：包括感覺等等與「我」有關的一切）。五蘊與空性即不一也不異。**在「外界」，空性遍一切處，任何法相皆空**。有種人認爲空是透過分析而得到的，但是眞正的空性不是這樣獲得的，這種努力的成果只可以明白有為空，即有條件、有組成的現象的空。這種分析在黃教很流行，但只能作為解釋方便而已。》》（37-73）

此段文意，謂空性遍於一切外界諸法中——一切法皆因無常而終必壞滅，故此「無常空」之性，恒遍一切外界萬法之中。卻不知佛所說空性，乃是法界之根本心—第八識阿賴耶心；此乃誤會空性之實例。

如是實例在密宗之內屢見不鮮，如宗喀巴云：《《後以正理破外道所計之人我、與內道兩部所計之法我，而決擇無我義。由修習力引勝義菩提心，先當如是求無我見。此由解釋集密六如來各說一菩提心中，毗盧所說「捨離一切事，斷除蘊處界，及能取所取，法無我平等，自心本不生，空性自性者」之義，故名菩提心釋。如是龍猛菩薩說以正理破除二我，修所決擇無我之見，名為修勝義菩提心；諸行密咒菩薩亦應修此。故亦善破有說「修觀察、慧觀察」之見，是顯教規，非密宗者。金剛莊嚴續亦云：「**心觀六分塵，析為十方已，此明了法義，心淨最無垢**。過去未來心，如是無所得，無二無無二，虛空亦無住，**如是觀察已，一切眾生空，是無垢瑜伽，想自心無體**。」**此說觀察微塵分析十方為修空性**。跋縛跋陀羅於金剛空行釋中，如中觀莊嚴論**分成十方觀察微**

塵決擇空性。》》（21-606~607）

宗喀巴欲破外道所執之人我見，實無資格。此謂宗喀巴尚未除斷自己之人我見，不知自己認為「常而不壞之覺知心」即是常見外道之我，欲如何破常見外道之人我見？自己之人我見尚且未破，而奢言欲進破內道（佛門內之見道者）所未能斷除之法我見，狂妄乃爾，無知乃爾。

復次，佛說空性者，乃謂一切有情生命之實際—第八識如來藏—亦是無餘涅槃之實際。宗喀巴則誤會為色身無常必壞之「滅後空」為空性，誤會身外一切色塵亦皆無真實性，以此名為空性，故引密續所言而證成自己之說法。復引金剛莊嚴續所云**如是觀察已，一切眾生空，是無垢瑜伽，想自心無體**，以為覺知心自身無色無形，故是空性。凡此皆因不肯承認有第八識心，隨於應成派中觀邪見而轉，故永無可能證取第八識空性心，便作如是荒謬之言論，自言如是邪見是佛所傳之空性見。

宗喀巴復如是言：《《又以妙觀察智抉擇生死涅槃一切諸法勝義空時，其所現境雖未除二取相，然所定解已滅二取，是故不須別修滅除二取相之所緣。如是定解一切諸法遠離二邊、無性為相，是真法界永離一切諸戲論相。此如入行論云：「若時性無性，皆不住心前，爾時無餘相，無得最寂靜。」謂**一切法無得為體，皆入空性。**》》（21-502~503）

仍是以觀察意識覺知心於一切法中無所得，而名為入空性。然意識覺知心於諸法中並非無所得，必於一切法中起「苦樂捨」諸受故；既與苦樂捨受相應，則顯然並非眞正無所得者，乃是得後仍歸於無常空，而非初始即是無所得者。佛所說無所得者，則是第八識於諸法中隨緣任運而離見聞覺知，不與六塵之苦樂捨受相應，乃是初始即無所得；依此而言意識覺知心所得之種種受無常終壞，故說無所得，不得外於第八識實相心而言意識受「苦樂受」已、終歸無所得。由此可知宗喀巴誤會般若空性為無常空，非如佛說以第八識如來藏為般若空性也。

宗喀巴復以如是常見見，而言欲破內道「已見道而證空性、斷我見之菩薩」所餘之法我見。殊不知宗喀巴根本未曾見道、根本未曾破人我見，以未見道之常見外道人我見，而欲指導已見道之菩薩除斷法我見；猶如小學生之不知不解中學生所學之代數，而言欲指導大學生修習微積分，其狂妄與無知，與寂天之造《入菩薩行論》之虛妄，如出一轍。

黃教如是誤會般若空及一切法空，其餘三大派之自續中觀見，亦復如是誤會般若空及一切法空：《《爾等應知一切法自性空，十八界無絲毫眞實可得；凡見聞覺知者，無一非空假，無一不是因緣湊合而成之幻相也。苟能常作此想，則貪戀之心自然不起。貪心一起，罪業甚大也。

然則一切皆無耶？非也！非也！**一切法非無也，乃自性空爾**。須知常見固不可有，斷見亦不可生，否則墮入頑空，自誤不小。**應想一切法自性空，真實出生者、世上無有，如此想念即可矣**。……此種空理知之甚難，倘能眞實見一切法空，更爲佳妙矣！**所謂空者，並非不見色、不聞聲，不過不執着爾**。如衆生與五蘊是爲一耶？爲二耶？云一云二，無非妄執。世上諸法盡屬假名，其性本空，其實不存，何一不是因緣湊合而生？因緣離散而滅？十二因緣細加參究，則一切法空之理、因緣離合之道，自不難瞭然矣。》》（62-240、241）

如是所言般若空者，乃是以**一切法之自性空**，作爲般若之空性，違佛所說。所謂「**應想一切法自性空，真實出生者、世上無有，如此想念即可矣**」，其實仍是墮於意識心中，未曾了達般若空性之密意也。復言**所謂空者，並非不見色、不聞聲，不過不執着爾**；更是以意識心之不執著諸法，作爲證得般若經所說之空性也。此乃密宗諸師之通病，皆未能證得第八識如來藏，是故不能了知法界體性之眞實相，是故於般若系諸經皆生錯解，便以此錯解而誤導衆生去也。

道然巴羅布倉桑布又言：《《昨講一切法空、衆生如幻，欲求絲毫之眞實，亦渺不可得。夫吾人前生所作之善惡業，今生得其果報；**今生**

倘修一切法空，則輪迴根除，以後永不復入矣。此眞心一來，則一切有情皆見爲化佛，一切器物皆見爲壇城。一心不疑，如此常修，則空心來時安樂亦至，即成空安不二，目中所見無非是佛矣。起初修時，只一刻二刻入，後逐步時間延長，久而久之，不但醒時如此，即於夢中亦無不然。此時行善之心甚爲重要，惡業萬不可爲。務使此生多積善業，如此方好。迨後法空我空二心一來，即可不修；此時不論身至何處，凡六根所接，莫不知空矣，**是卽悟道之證也**。》》（62-243）

如是而修一切法空者，未曾斷除我見，而言已斷除我見，正墮大妄語中也。謂「已斷除我見」之人即是須陀洹也，而密宗諸師如是之行門，俱認意識覺知心爲無形無色之空性，皆是誤認意識心爲眞如，則同常見外道無異，尚未斷除我見，云何可言**輪迴根除，以後永不復入矣**？初果之鈍根者尚須七返人天，何況未斷意識我見之未見道凡夫，焉有可能永不復入輪迴？無是理也。

復次，密宗常以觀察外六塵無常空，及觀察色身空，便謂已斷我見及我執，便以如是之覺知心作爲眞心—便謂已能將**一切有情皆見爲化佛**，又言**是卽悟道之證**，豈唯誤會化佛之意？亦乃誤會眞心。當知一切有情之意識，修至久遠劫後，仍舊是意識，永無可能變成眞心；是故佛地之意識仍然是意識，並未轉變成眞心。而一切有情皆有之第八識眞相識，未修行之前即已是眞相識，本來即已是眞相識－眞心，非因修行而後變成眞心。密宗諸師普皆不知此理，每欲將妄心意識修行轉變成眞心，皆是妄想邪見也；所以者何？謂若意識可變成眞心，則悟後之有情皆將無意識，皆將成爲不能分別痛癢之植物人，覺知心意識已變成眞心故，而眞心離見聞覺知故。然而現見古今一切證悟之賢聖，悟後同皆具有八識，一一具足而無欠缺；現見經中記載：佛於悟後仍然能作種種分別，非無覺知心意識，而亦具足第八識眞如－改名無垢識。是故密宗所言將意識變成眞心之說法，乃是彼等依於自意而生之虛妄想也，有智之人哂之。

道然巴羅布倉桑布又云：《《此種死之憑據如其不來，則多多想法將命融入中脈中；其中之命外出時，一切法空居前領導。何謂一切法空居前領導耶？蓋第四空至時，見淡黃色之亮光，「光即是空，空即是光」；一切法空居前領導者，即見此淡黃色之亮光如在前面領導一般也；此後自己如佛之相生起焉。如此修畢，於是歸寢；寢後做夢之時亦知自己變化身體變出來。彼能如此者甚爲殊勝。……（死時）第四一切空來時，黑暗忽開，突見紅光一道賽如閃電，瞬息即逝。紅光過後，接見淡黃色之亮光有如曙光，此時魂已外出，所見之淡黃色亮光乃「空」中之光，即所謂明光者是也，此乃第四一切空來時所有之境界也（原註：修法時所念之觀空咒，其最後之亨字，其義謂空，即指此第四空也）。如此種種皆須修而後來，不修不來。此明光乃正眞之「根本明光」，根本者此也。》》（62-285、286）

此段開示所言之一切法空，又變成色塵之明光，與前所說不同也。此處所說「光即是空，空即是光」，與前說有異，非以覺知心空無形色而言爲空性，非以一切無常而言爲空性也。如此說空性，前後有異，令諸密宗行者無所適從；如是所言空性，無關般若空性，非依般若經中佛所言之第八識而修證故。

關於空性，復有一說：《《現在所講者乃醒時自己之命融入中脈，如此多多修習，則能力自來；後來睡時亦能修持，則力量來矣。力量來時各種境界自然皆來焉。起先內見陽燄似水似火，歷歷在目；此時神思恍惚，心中模糊；是後內見青煙迷漫滿目，如由火中冒起一般、甚多甚多；繼見螢火空中飛舞閃爍不定，旋見豆火猶后密室明燈火燄堅定。此後內見白色似月非月，其外有一白圈、但非月光，是乃心中所起之作用。此時任看何物皆作此狀，如望夜（陰曆十五夜）之月、富有光意，到處

皆是，斯為空顯。》》（62-307）

又云：《《茲再講「空」來之時見甚多圈圈，圈外隱然似有白色，詳視之既不如日之紅，又不如月之白；然再視之則如日光之紅色矣。見此紅色之時即「極空」來焉。紅色與極空同來，紅色融入之後，大空前來。於是內見黑暗，日月既無，心亦不有；黑暗之中，起初似見有圈無數，再詳視之，圈亦不存，只是黑暗而已。在此黑暗期中，前半期心中模糊，後半期漸漸醒來。此時見明光自遠而至，逐漸明顯，後如天空青色、光明無比，此即「一切法空」來時之境界也。此時之光猶如曙光，天上虛空無雲、光明非凡，此即明光是也。斯時行者之身雖猶平定坐，而其命卻已從心間之「和合」內（而）外出，於是想「我死無常、一切法空、空中上變成本尊」等等。永遠如此修持，須臾不離。⋯⋯修坐修得很好者，可獲第四個明光。何謂第四個明光？爾等不憶昔日所講之五道耶？一、身口寂靜，二、意寂靜，三、珠理，四、明光，五、雙入抱明母（明妃）時所得之安樂奇大，世無其倫。第四個明光時，陰陽交合（修雙身法），於是安樂生起；安樂生起時，行者心中想「我死無常、一切法空」，此明光與一切法空合修之時，心中一點不動，視而不見、聽而不聞、一心定坐。此乃無上密宗之空安無二無別，為第一佳妙之心思

也。》》（62-309、310）

如是所言空者，則又以明光爲體，非以意識覺知心爲體，與前所言非是同一之說也。然而般若空性唯一，不應有二有三，是絕待之法故。由是故說密宗對於般若之空性心無所了知、亦未能證之也。

自續派之紅、白、花教承認有如來藏，而亦不解佛法—不知如來藏即是第八識阿賴耶心也。但已能認清黃教之善辯而寡修也：《《法尊所譯宗喀巴《廣金剛道》（即《密宗道次第廣論》）不敢梓行（今已印行流通於西密之老修行者間），**吾嘗觀其中最大錯誤，即以二乘人無我空，與密乘勝義明空爲無異，而獨舉六度之行爲成佛之因；特重福資糧，於藏故相投，於漢則逕庭，宜其不敢梓行也。理趣雖達，於方便不善巧亦徒然**（若於雙身法之修行方便，無有善巧，亦是徒然），**如黃教之善辯而寡修也。**》》（34-322）

明朝帝師讓蔣多傑所著《甚深內義》中，註解者親尊仁波切及貢噶上師與陳健民上師，雖推崇禪宗之證悟，陳師更以悟者自居而解釋禪宗之法，然實未解禪宗所悟之般若也：《《惟海之波，能載舟亦能覆舟，而海莫非恩也。操舟者沿波而行，風順舵穩，則師（親尊仁波切）之恩海，佛之覺海，己之性海，自相契也。或猶有厭焉，謂易簡工夫終久大，支離及業竟浮沉；而謂彼之必我逾也，則吾中國固有大密宗在（原註：諾師

稱禪宗爲大密宗），彼固恩海遙波法藏之本體也。》》（34-323）

何故余謂陳健民亦未解禪宗所悟之般若耶？謂禪宗眞悟者之觸證者，乃是第八識心，完全同於三乘經典中 佛對眞相識之開示，密宗陳健民上師所說者，則是密宗「依於自意所言之藏識」也，與 佛說迥異：《《三身之氣脈明點者，勝義大樂法界者爲法身，一稱最深身（原註：師云即自性身）其所依，於世俗諦等流因，爲報身、化身。報身者依於夢及八識清淨轉變意命氣是也。化身者平常境與一切法上，前六識清淨，由能生起化身也。脈氣明點爲身、語、意三金剛，由彼三清淨而成金剛，故爲一切佛之三業本體。四時即出生四身，如無垢光論云：（原註：師云：此爲時輪註）睡眠沉厚安住無念爲法身，夢中由命氣「時現時否」爲報身，醒時所現一切境爲化身，貪時難制，被垢所愚爲智慧身。以上爲有垢有情之四身，諸佛爲無垢果四身。》》（34-329）

般若經中所說之法身，並非以西藏密宗之「勝義大樂（雙身法中之樂空不二）」爲法身，而是以第八識爲衆生之因地法身。見道後修除此第八識中含藏之煩惱障隨眠種子，及修除第八識所含藏之無始無明一切隨眠，則成究竟佛地之法身，皆以第八識爲法身，初未曾言「勝義大樂」爲法身也。而密宗所言之勝義大樂，其實只是意識境界，完全無關第八識法身，眞乃異佛而作南轅北轍之說也。

第五節　密宗之其餘空性見

密宗諸師之空性見極為混亂，諸師之所說互有出入；有時同一人之說法，又有前後不同之情形。今舉其餘諸說言之：

密宗中人有以無上瑜伽雙身修法之証得空安，作為悟得空性者：《《昨講修幻化之道有三：即一、明顯修，二、做夢修，三、中陰身修是也。第一明顯修，其中有四空。何謂四空？即空、大空、妙空、一切法空也。此四空皆須明瞭方可。第四之一切法空，即心中想「一切法自性空」也。此空與安樂合，即成空安無二無別；空安無二無別之時，心須平定；倘有明母（倘能擁有雙身修法中之女性），則抱明母修固可；倘無明母，則作抱明母想亦可（若無明妃者，則以觀想之法而觀自己與明妃合修亦可），蓋亦能有如抱明母之安樂也（亦能引生實體明妃合修之淫樂）。如此久修，自然慣常；不論上座下座，行者均應一心空安無二無別。以前凡夫計較好惡之心，此時必須盡除；並應一心以眾生為化佛，以空處為壇城，絲毫不疑；其能如此者，始是悟道中人矣。》》（62-233）

如此密宗修行法門，必令密宗行者久修佛法而唐捐其功。一者：一切法空非即是佛法，心想一切法空者，於一切法空實不能解了；欲證解一切法空者，當從身心以外之一切法中觀察其無常變異，終必歸於壞滅，是故法空。復應於自己之身心細觀，觀察自身乃藉父精母血及四大假合而成，既是衆緣假合而成，則是緣起法；一切緣起法皆是有生有始之法，有生有始之法則未來終必有死有滅，有死有滅之法則是無常，無常之法則是空相—暫有終滅，故說吾人色身亦空。

復應觀察吾人之見聞覺知心亦空，云何空？謂見聞覺知心即是前六識，此六識見聞覺知心之體性，乃依色身之五色根、及第七識意根之觸法塵而後方能現起運作，若此諸緣欠缺其一，則必眠熟乃至悶絕、死亡；此事不須自己親自一一經歷，但於人間觀察自他之四威儀及種種他人所生之意外事故，或至醫院觀察之，即可現前驗證之。見聞覺知思維分別之心既然如是依於衆緣而後能起，則是依他而起之法，依他而起之法必是有生有滅之法；亦可現前照見「見聞覺知思維分別之覺知心」夜夜眠熟必滅，須待末那之觸法塵而後方能醒覺，不能自醒故（意識既滅，滅已則是無法；無法則不可能自行復現，要待他緣生之，方能復現故）。

如人受重擊而致悶絕，要待色身漸漸恢復正常已，方能醒覺。亦如手術之人，色身遭致外力（麻醉劑）之作用，便不能使見聞覺知之心性繼續正常運作，作主之末那識雖在，亦不能令自己清醒；是故受手術麻醉者，於麻醉劑稍退時雖即欲清醒，而因麻醉劑尚未完全被分解消失，是故皆於末那識欲醒之際喚起覺知心，然皆甫一張眼、又復受麻醉劑控制而昏沉再睡。

顯而易知者：見聞覺知思維分別之心性（前六識性）確實依他而起，要依五色根之正常運作及末那識之作意欲醒，方能醒覺；若五色根不正常（如生重病或受麻醉藥控制），則因五色根之異常而致覺知心不能現行運作。如是，則已證知見聞覺知思維觀察之心乃是有生有滅之法，是依於「他法、衆緣」方能現起運作之法故，非是無始以來自己本有之法故，既是有生有滅之法，則是無常有爲變異之法，不可主張覺知心是　佛所說之「無始本有不生不滅之空性心」也。今者密宗以雙身修法之淫樂中受於樂觸之覺知心而處於一念不生之中、處於不貪淫樂之中（其實正是貪淫樂，正在受淫樂之邪觸知覺故），而以淫觸之空無形色、及淫觸中之覺知心空無形色而稱之爲空性，如是觀察淫觸與覺知心不一不二，謂之爲樂空不二，謂之爲證悟空性，誤解佛法竟至如是嚴重地步，令人駭嘆！

密宗如是觀察一切法空，而竟不知自身見聞覺知心正是五蘊所攝之無常變易法，竟不能知曉見聞覺知心亦是「一切法空」所攝，乃竟妄自主張覺知心常恒不壞，自墮常見外道邪見之中，云何可謂有智之人耶？

復有誤會空性者：《《夫吾人之身猶如鏡中之影，舉體空假，全無實義；所謂色即是空，空即是色也。即身外之法亦何獨而不然？若執爲實有，便成妄見矣！行者苟能澈悟空理，實地修習，則久而久之，自能大地陸沉、法我兩空也。初修之時不妨範圍稍小，只一二法空；入後再逐漸增廣，以至無法不空可也。行者修習之時，可於前面壁上懸一佛像，再於自己前後置鏡兩方，使前面佛像映入後面鏡中，復由後鏡映入前鏡；使佛像之影適居前面鏡中自己影像之頂上；佈置既妥，乃想鏡中兩影無二無別，如此常修，自能妙悟空幻之理，「一切法空」之心自然力量甚大矣。》》（62-236）

如是依鏡像而觀自己空者，始終不能斷除「覺知心自己眞實常在」之妄想；始終不能斷除我見，而竟誤以爲觀察自己色身如鏡中之像空無形質、便以爲已斷我見，其實仍然是認定覺知心之自己眞實不壞、是常住法，正墮　佛於四阿含中所破斥之我見常見中。如此誤解我見及誤修之法，而言能證一切法空者，無有是處；執「覺知心我」爲眞實不壞法者即非證知一切法空者故，必墮「常見見」中故。

密宗上師又開示一切法空之修法云：《《修法之人須觀「一切法空、如夢如幻」，無一眞實；本來人生如大夢，世事若幻化；謂予不信，可趨十字街頭舉目看看，回頭再緻細想想：方才所見之車馬人物而今安在？豈非與做夢一般耶？當時實在，過後烏有；謂此非空，吾不信焉。故行者在家修時倘不甚明白，可往街頭看看，何一不是轉瞬即逝？世上生滅之法本來如此因緣湊合而生、因緣離散而滅，人之生死亦在此例。修法之人實應常常看看死人，因其能發人深省；故死人不看則「怕死之心」不生，怕死之心不生，則不肯努力求解脫之道，此係一定不易之理也。》》（62-237）

如此密宗上師，不觀自己十八界空幻，而作外觀空幻，終不能斷我見也，何況我執？何況一切法空？皆不能斷也。是故密宗行者若欲眞斷我見者，當從自身之見聞覺知心虛妄、當從覺知心之依他起性上而作觀行，眞能現前觀察覺知心自己之虛妄者，即能斷除我見，斯人方可名爲聲聞初果人也。若不能現觀覺知心自己虛妄者，則此人永遠不斷我見，永處常見之中，口中雖言已斷我見，實與常見外道無異；若不肯聽吾苦勸，而繼續以覺知心不執諸法作爲常住不壞之眞如者，如是繼續倡言自己已斷我見者，即已成就大妄語業，名爲可憐憫者。

宗喀巴亦誤會空性之理，以一切法空作爲般若經所言之空性：《《…《般若經》云：「佛亦如幻如夢，設更有法勝涅槃者，我亦說彼如夢如幻。」七加行云：「行者於諸法，善遮顚倒故，當說四加行。」又云：「一切諸法中，說無性爲主；以諸法王子，由修此成辦，一切佛圓滿。」其無自性是具一切種最勝之空性。空華兔角之空，是無所有，不可現證。寶頂經說不離佈施乃至佛法之空，是具一切種殊勝之空性。》》（21-393）

如此一文中，宗喀巴豈唯誤解空性之理？亦乃誤解 佛說一切種之眞義也。般若系諸經典中所說之空性，實指涅槃之實際—衆生本有不生不滅之實相心—第八眞相識，非謂一切法空之「無常空」及滅後之「空無」也。佛依第八識而說涅槃之修證，依第八識之不再受生而言無餘涅槃，若離第八識體，則無涅槃之可言也，是故涅槃唯是名言施設，依第八識之不復受生於三界中，而言無餘涅槃之境。

然而無餘涅槃並非究竟之法，尚有煩惱障之種子隨眠未斷盡故；佛說大般涅槃方是究竟—一切煩惱障習氣種子皆已斷盡故，一切所知障隨眠亦皆斷盡故。

佛敎中一切三乘聖人所證涅槃，同爲三界中之究竟法，過此則無一切法可言；無餘涅槃位中，前七識已俱滅盡，十八界悉皆不現，尚無醒時之覺知者（意識），亦無眠熟時之思量者（末那識），一切法悉滅，尚有何法可言耶？是故《般若經》說：「設更有法勝涅槃者，我亦說彼如夢如幻。」無餘涅槃位中無一切我故—覺知心我及思量心我皆已滅盡故。

然若如宗喀巴所主張之意識不滅，可以來往三世、可以入住無餘涅槃者，則於涅槃位中仍應有覺知心及思量心在，則涅槃位中仍應有法，則涅槃位中繼續出現存在及運作之一切法，皆應勝妙於涅槃法。必定如是故，是中諸法皆依於涅槃之基礎而顯現出世間法之大用故，則應更勝於涅槃法也，審如是者，即成佛語虛妄，諸般若系經典皆應請 佛重說重寫。是耶？非耶？有智之人曷共思之？

佛說空性，乃說第八識心，並依第八識心之中道性，而說五蘊諸法之空相—色身及見聞覺知心虛妄；非唯說五蘊諸法之空相而已。宗喀巴等密宗諸師讀之悉不解義，便生錯解，誤以爲佛說色身及身外之一切法空，便以一切法空作爲般若空性。

復次，一切種者，非如宗喀巴所言之一切種法，乃是說有情自心第八識中所含藏之一切種子。種子又名爲界，又名功能差別，第八識中所含藏之一切種子，即是第八識中所含藏之一切功能差別。宗喀巴不知佛意，擅以自意而錯解之，復以自意錯解之說而誤導眾生，然而密宗諸師自古以來未能了知其謬，沿用至今，仍將繼續誤導今時後世之顯密學人，唯除有人依眞實理而破解之，並能令眾週知。

然而密宗內之誤會空性理者，更有甚於此者，乃至將印度教性力派修法引入佛教內，再推舉如是外道之修法所證「空性」更勝於佛教，謂爲比原有佛教所傳之空性理更殊勝：《《上面所說加持根本重在菩提心眞實，那麼成就根本又重在什麼呢？是重在空性無我要眞實，要能利用空性。顯教中就修空性，小乘修人無我，也是空性；大乘修到見道，也是空性。密宗也是修空性，那這中間又有什麼分別呢？先要懂得空性裡也有外、內、密、密密四層的深淺。而成就根本所重的空性是屬於密層的。因此往往本尊都是選赫魯噶（詳見密宗忿怒相之立姿雙身交合像），因爲這樣就合於成就根本的條件了。**一方面空，一方面樂，空樂雙運；要修氣功，心氣無二，這在菩薩的空性裡就不強調。**》》（32-396）

此即密宗古今諸師一貫之作法與說法。密宗古今諸師，一直不能證知二乘菩提——一向未曾證得「人我空」故，一向以覺知心爲常住不壞之眞如心故，覺知心在四阿含中一向皆是 佛所說之常見外道神我梵我故，佛一向說之爲我見故。如是未斷我見之人，更索求印度教中之性力派學說，引入佛教中，說之爲更勝於原有佛法之法，爲恐學人不信，便創造《大日經》，誑言是《華嚴經》中之大日如來所說。然而觀其所言，悉是印度教中性力派學說，完全與佛法之三乘菩提法背道而馳，迥異華嚴所說之大菩薩法。密宗此處文中所言赫魯噶淫觸「空性」之理，其邪謬處，且待第九章正說樂空無上瑜伽時，別作細述，讀者即可分明了知。

宗喀巴誤會般若經中之意旨，以空無自性爲空性。宗喀巴如是而爲衆生宣說，如是誤導衆生者，非唯一二處有之，於其書中處處可檢：《《如祥米金剛說，壇輪行相之心，轉趣無我眞實瑜伽，是三三摩地之通規，當知亦即智足（上師之）意趣。故初次第雖以修習現品天輪爲主，然於諸法無自性義，亦當引生猛利定解，令一切法皆現如幻。修習天輪之後，緣天爲境，修無自性行相，發勝解慧轉入空性，其慧相分現爲能依所依天相。如是甚深明了無二瑜伽，每次修時皆當修習。歡喜金剛由見此義，故云：「由生次瑜伽，行者修戲論，戲論悉如夢，即戲入無戲。」釋續金剛幕云：「譬如水中月，伴虛妄無實，如是曼陀羅，明淨爲自性。」故二次第皆須修空，非謂咒中所修空性一切皆是圓滿次第。所修天身如水月現、或空中虹，然無自性、猶如幻事，生起次第亦有如此瑜伽。》》（21-497）

然而佛說離戲論者，非如密宗諸師之如此邪妄想也。宗喀巴以爲修習密宗道之生起次第後，再加以觀察，察知其性「空無形質」一，如此認知之後，即是證得一切法空性；由是而不再常起言語諸行，便常住於如是離念境界之中，觀察解說此諸修法之言語皆是戲論；如是證解，便是密宗之離戲論者。然而**世尊所言離戲論者**：非謂離諸言語，乃謂眞實證得第八識實相心；由證得實相心故，其覺知心中所起見地、及其爲人宣說之一切言語，皆悉不離第一義之眞實正理，如是所住及諸言說，悉皆如理作意而說，悉皆不離第一義諦，所說皆由實證第一義而生，皆非出於自意妄想而有之戲論，方是世尊所說之離戲論意。宗喀巴等密宗古今諸師，從來不解世尊諸經意旨，妄作解釋，誤導衆生，所言悉皆不及第一義諦，從來不離戲論，而言能令人離於戲論者，未之有也。

第六節　密宗誤會解脫道及佛菩提道

密宗古今諸師悉皆不解佛菩提道及解脫道，故於阿羅漢及佛之修證差別，全無所悉：《《宗喀巴也認爲，佛陀和阿羅漢的差別在於：佛陀所累積的功德比阿羅漢多；同時也認爲阿羅漢覺悟空性的智慧不夠高。

對於空性的覺悟方面，他認為小乘和大乘都是一樣的。》》（37-167）

由此一段開示中，已可證知密宗諸師對於解脫道及佛菩提道之完全不解不證也。佛陀所累積之功德當然比阿羅漢多出無量數，乃至多至不可知。然佛之所以異於阿羅漢者，雖於解脫道上之實質有異（因於習氣種子之斷與未斷而有異），最大之異處乃是於佛菩提道之有無修證也。如是之理，密宗古今諸師悉皆不知不解（包括應成派中觀師印順法師在內），而妄言能授人以解脫之道及「成佛之道」，皆是妄語誇大之詞也；密宗以如是粗淺妄想，更言其道勝於顯教，便如小學生之誇言其文學造詣更勝於大學國文系教授；如是密宗諸師，難可與語，佛法知見程度相差太大故。

佛之異於阿羅漢者，其一為解脫道修證之差異；阿羅漢唯斷煩惱障（我見我執）之現行，而不斷除第八識中所藏煩惱障之習氣種子；佛則於成佛前之三大阿僧祇劫前之初地起，已漸將第八識中所藏一切煩惱障之習氣種子悉斷除之，至成佛時，極微細極微細之習氣種子亦悉斷除淨盡，不留一絲一毫，是故佛無絲毫習氣，阿羅漢則仍有習氣未曾稍斷，是故二者之解脫果其實大異。

佛之異於阿羅漢者，其二為佛菩提道修證之差異；佛於三大阿僧祇劫之前，修成十信滿足已，初入菩薩位中廣修外門六度萬行，漸至第六住中，遇善知識開示故證得第八識心，起般若慧而入住第七住，成位不退菩薩；又修學般若系列諸經，證得般若之別相智；又於十住位中眼見佛性；又復修除異生凡夫性而發起金剛心，於一切人天之大勢力悉無所畏，故出世破邪顯正；復又以此福德而進修一切種智，漸進初地，成就初地無生法忍而得初地道種智。

復由初地道種智故，於二大阿僧祇劫中次第進修諸地無生法忍，發起諸地所應證得之第八識中一切種子，漸漸滿證一切種智，圓滿十度波羅蜜多。再以百劫而修相好，百劫之中，於一切處隨時可捨身命財，如是廣修福德，方於最後身菩薩位中斷除所留極微細之所知障隨眠，而成究竟佛果。如是所知障之摧破與斷盡，如是第八識一切種子智慧之修證，聲聞阿羅漢皆無；乃至第七住菩薩因證第八識而發起之般若總相智，聲聞阿羅漢尚不能知，云何而言阿羅漢曾覺悟大乘般若闡釋之空性正理？無斯理也。

此謂聲聞阿羅漢所悟二乘菩提果，唯是證悟空相——現前觀察了知蘊處界一切法悉皆無常空，現前觀察了知「覺知心無常空、思量心意根非自在心故空」，如是而證人我空；非如密宗之執定「覺知心與淫樂覺受」之空無形色而謂為空性也。是故聲聞阿羅漢不知不證般若所說之空性，而密宗古今一切上師亦皆不知不證般若空性之正理，亦復不知聲聞阿羅漢所證悟之二乘菩提—蘊處界空相正理，故有如是妄說也。

密宗諸師對於阿羅漢與佛之差異，其所以完全不知不解者，咎在對於般若諸經中佛說空性之正理全無所知，復又對於二乘菩提完全無知所致故。密宗諸師每以一切法空爲般若空性，而不知佛說般若空性者乃是說第八識實相心，便將色身無常空之認識，作爲已解般若空性、已證般若空性；又不知阿含諸經中，佛已處處破斥覺知心，說爲虛妄法，密宗卻反而執取覺知心之一念不生時狀態作爲實相心眞如，正墮我見之中。如是不能證得解脫道及佛菩提道之密宗，卻來貶抑顯教，卻來宣稱修證更勝於顯教，顚倒至極。

如是錯解般若空性及解脫道之現象，於宗喀巴之著作中，處處可拾；　豈唯宗喀巴一人？於黃教宗徒之著作亦處處可拾。　豈唯黃教宗徒？亦於其餘四大派一切古今諸師之著作中處處可拾，不勝枚舉，學人若稍加留意尋覓，皆可親自證實之；無庸一一列舉，以免厭煩。

若有不信者，且觀密宗大修行者陳健民之說法：《《大威德金剛爲黃教之重要本尊，……大威德證分論哲理之證分，即在其所謂根、道、果三法中之「根」。……惟其基本哲理，總以小大乘空性相同，而其差

別只在方便，似嫌武斷，俱詳該章。》》（34-116）

陳健民所批評之黃教固如是，紅白花教之所墮者，亦復如是，皆認爲大小乘聖者所證「空性」相同，是故唯於是否具備方便善巧、或於證量高低是否有異，而作論斷。然實對於 佛與阿羅漢解脫道之內涵所異在於何處，皆不能知之；亦於小乘不迴心阿羅漢之「未曾證得第八識、是故完全不知佛菩提」之事實，未曾有所了知。如是，密宗於解脫道及佛菩提道，二俱未知未證，而竟以常見外道見及外道性力派之邪教法門，引入佛教中，自行高推爲更勝於 釋迦所傳之二主要道，以凡夫外道之邪見，而自稱能令人即身成佛，更勝於顯教，顛倒至此，難可與語也。

密宗諸師悉皆不知般若之意，妄以自意而解釋般若宗旨。故有密宗上師以爲坐入無雲晴空即是斷我見我執者：《《我的由經驗解釋「無雲晴空」，並不是普通書上所述那樣：既不僅是頭上一個無雲晴空而已，更不是有一個「我」看見這個無雲晴空；**乃是什麼都沒有，中邊四方整個的、到處都是無雲晴空**。不僅是心中沒有我執，就連身體也沒有了。這些都是由經驗確定的，不是著書的人互相傳說或抄襲的。但是這經驗不容易永久相續，乃是因爲不能時常這樣定住，凝固之力不強。**如果能時常這樣定住，便已證得了法身佛**。所以這是個修持的總樞紐。假使你們能放棄一切，專修此法，一定不會走錯路，因爲這是一條最靠得住的捷徑。大手印的明體就是它，大圓滿、禪宗的見地都是它；所謂首楞嚴定、法華三昧、華嚴玄門，也都是它。……所謂神通功德也是從這裡而來，即使現在不顯，將來還是會有。所謂玄門都由此來，因爲有空才能有玄。你若能以法界爲體，就沒有了私心，樣樣都是利他，你就不會害人。有空才能利他，有空就無我，不空怎能無我？無我，一切都是空，兩個其實是一物的兩面；以前講「空」的人，不曉得講「無我」，以爲兩個不相關。其實這是一個東西。你曉得法界廣大，就不會執著小的私我，你明白三世，過去、現在、未來，無盡，就不會只想一時、一點。人若切斷一時來想事情，便有痛苦；若能把它延長或縮短，就不痛苦了。所以頭兩句就決定這個：「十方廣大無邊，三世通流不盡」。一定要先把這個做出來：你可以假想心中有一點，從那兒有一根橫線，讓它左右無邊的展佈，十方廣大無邊，其中沒有任何東西。三世流通不盡：在很多很多的過去中，看不到什麼是時間的死相；在很多很多的未來中，也看不到什麼是時間的新生相。這根線的上下，也是無窮無盡，無始無終的。假若你是一個幾何家，你可以在這十字架上畫一個圓球，這個圓球就是你的法界。假想一下這個法界，它的寬廣無盡，多麼令人痛快、爽快。⋯⋯經書上的「眞如妙心、是心作佛、是心是佛」，其中的心字，不能把它看作普通的心。而**我們所說的法界本定裡，是以法界來代替心**；法是一切法，心、物都包括在內。⋯⋯「十方廣大無邊，三世通流不盡」，這是個基本，好像法界的棟樑。法界是無量的，宇（空間）宙（時間）是沒有中心的。也可以說，點點都是中心。我們觀時，姑且先以自己的心爲中心，修與收都是這個地方。但這只是個權巧方便，不要忘了我們所修的是一個「無我」的法界大定，要把自己忘得乾淨，不是自己在修定，而是法界自己把法界大定顯出來。所以「吾喪我」是確實有的境界。》》（34-924~931）

上下四方皆是無雲晴空之境界，亦是意識心覺知心—是意識觀想所住之境界故；雖然住於其境界中之人，自稱無任何境界，自稱無「我」住在此境界之中，其實仍是覺知心之「我」「住」於無雲晴空之境界中，尚有「我」能「知」自己「安住」於此境界中故，既有能知此境之我，亦有所住之境，亦有住於境界中之我在，云何可言無我？雖然住於此境界中之覺知心不起眼見之觀看，但仍有能知能覺之心在領受此境；有領受「無雲晴空」之心在，云何可言無我？無斯理也。如是境界中之安住，其實未離我見；能知能住者即是五蘊中之識蘊故，即是十八界法中之意識心故。

眞正之無我見，並非入於無覺無知之境而名無我，乃是在覺知心現行之時，以覺知心現觀覺知心自己虛妄，因而斷除「覺知心我常住不壞」之見，此即是斷我見也。如是觀行，見於四阿含中，佛如是隨處宣說。聲聞法中之一切初果人，皆於四威儀中而作現觀，親自察知覺知心自己虛妄，斷除欲界中之「覺知心我常住不壞」之我見，由是觀行而成聲聞初果人，成爲預入聖流之須陀洹人。

聲聞法中諸阿羅漢之證得斷我執功德者，則是由此斷欲界我見之基礎上，再作種種觀行，次第斷除色界我見、無色界我見，因而斷盡我執，成四果人，名爲世所應供，名爲殺賊，已殺盡三界我見及執我之心賊故。然而此諸初果乃至四果人斷我見我執時，並未進入「無雲晴空」之境界中安住，亦未進入無覺無知之「未到地定過暗」境界中安住，無妨仍在喧鬧之中而證得無我見，及斷除我執。

菩薩亦復如是，不入無覺無知之境界中安住，亦不入「無雲晴空」之境界中安住，而於一切喧鬧之境緣上，覓取一向離見聞覺知之第八識心。覓得之後，現前觀察而證實此第八識之體從來不生，故永不滅；現前觀察證實此第八識之體從來不起一念語言思想、從來不曾眠夢、從來不曾念一切法、從來不住於定境中、從來不起貪瞋歡喜厭惡、從來不起清淨或污垢之心行，如是第八識所住自心境界，方是法界大定也；非如密宗所說如是「無雲晴空」而可謂爲法界大定也。

第八識如來藏，從來即已如是離一切境界，卻能於三界之衆生身中隨緣應物，靈明鑒照，毫釐不爽；乃至衆生眠熟、悶絕、死亡之際，祂仍如是運行不輟，衆生不能一時一刻無祂，而竟皆不能證知祂。菩薩復由此心之心性，而現觀見聞覺知心及眠熟時之思量心，皆是由祂而出生；由是現觀而證實已，便證知覺知心確實是依他起性，非能自在，不能一時一刻離於第八識而獨存；因此現觀及證實，便斷「覺知心我常住不壞」之見，便斷「思量心我能自己常住不壞」之見，即是斷我見者；由此緣故，般若慧即生，諸多不迴心大乘法之阿羅漢，窮其聲聞解脫之十智，亦不能稍知此七住位菩薩所悟之般若慧。

菩薩依此見地，若能進斷我執，此世即可成就阿羅漢之解脫功德，而亦別具佛菩提智，非諸阿羅漢之所能知。菩薩證得如是離見聞覺知之第八識——無餘涅槃之實際，並非修定而住入「無雲晴空」、或入定離見聞覺知而言已證「離言眞如」；實是不離一切語言及六塵境界之中，不斷語言及六塵境界而證得離語言六塵境界之第八識心：一向離語言離境界之第八識心與覺知心同在。是故悟後無妨在覺知心與語言境界相應之時，別有另一本離語言境界之眞如妙心同時並行運作，能如是覺知、如是覺證，方是眞悟佛菩提者，其慧非諸不迴心之大阿羅漢所能知之。試觀 佛及諸菩薩，悟後皆是同有覺知心及離覺知之第八識根本心並行運作，非因入於無雲晴空境界之中而言悟，非因未入無雲晴空境界之中而言未悟。學人欲求如是大乘之證悟者，當如是知，當如是修，亦當如是證，更當如是漸進佛地。

復次，十方虛空並非法界。虛空無法，純是名言施設：唯名而無法。依於色法之邊際無物處，施設其名爲虛空；既是依物之無在，而施設虛空一名，當知虛空一名其實乃因色法之邊際而施設－依色法而有－故《俱舍論》中說虛空名爲「色邊色」，唯是名相而無實法。無法唯名之虛空，一法尚無，云何而可名爲法界？必須有三界中可由聖凡有情親自領受之「法」，而此「法」有其功能差別，然於他法不能及之，侷限於此法之功能差別內，故名爲界，如是名爲法界。密宗古今諸師皆如陳上師一般誤會法界之眞正意旨，便將十方虛空無法認作法界，更以爲十方虛空即是一切衆生生命之本源；陳健民更施設如是「法界大定」，教人如是進修。其實與定無關，亦與法界無關，皆是自意所生之妄想，更與佛菩提智完全無涉。

十方法界者，謂十方虛空有無量無數之國土；彼諸無量數之國土中，有諸無量數之有情；既有無量數之有情，則必有無量數之法；有無量數之法，則必有無量數之法界；有無量數之法界，則意謂有無量數之四生二十五有衆生，則意謂著必有許多聲聞聖人及諸佛菩薩等一切有情。言十方法界者，即意謂十方虛空無數國土之無數凡聖有情，不可謂十方虛空是法界也。由是故知密宗觀想十方「虛空法界」之法，乃是虛妄之想，與佛法無關；假使如是觀想成功時，仍然不能與解脫道及佛菩提道相應，修之無用也。是故欲修學佛法者，應認清佛法之理路，應眞實了知解脫道與佛菩提之異同所在，而後方可修之；不可盲從邪說，不可胡亂依止假名善知識之邪法，否則即成盲修瞎練，將來勢必自誤誤他，後果嚴重。

復有少學無知之輩，不解佛菩提道之般若，迷信密宗之邪知邪見，以爲禪宗之「禪」是**震撼治療**；譬如陳淳隆與丁光文二人，於網站上如是妄語「禪密的大圓滿頓教」云：《《頓教乃是應用「德山棒、臨濟喝、見花開、聽鳥鳴」…等諸手段，激起第六識的宗教體驗作沖擊，把第七【或八】識中的我法二執摧毀，而開悟見道；這都是相當個人的問題，我法二執強者就需高強度的沖擊摧毀，我法二執弱者只需平常的沖擊強度就可摧毀之，這其實就是西方心理學界的「震撼治療」。這與佛經採用入定的安祥心理，以漸進的融化我法二執方式來悟道，的確相當不同。……由此可知有些自稱開悟、犯下大妄語的修行人，一遇到不同見解之人批評，就心頭上火，公開出書要求辯論，書中還明言辯論必須寫切結書：**【辯論之輸方必須「自裁」表示負責】**，此種欲置對方於死地而後快之仇恨心，明顯違背佛菩薩「悲智雙運」之解脫境界，故此等人當然沒有開悟，其言論主張當然不必理會》》（226-8）

陳淳隆與丁光文二人眞是佛法之門外漢，不知不解佛法，妄作如是說，誑惑密宗學人，亦復自曝其短。所以者何？謂禪宗頓教雖然應用「德山棒、臨濟喝、見花開、聽鳥鳴」…等諸手段，令學人悟道，卻不是如陳淳隆與丁光文二人所說之**激起第六識的宗教體驗作沖擊**，也不是**把第七【或八】識中的我法二執摧毀，而開悟見道**；實是以諸機鋒令人當下證得第八識實相心，因而出生般若之智慧。證得第八識時，當下便能了知十方世界衆生凡聖一切法界、皆以此第八識爲根源，便了知一切法界之體性根源皆是此第八識如來藏，因而證得法界體性智，因而自能了知般若系諸經之意旨，不須人敎。

把第七【或八】識中的我法二執摧毀，是開悟（證得第八識）後之事，由於證得第八識之本來性、自性性、清淨性、涅槃性，現觀第八識之本來自性清淨涅槃，因此了知一切衆生凡聖法界皆是此一體性，故名開悟；由此開悟故，於悟後漸漸修除第六識之俱生斷續我執及俱生斷續法執，又進斷第七識之俱生相續我執及俱生相續法執，然後成佛。並非先**把第七【或八】識中的我法二執摧毀**，然後才**開悟見道**，何以故？謂人若未先開悟證得第七八識，不知第七八識之體性，云何能**把第七【或八】識中的我法二執摧毀**？陳淳隆與丁光文二人不知不證第七八識，不解佛法而又不肯緘默，欲爲密宗出頭，妄作是說，則更因其多言而暴露更多敗闕，益發令人知其不學無術也。

復次，第八識中並無我執與法執，我執與法執乃是第六七識所有，云何陳淳隆與丁光文二人說第八識中有我法二執？眞是外行人強說內行話，更加暴露彼二人於佛法之無知也。

復次，禪宗之禪，並非以德山棒等手段**激起第六識的宗教體驗作沖擊而開悟見道**；乃是以機鋒，令第六識之見聞知覺性觸證第八識心，然後能體驗第八識心之本來自性清淨涅槃及諸中道性，並體驗第八識能生見聞覺知心之自己，現觀見聞覺知心之自己虛妄不實，由此而了知自己虛妄，因此而產生了沖擊—無始以來皆認爲見聞覺知之自己眞實常住，今日忽然證實自己虛妄，與自己同存之第八識方是眞正之「我」，而此第八識卻離見聞覺知、離思量性，永住本來自性清淨涅槃中，而不自覺有我，故說「心不自見心」；亦不執著自我，故說「本來自性清淨」；從來不曾死過，故說本來無生；從來無生故，說此心本來已是涅槃，不須更求涅槃之修證。

無餘涅槃之修證，乃是見聞覺知心自己之事，證得無餘涅槃乃是見聞覺知心自己：自己斷了我執之後，捨壽時將自己滅除了，不再有後世之自己，這就是無餘涅槃。第八識本來無生無死，本來就是涅槃，不須吾人爲祂修證涅槃。

如是證得涅槃之後，第六識生起極大沖擊：未悟之前總以爲是見聞覺知之自己捨壽後入涅槃，悟後才知是捨壽後將自己滅除，只餘第八識離見聞覺知而獨自存在，眞正無「我」，是名無餘涅槃。因此證知而產生了大沖擊—原來無餘涅槃和自己本來的想像完全不同—斷了我執之後，自己並沒有證得涅槃，只是將自己滅除（詳見拙著《邪見與佛法》細說）。所以是因證悟而產生了對第六識的沖擊，不是因爲激起第六識的宗教沖擊而證悟，陳淳隆與丁光文二人所說，與實情完全相反，絕非證悟之人。陳淳隆與丁光文二人完全不知證悟之內涵與見地，而作臆想之語，唯是益曝其短、唯能籠罩未悟之人，能成就何事？

復次，我法二執並非以第六識之沖擊而摧毀之，乃是現前觀察見聞覺知心自己之虛妄，現觀見聞覺知心自己確實是由第八識心出生，並非自己本來就已存在之心；既是每日眠熟後，由常恒不斷之第七識心起思量而後從第八識中出生，所以名爲睡醒，則已證實見聞覺知心自己虛妄。由如是現觀，如是現證，故斷「見聞覺知心常恒不壞」之我見，故名初果須陀洹；初果須陀洹由此知見故，能知諸方大師之是否已斷我見，故名已斷疑見。今者陳淳隆與丁光文二人猶不知見聞覺知心自己虛妄，不肯接受拙著所說第八識自無始以來皆離見聞覺知之見地，妄認第八識有覺有知，妄認覺知心一念不生時即是第八識心，顯然已墮意識心性——錯將一念不生時之意識心錯認爲第八識，已見彼等二人未斷我見也。未斷我見之人而公開倡言能教人斷我見者，無有是處。

復次，我法二執之內涵，彼二人尚不能知，云何能摧毀之？此謂我執有二：意識之我執及末那之我執。此二我執，彼二人皆未能知，云何能斷？云何能教人斷之？我執尚自不知，而奢言自身能斷法執、能教導衆生斷法執，皆是妄語也。

意識之我執由我見而生，我見如上文中所說，不須重述，自惟可知。意識之我執者，謂行者已知已證「見聞覺知心自己虛妄」，我見已斷；然而無始以來不斷熏習之故，令意識養成處處以自我爲主之習慣，名爲意識之我執。此一意識相應之我執，初學菩薩（今生首次證悟，過去世未曾證悟）等人，必須悟後漸修而斷之，並非初悟之時即能斷盡，故名我執。此我執者，伴隨此世意識之出現而俱生，不待後天熏習而後有，故名俱生我執；此我執者，因意識之夜夜斷滅而暫不現起，伴隨醒後意識之現起而復起，故名俱生斷續我執，有別於第七識之俱生相續我執。

又此意識相應之俱生斷續我執，亦名分別斷續我執；此謂意識相應之我執，乃因意識之分別性而起—意識現起之時即已刹那刹那必定有之。意識現起時則必有知，有知之時即是分別，是故意識不須經由語言文字即能了別種種六塵諸法，此即是意識之分別性—了知。此了知性現起之時，意識之如是我執即已伴隨意識之知覺性而同時現起，故意識時時刻刻皆知有「我」存在，如是了知即是意識之我執；一切尚未眞正證悟之菩薩皆不知此理，要待聽聞眞正善知識之說明而後知之；乃至初學之人如陳淳隆、丁光文二人聞之，尚不能信，何況能依之修學？

意識之了知分別，既是夜夜斷滅，睡醒復起，則非常恒相續之分別我執，故此意識相應之俱生斷續我執，又名分別斷續我執。如是俱生斷續我執，新學菩薩要因悟後之歷緣對境而漸修除之，非於此世初悟時便能斷之。

久學菩薩則於此世證悟之時，即可同時斷除意識相應之俱生斷續我執；久學菩薩於過去世已曾多世證悟而斷我見，並已多世於悟後歷緣對境漸漸修除我執之現行與習氣。然因此菩薩尚未能離隔陰之迷，是故重新受生而致前世意識永滅，此世新生之意識又復未悟之際，則又重新生起意識相應之俱生斷續我執（聲聞阿羅漢不願爲眾生發大心者，即因此故，畏懼受生後之來世復起我執故）；然此久學菩薩一旦證悟之時，往世所歷緣對境修除我執之功德，便伴隨此世之證悟而「斷我見」時現起；是故久學菩薩之斷我執者，不須悟後再歷緣對境漸漸修除之，於頓悟之後便可除之。

如是斷我執之事實，皆須於悟後之歷緣對境修習止觀—於往世悟後修、或此世悟後修—方能斷之。而此止觀所修者，皆是觀察自身自心之虛妄，而作意除斷之，並非如陳淳隆丁光文二人所說之以禪宗棒喝沖擊而摧毀之，棒喝之目的只是欲令學人證得第八識心而已，並非爲要沖擊之。彼等二人完全不知大乘證悟及二乘斷我見我執之理，妄言**我法二執強者就需高強度的沖擊摧毀，我法二執弱者只需平常的沖擊強度就可摧**

毀之，已成爲佛教界茶餘飯後之笑譚也。

若第六識之沖擊可以摧毀我法二執，則彼二人不須學禪學密，只須委請他人每日出其不意棒喝沖擊之，一年三百六十五日，必有證悟之機會；若一年不能悟入，期之以十年三千六百五十日，必能悟之，云何彼二人而不行之？云何至今猶在我見之中沉淪？余諸書中陳述眞實斷除我見之正理，而彼二人云何至今猶尚不能信解？而仍執定見聞覺知心爲眞實不壞心？

一切學佛行者皆須具備正知正見，而後方可修之，不可隨於密宗邪見而盲修瞎鍊，否則必將適得其反—欲求解脫及佛慧，反而墮入邪見中淪轉三惡道，永無出期，冤枉至極。

俱生相續我執者，則是末那識意根相應之我痴、我慢、我見、我愛。一切有情皆有意根—第七末那識，此識之我見者，謂此識無始以來不知自己虛妄，依於意識之我見邪見熏習，無始以來藉意識之分別性而執著自己（思量作主心）爲「常恒、一眞、能作主」之眞實不壞法，以爲自己常住不壞，是能生蘊處界之主宰，此即是末那識之我見。

我慢者，末那識依意識之了知運作，而於一切境緣上，高舉自心，以爲超勝於一切有情、超勝於一切法。我愛者，謂末那識依意識心之了知性，於一切境緣上，對見聞覺知性之「我」生起貪愛執著，亦對第八識之世間性生起貪愛執著（此唯真正證悟者方知，未悟者聞此說已不能真解其意），如是名為末那識之我愛。我痴者，謂末那識於事上所顯之第八識理，不能解了，純依「凡夫尚未證悟之意識」相應之我見我愛等煩惱，而住於無始無明及一念無明之中，不能斷盡煩惱障，是名我痴。

如是末那識相應之四種煩惱，即是俱生相續我執；以末那識意根從無始以來恒常現行而不中斷故，令此相應之四種煩惱隨之現行相續不斷，故名相續我執；以此四種煩惱依於末那識意根而俱生，末那識則從無始以來悉皆不曾剎那暫斷，故名俱生相續我執。

此四我執煩惱，須先體證此第七識，然後能體驗此四煩惱之現行，而後能歷緣對境修斷之。古時一切阿羅漢皆依佛語開示而實證此第七識，名之為意根；由能證知此第七識，故能歷緣對境而除斷此相應之俱生相續我執，故得解脫果。

今者陳淳隆、丁光文二人尚不能證知此識何在，不知如何對此識之我執而作觀行，妄言**第六識的宗教體驗沖擊可以把第七【或八】識中的我法二執摧毀**，完全不懂佛法，云何而有知見能評諸方善知識之悟與未悟？未之有也。

復次，陳淳隆、丁光文二人，既謗言余之「**欲置對方於死地而後快之仇恨心，明顯違背佛菩薩『悲智雙運』之解脫境界，故此等人當然沒有開悟，其言論主張當然不必理會**」；則彼若於余之所說而稍置一言評論，即屬多餘，云何又於網站上對余攻訐之？彼二人自言不必理會故。可謂自語相違、言不由衷也，如是即非心口如一之人也。

復次，彼二人以「**欲置對方於死地而後快之仇恨心**」一語而責我者，名爲**斷章取義**、居心叵測；謂余已別開方便，令陳淳隆、丁光文等畏死而不敢公開前來覓求眞理、辨正法義之人，可以私下辨正之方式而探求眞理，不須以死相要，亦不須認輸之後禮拜對方爲師；而彼二人迄無膽識前來作公開或私下之法義辨正，反以莫須有之罪名羅織於余，誹謗於余：故意略去私下辨正之文，專就公開辨正之文而作偏說；如是誣謗余有**欲置對方於死地而後快之仇恨心**；於余別開生門之私下辨正一節，故意略而不言，藉以誤導衆人，矇蔽事實，故說彼等二人非是誠實之人，故說彼二人爲斷章取義、居心叵測。

復次，彼等所說「**佛菩薩『悲智雙運』之解脫境界**」，彼二人作夢尚不能知，何況能有智慧對人言之？諸佛菩薩見有衆生被誤導者，皆必起大悲心，出世作獅子吼－摧伏邪說以救衆生，造此大行時，於諸方大師悉無畏懼；能如是者，方可名爲「**悲智雙運**」**之解脫境界**；不能如是者，名爲「凡夫衆生畏死」及「畏喪失名聲」之無悲無智繫縛境界。

世尊自從悟道而出世弘法以來，不斷破斥常見外道，不斷破斥斷見外道，乃至九十六種外道俱皆破之，甚至一步跟著一步、隨著六師外道之足跡，遍至當時印度各大城而一一破斥之；能如是破斥邪說而顯正法、心無所畏者，方是眞正「**悲智雙運**」**之解脫境界**；四阿含諸經中如是記載，般若系列諸經中亦復如是記載，第三法輪之唯識諸經中更如是記載，凡此皆非彼等二人之所能稍知也。

復次，自古以來之佛教法義辨正，於中國及印度地區，一向皆有公開及私下辨正二種。私下之辨正，或邀第三者在場，或唯雙方在場，皆憑雙方之約定。若是公開之辨正，則有一定之規矩：由論主提出第一義之主張，請求當地國王定期公告週知；屆時一切人皆得上前當衆論義──唯除同意論主之主張者──論主不得以任何理由拒絕他人上場論義，故名「法義辨正**無遮**大會」。

上前論義者，皆須與論主共同具結：墮在負處者須禮勝出者爲師，若不爾者即須當場自斷其命；具結已，由國王作證及執行之，不容狡賴。此事常爲古時天竺證悟者之所行之，至今印度仍有如是辯論會，爲學術界所認同焉。昔年玄奘菩薩學成後遍歷天竺諸國，即於諸國一一請求國王召開如是無遮大會，摧伏邪說而顯正法，普令大衆了知正法與邪法之分際；雖未每次皆能成功召開大會，卻已因此而復興印度佛教。

如是公開舉行之法義辨正無遮大會，天竺古時屢見不鮮，余今依時空之異而仿行之，唯是陳淳隆、丁光文二人少見無聞之輩所不知焉，更來謗余有「**欲置對方於死地而後快之仇恨心**」，故意遮除余所別開「私下辨正」之善意而不言之，作是無根誹謗，非是直心之人也。

如是等人亦是色厲內荏之人也，私下之辨正尚不敢爲之，何有直心勇氣可言耶？若心中認定平實眞是不値得辨正者，則必不於網站上謗余也；以確認必須辨正，而心中並無絲毫把握，故於網站上作斷章取義之誹謗，顯見彼二人之口是心非也。口是心非之人，則無資格修學眞正之佛法二主要道，唯能修學密宗之邪道法門也。

復次，論主要求召開法義辨正之無遮大會時，雖然胸有成竹；然而**鹿死誰手，尚在未定之天**，要須眞正召開無遮大會時當場辨正之後，方見眞章；屆時是否眞由論主勝出？猶未可知也；是故須自裁或禮他人爲師者，亦有可能是要求舉行無遮大會之論主自身，此是一切論主於要求召開法義辨正無遮大會前所必定思量之事，已知必定如是故。由是緣故，古時「中印」一切人皆不敢對玄奘論主作如是言：「**欲置對方於死地而後快之仇恨心。**」唯有讚歎之爾。

何以故？此謂未作辨正之前即作如是責備之語者，大衆皆必言此先責人者爲：「邪見無智、說不實語之無膽識人」也。今者陳淳隆、丁光文二人既公開於網站上作如是責語，而不敢前來作公開辨正，乃至不敢作**不必負責之私下辨正**，則必爲教界所嗤，非是有智之人也，宜其以密宗邪見而固步自封、而自繼續沉淪也。如是不知不解佛法之人，狂言能知禪宗之法，妄言「禪宗之棒喝是震撼治療、是藉震撼沖擊而消除我法二執」，如是邪說邪見，云何可信之？而從彼二人隨學之諸多徒衆竟然無智分辨而能信之不疑？

第七節　密宗之《大日經》亦誤解般若空性

密宗之主要經典《大日經》，全名爲《大毗盧遮那成佛神變加持經》。經中之「大毗盧遮那佛」，亦誤會般若經所說之空性，而以一切法緣起性空之「蘊處界空相」說爲空性，所說悉不能觸及第一義心之實相。譬如卷一中之「大毗盧遮那佛」云：

《《祕密主！自心尋求菩提及一切智。何以故？本性清淨故。心不在內、不在外、及兩中間。心不可得。……虛空相心離諸分別、無分別，所以者何？性同虛空，即同於心；性同於心，即同菩提；如是祕密主！心、虛空界、菩提，三種無二。……祕密主！若族姓男、族姓女，欲識知菩提，當如是識知自心。祕密主！云何知自心？謂若分段、或顯色，或形色，或境界，若色、受、想、行、識，若我，若我所，若能執若所執，若清淨，若界，若處，乃至一切分段中，求不可得。》》（《大正藏》18卷第一頁下欄）

《楞嚴經》中雖亦作是說，然楞嚴如是說者，乃是說前七識妄心之性，並說前七識妄心所顯現之見性、聞性、…乃至知覺性等皆是七識妄心之功能，並說七識心及此諸功能皆不能外於種種緣及第八識如來藏而有之。依如來藏之常恒故，令六識心與此諸見性聞性…等功能，可以夜夜斷滅已，次晨復起，故說此等功能非斷非常；直言此等功能不得外於如來藏而言其常，皆是依如來藏而有「因緣所成」之見性聞性…等故。《大日經》中之「密宗大毗盧遮那佛」則誤會楞嚴之意，故以楞嚴所說之六識妄心體性作為真實心，以如是虛妄心而外於如來藏心、誤作般若經所說之實相心，迥異 佛說，不可謂為真正之佛法也。顯見《大日經》

乃是密宗古時諸末悟之上師，假藉《華嚴經》大毗盧遮那佛之名義，所集體編造、長期結集而成者，絕非 大毗盧遮那佛所說經典。

《大日經》中之「密宗大毗盧遮那佛」，又云眞實心即是阿賴耶識，然卻以意識心及末那心之體性作爲阿賴耶識之體性，是故於卷一雖說心有五十九種相貌，然而所說彼諸心相，卻皆同以意識心及末那心之相貌，作爲阿賴耶識之心相。如是以虛妄心爲「眞實出世間心」已，更言：《《祕密主！一二三四五再數，凡百六十心，越世間三妄執，出世間心生。謂如是解：唯蘊、無我根境界、淹留修行。拔業煩惱株杌、無明種子，生十二因緣，離建立宗等。如是湛寂，一切外道所不能知；先佛宣說，離一切過。祕密主！彼出世間心，住蘊中，有如是慧隨生。若於蘊等發起離著，當觀察聚沫浮泡芭蕉陽焰幻等，而得解脫。謂蘊處界能執所執皆離法性。如是證寂然界，是名出世間心。》》（《大正藏》18卷第三頁上中欄）

如是說心，即同現今印順法師及達賴喇嘛之說心也。凡此皆是因於誤解《般若經、楞嚴經》中之佛旨，而以「外於如來藏之緣起性空」來解說實相心，更謂此能住於湛寂境界中之覺知心爲眞相心、爲出世間心。皆是以意識之清淨而不緣諸法，作爲出世間之眞相識也。

若有人否認余所釋此段經文之意，強謂《大日經》此段經文之意非是言覺知心者，且再觀下舉經文爲證：《《爾時薄伽梵毗盧遮那佛，告執金剛手善聽法之相：「法離於分別，及一切妄想；**若淨除妄想，心思起諸作，我成最正覺，究竟如虛空**。凡愚所不知，邪妄執境界，時方相貌等，樂欲無明覆；度脱彼等故，隨順方便說。」》》（《大正藏》18卷第四頁下欄）

如是以意識覺知心「淨言說、除妄想」之後，而以離諸言說之明淨意識起諸作爲者，便謂爲離分別性。復言：能常常如是住者，即是已成究竟佛道。《大日經》中之「密宗大毗盧遮那佛」，如是以意識心不起語言妄想，而名之爲眞心，墮於意識心之我見中。又觀「覺知心外之一切法」皆空，名爲「正覺之等持」，是故金剛手「菩薩」聞「佛」說法已，便作如是言：《《佛說一切空，正覺之等持；三昧證知心，非從異緣得。彼如是境界，一切如來定，故說爲大空，圓滿薩婆若。》》（《大正藏》18卷第九頁上欄）

如是《大日經》中之「密宗大毗盧遮那佛」與金剛手菩薩，以一念不生之覺知心作爲眞實不壞心已，又別行建立「虛空」爲一切法界之根源：《《爾時世尊復觀諸大眾會，爲欲滿足一切願故，復說三世無量決定智圓滿法句：**虛空無垢無自性，能授種種諸巧智**，由本自性常空故，緣起甚深難可見，於長恒時殊勝進，隨念施與無上果。譬如一切趣宮室，雖依虛空無著行；此清淨法亦如是，三有無餘清淨生。》》（《大正藏》18卷第17頁下欄）

如是前後所言，自相矛盾；前文既以一念不生之覺知心作爲眞實常住之不壞法，則應衆生身心等一切法皆是由此覺知心而出生，方名正說；今則又言**虛空無垢無自性，能授種種諸巧智**，卻以虛空爲一切法之根源也，如是則與自說違背牴觸，所言前後矛盾；世間豈有如是之人而可名之爲佛耶？並且尊之爲法身報身之「大毗盧遮那佛」，得無誑人之嫌耶？由此可證密宗所崇奉之《大日經》，其實乃是未悟凡夫依於臆想之長期集體創作，假託爲《華嚴經》中之大毗盧遮那佛所說，絕非佛說之眞正經典，唯有尙無道種智之菩薩方爲之所惑；若有道種智者，悉必有慧破之，一一解析於佛子之前。

《大日經》中之報身如來「大毗盧遮那佛」，如何言見諦耶？且觀如下所舉：《《…於諸法本寂，常無自性中，安住如須彌，是名爲見諦；此空即實際，非虛妄言說，所見猶如佛，先佛如是見；逮得菩提心，悉地最無上。》》（《大正藏》18卷33頁中欄）。如是偈中所說者，乃謂：以覺知心安住於「一切法空」之想中—觀一切法皆無常變異，其性本空，而覺知心常住不壞，如此即是密宗之「見道」也。

《大日經》中之報身如來「大毗盧遮那佛」，又如是開示言：《《大仙正等覺，佛子衆三昧，清淨離於想；有想爲世間，從業而獲果，有成熟熟時；若得成悉地，自在轉諸業。**心無自性故，遠離於因果**，解脫於業生，生等同虛空。》》（《大正藏》18卷33頁下欄）。

密宗之《大日經》處處以覺知心等六轉識作爲一切法之根本，以覺知心等六轉識作爲能生一切法之心；如是言已，卻又言六轉識等見聞覺知性及作主之末那心無眞實不壞之自體性，而言「**心無自性故，遠離於因果**」，謂由覺知等心之無自性故離因果，以此「無自性」而說解脫於業果，而說「後世之繼續出生輪迴爲同於虛空」；如是，同一經中前後所言自相矛盾。

然而佛於《楞伽經》中，明言第八識阿賴耶心有七種「性自性」，由是七種「性自性」故能生五蘊七識等一切法；生諸法已，隨於七識妄心輪轉於三界之中，卻於三界生死中示現無生無死、不受因果。所說乃以第八識心爲諸法之本體，非如《大日經》之以覺知心爲諸法之本體，亦非如《大日經》此處所言之**心無自性故，遠離於因果**；覺知心等必受因果及苦樂報，與六塵萬法相應故，唯有眠熟等五位暫斷之時不受苦樂果報也。如是《大日經》所說之「佛法」，迥異三乘諸經 佛所說法，云何可言是眞正佛法？云何可言是 佛所說？唯是密宗古時諸師，依於「我見、常見」之集體創作所成之邪說爾。

《大日經》中之「大日如來」，又以觀想所成境界，而謂彼眞言心爲佛眞法身，說彼眞言心即是法身如來；如是而言已成就斷證、及成佛等：《《爾時持金剛者，次復請問大日世尊諸漫荼羅眞言之心，而說偈言：「云何爲一切、眞言實語心？云何而解了，說名阿闍梨？」爾時薄伽梵大毗盧遮那，慰喻金剛手：「善哉摩訶薩！」令彼心歡喜。復告如是言：「解祕中最祕，眞言智大心，今爲汝宣說，一心應諦聽。**所謂阿字者，一切真言心**，從此遍流出，無量諸眞言，一切戲論息，能生巧智慧。祕密主何等，一切眞語心？佛兩足尊說，阿字名種子，故一切如是，安住諸支分；如相應布已，依法皆遍授。由彼本初字，遍在增加字，眾字以成音，支體由是生，故此遍一切，身生種種德。今說所分布，佛子一心聽：**以心而作心，餘以布支分，一切如是作，即同於我體**。安住瑜伽座，尋念諸如來；若於此教法，解斯廣大智，正覺大功德，說爲阿闍梨；**是即爲如來，亦即名爲佛**。」…》》（《大正藏》18卷第

38頁上中欄）

如是以「阿」字爲一切眞言之心，故說阿字能生一切法；然於前舉同經「佛語」中，則說虛空是**虛空無垢無自性，能授種種諸巧智，由本自性常空故，緣起甚深難可見**，則應「虛空」方是眞實心，虛空**能授種種諸巧智**故，彼「佛」說虛空「**由本自性常空**」故。如是，《大日經》前後所言自相矛盾，無有一貫性之脈絡，非爲前後同一法理，自說相違；復又不知不證一切法界實相之如來藏，顯然未證般若慧，可知此經乃是集密宗各家上師長期所說而彙集成經者，絕非眞 佛所說也。

如是《大日經》所言：「**持其眞言而修觀想之法，分布諸種子字，若能觀想完成，即是已成究竟佛、與佛無異。**」此說非唯前後自相矛盾，亦復荒唐無稽；《大日經》有時以覺知心爲萬法之體故，有時以虛空爲萬法之體故，有時復以種子字之「阿」字爲萬法之體故。如是，不證一切法之本體識如來藏，而言依憑觀想種子字便能成佛者，眞乃虛妄之言也。

初地菩薩若獨自編造或「創造」佛經者，已不可能犯之錯誤，而密宗「報身佛、法身佛」之「大毗盧遮那佛」竟犯此錯！所說之法竟然如是漏洞百出、前後矛盾；又未能言及般若體之第八識心何在，乃至顯說隱說俱皆不能爲之，如是云何可言《大日經》中之「大日如來」爲《華嚴經》中所說之法身佛 大日如來耶？無是理也。

宗喀巴誤會般若而說之「修習般若中觀成佛」邪見，一樣荒唐，彼謂「於諸法無所思」即是成佛：《《…略釋此義，謂世尊說。說何事者？謂修如來無思維智。爲何故說？謂爲成佛。何經說者？謂《般若》說：「若於有無、空非空等而修行者，是行諸相，非行般若波羅蜜多」，於此經文而起誤解。**若有所思即非能修甚深成佛之道，以有思者即是分別**：分別或於所欲相轉，或於非欲相轉，發生貪與離貪之瞋，由此即能繫縛生死。**故由全不思維，能遣欲非欲相、隨轉分別，由遣此故即滅生死而得成佛。是故成佛之道，唯是全無所思，非餘有分別定**。此言如來智者，指成佛道（指顯教因位成佛之道），非果位智（非是密宗果位成佛之智慧。西藏密宗認爲果位成佛者必須證得樂空雙運境界方是果位成佛故），以是能修如來智故、假立彼名。《大疏》於彼有破執與釋難兩段，初中又二。

先以理破；如《大疏》云：「若無思智能成佛者，一切有情何故猶未成佛？彼等於極重睡眠位，亦有無思智轉，於諸欲事無有貪著，於非欲事亦無離貪」，此說：「若全無思維，唯止住修、能成佛者，則於重睡眠時有彼現起，彼復是從無始即有，故一切當皆已成佛。」總之：若無正見所抉擇之無我可修，唯以不執諸邊而住，謂即能成佛之無分別者，則重睡眠亦復相同。若就不執一切邊義，重睡眠中亦容具有；**若約安住正見，彼中則無**。此是不執諸邊，與遠離邊二義不同；以此關要，彼有所說過轉。》》（21-568）

宗喀巴之意爲：《《覺知心住於無思維、無分別之狀態中，即是已成佛道。》》雖然有人質疑：「若如是可言成佛者，則睡眠位中亦復無思、無分別，亦應有無分別智，則應一切人於睡眠時皆是已成佛道。」宗喀巴則辯云：「睡眠位中之有情，由於覺知性不現前故，未具『一切法皆緣起性空』之『正見』，故於睡眠位中雖『有』無分別智，然因睡眠位中未具緣起性空之正見，故不能謂爲已成佛道。」

密宗行者於清醒位中，只要能一念不生，不於「欲與非欲」等法生貪厭分別，而同時有「諸法緣起性空」之「正見」，即是證得「無分別智」者，則是「已成佛道」者。換言之，宗喀巴等人所受持之應成派中觀見者認爲：若於清醒位中，保持一念不生、不起分別，並能不執著諸邊，而心中同時具有「諸法緣起性空」之見解者，即是「成佛」之人；而非如睡眠者之遠離諸邊而成佛道，睡眠之人於熟眠位中缺乏「諸法緣起性空」之「正見」故，心已眠熟昏寐而不能起此「正見」故。

此即密宗最高修證宗派之應成派中觀師之「明空大手印即身成佛之道」。若如是而可言爲成佛者，我正覺同修會諸人但只二年半結業期滿，皆是已成佛道之人也—不必再參禪而證悟第八識如來藏。所以者何？謂我會中一切同學，於一年半載之中便能修成一念不生之功夫，乃至較一念不生更難之淨念相繼功夫亦能成就，往往二年半結業時亦能雙運於四威儀中，豈只一念不生而已？

我會諸師又於禪淨班課程中，一一縷析十八界法，非唯針對意識之粗心細心而細說其虛妄、其緣起性空，乃至宗喀巴所不能證得之意根第七識，亦詳細解說之，令諸同學現證而觀察之；如是現觀之後，對於五蘊空相之了知、對於諸法緣起性空之現觀，遠遠深細於宗喀巴之所知也。此謂宗喀巴尚不能證得第七識心，故否定第七識心，則於意根全無所知；復又不知意識覺知心之緣起性空而執意識爲常住不滅法，則彼所知之「五蘊緣起性空」之正見必極粗淺，復又不具足知「五蘊緣起性空」；則其所謂之「不執諸邊」及「緣起性空」正理，必定不能如實而知，必定執著意識覺知心爲常住不壞之法，必定不能觸及第七識而體驗其虛妄，不能具足了知十八界法之虛妄，遠不如我會同修等人之透徹也。如是，依宗喀巴之言，應我會諸同修於二年半學業期滿已，所證之

「緣起性空正見」必定遠遠深細於宗喀巴也，依宗喀巴之言則必定悉已成佛矣！然余終不說諸人已成佛道，乃至不說此等諸人已入第七住菩薩位中；要因親證第八識如來藏已，方印證彼等已入第七住菩薩位中。

若依宗喀巴此段文意，則宗喀巴所言之不執諸邊境界，必較我會中諸同修爲淺；其所知之緣起性空正理，亦較我會中諸同修淺薄極多也；如是而言宗喀巴爲至尊者，則應我會中諸同修於二年半結業後，未悟證第八識如來藏之前，悉可稱爲「至尊之至尊」，緣起性空之正見遠深細於宗喀巴故。請問西密諸師：有是成佛之理乎？

當知成佛之道非以覺知心之不起分別、及具有緣起性空觀而能成就，乃是以能分別之覺知心，覓取同時並行運作之無分別心－第八識如來藏；並就此第八識之一切種子加以證驗了知，獲得一切種智，並具足證得一切種智、無有遺餘，方能成佛。密宗諸師於顯教諸經中之佛意，一知半解，便謂已知，能成佛道；卻說意識心若具緣起性空正見而保持一念不生，住於如是心境中而不執諸邊，便能「成佛」，其實仍舊未離常見外道知見，乃是具足凡夫也。以如是具足凡夫之見解，完全不知解脫道與佛菩提道，卻來貶抑能令人修證解脫道及佛菩提道之顯教所修法門粗淺，自言凡夫外道見之密宗邪法能令人即身成佛，荒唐已極。

宗喀巴以如是常見外道之知見，而謗大乘法爲「非眞無我法」，謂大乘法仍有法我見；其實自身猶未能斷「常見外道所墮之人我見」，以意識心不執一切法、不執諸邊，不起思維心行而謂爲成佛之心，墮於意識之中，而非依 佛所言之斷「意識心我常住不壞」之我見故。又以明光爲眞常之法（詳前所舉），墮於意識中故。如是自墮常見外道知見之中，而言能破「內道兩部所計之法我，而決擇無我義」（21-606~607，詳見第七章第四節所舉述，此處不贅），眞是大言不慚之人也。如是無慚無愧之人，西藏密宗黃教師徒云何可以封之爲「至尊」耶？

宗喀巴自稱未墮斷滅空，自言其法異於斷滅空，然非如 佛所言之因爲證得第八識心而不墮斷滅空，乃以修得「空色無別」之天身觀想境界，以爲所觀想成功之「天色身」形像必將常而不壞，然後以彼觀想境之「天身」作爲常而不壞之「法身」，復將了知一切法空之覺知心及此「天身」合爲一法，作爲一切法之所依而連貫三世，乃自稱不墮斷滅空之中：《…謂以定解空性之慧，與彼所現空色，修習身心無別，乃能成爲智身。其微塵集合之身，不能成爲智身故。如是破空，非破一切空性，是故不善觀察，執爲一切無事之斷空也。…如是若不以修不修決擇無我之見而爲判別，則亦不能破除敵宗爲修深義。總之，若於我執未少除去，許爲現證無我義者，是諸智者恥笑之處；故於異生，無我非現。若不許由總相定解無我，則所修道如何能害我執？》》（21-572）

然而覺知心乃易起易斷之法，佛於三乘諸經中已處處破斥，說之爲常見外道所說之常不壞我。而宗喀巴所建立爲常存不壞之「天身」，則是依於易起易斷之意識覺知心所觀想而成之虛妄法；既是由本已虛妄之意識覺知心所觀想而成，復是觀想所成之虛妄境，尚非眞正之「天身」成就，云何可以建立爲眞正之天身？

縱使眞實修得禪定，復入等持位中修諸神通，而令眞正之天身成就，亦仍是因緣所生法，尚不可稱之爲常，何況可以建立爲常住不壞之法？眞正之天身尚不可建立爲常住不壞之法，何況密宗觀想所成之「天身」，更是觀想所成之虛妄因緣法，更非常住不壞之法，則非本有之法，焉可強行建立爲常住不壞之法？

而覺知心及所觀境之「天身」，於眠熟等五位中必滅，此乃宗喀巴自身亦可親自證實之事實，焉可強辭奪理、狡辯爲常住不壞法？焉可建立爲一切法界之本源？顚倒至此。乃竟亦有「學佛」之大陸上平居士，於網站上公開執著離念靈知之覺知心我爲常住不壞之眞如心—主張離念之意識心常恒不壞；不可理喻至此地步，眞可謂末法之時之人也。

宗喀巴等黃教師徒復又誤認光明爲實際：《《（幻身）收入光明之理，如五次第論云：「從頭乃至足，直至於心間，行者入實際，說名爲整持。先攝動非動，令入於（明點之）光明；後自身亦爾，是隨壞次第。猶如鏡上氣，一切盡消滅；如是瑜伽師，**數數入實際**。」》》（21-555）

宗喀巴又云：《《俱生修法云：「彼作意廣大，有爲戲論流，如是常修者，當隨念光明；雜色蓮及日，作怖與時相，愛母主空寶，五如來以下，身及最勝支，月點那達等，令此漸隱沒。如鏡上吹氣，一切皆消滅，如是瑜伽師，**數數入實際**。」此如《集密五次第論》所說，謂**以隨壞次第廣大天身入光明中**。》》（21-579）

宗喀巴之「密宗道次第」理論主旨，前後自相矛盾：有時以覺知心之空無形質作爲空性，有時以觀想所成之天身加上能觀想之覺知心作爲空性實際，有時則以觀想時之光明作爲空性，說此光明即是實際。

佛於四阿含諸經中說「名色緣識」之識即是無餘涅槃之實際，又名本際、如、眞如、我、如來藏；於般若諸經中說實際即是「非心心、無心相心、不念心、無住心」，於第三法輪唯識諸經中說實際即是阿賴耶識、菴摩羅識、異熟識、無垢識、如來藏、眞如、流轉眞如、實相眞如、唯識眞如、安立眞如、邪行眞如、正行眞如、清淨眞如、…等名，皆是第八識體。於六無為法中，亦依第八識之所處不同解脫境界，而施設種種無爲：所謂虛空無爲、不動無爲、擇滅無爲、非擇滅無爲、想受滅無爲、眞如無爲，莫非依第八識之所處不同解脫境界而施設之，不能離於第八識體而有「無爲」法，亦不能離於第八識體而有十方法界衆生，更不能離於第八識體而有其餘諸法。

今者宗喀巴竟以第八識所生之覺知心，轉作觀想光明之境，而將意識觀想後（由第八識）所生之光明作爲實際，令人將所觀成之天身再融入所觀成之光明中，如是謂爲「入於實際」。猶如有人以自手五指合而成拳，然後將指鬆開，令拳消失，謂拳之消失即是空性；如是密宗應成派諸中觀師墮此邪見妄想中，而自言其法爲一切佛教中最勝妙之法，荒謬已極，而密宗學人普皆不辨，一味迷之信之，隨彼邪師入於邪見之中；吾欲救之出於邪見深坑，彼等反來罵詈，百般誣蔑余法，乃至作種種人身攻擊惡行，良可浩嘆。

古時西藏密宗之黃教，復以自己之邪見而謗覺囊巴爲謗法者，而後指示薩迦派與達布派，以打殺之手段將覺囊巴信徒加以殺害及驅離西藏，然後做出種種曲解覺囊巴教義之行爲，將覺囊巴之他空見加以曲解論述，改寫改刻其伎藏書版，復以政治手段強迫未隨多羅那他法王出亡之覺囊巴信徒及寺院改宗黃教；如此完全消滅覺囊巴，致令藏人修學了義法之機會完全喪失，復又墮入西藏密宗四大派之邪見中，迄至於今。

宗喀巴等密宗古今師徒、之所以誤入歧途而不能自知者，皆由迷信《大日經》所說邪知邪見所致。而《大日經》所說之空性，則以「外於如來藏之諸法緣起性空」作爲般若諸經所說之空性，迥異 佛於般若諸經所說之空性—非心心、不念心、無心相心—第八識如來藏。更異 佛於第三法輪之唯識諸經所說之第八識「眞相識」阿賴耶識。

而密宗所主張之常住不壞法，卻前後有異，而且衆說紛紜，令密宗學人茫無頭緒；更荒唐者，乃是將 佛所說依他起性之緣起法「覺知心意識」，認作常住不壞之眞實心，公然主張覺知心意識常住不壞，公然違背 佛於四阿含諸經廣破常見外道之意旨。如是邪謬之外道邪見法，竟然可以取來高推爲更勝於顯教之修行法門，而處處喧賓奪主、貶抑顯教；顯教今時諸大道場之出家大師等，竟也視而不見、置若罔聞，復又競相夤緣其法、用來高抬身價；乃至印順法師竟然自己去承接密宗內最爲荒謬、而且公然違背 釋迦佛意旨之應成派中觀邪見，並以一生時間多造應成派中觀之邪論，編爲《妙雲集、華雨集、如來藏之研究、空之探究、性空學探源…》等而廣弘之，破壞正法，眞乃末法無智之魔比丘也。

緣於如是顛倒之現象存在已久，昔年恨不能扭轉、恨不能挽救「密宗出於邪見而造成之破法重罪」，被黃教達賴五世指使薩迦與達布消滅；今復見彼密宗邪見之泛濫於台灣寶地，乃至已漸向全世界推廣其邪見，令人不能不正視之，是故今日將密宗之邪見一一舉示而辨正之，公佈於世人眼前，以求一勞永逸，令後世學佛法者，從此得以遠離密宗邪見之糾纏，安心向道；亦令佛教從此可以遠離密宗邪見之糾纏，從此清濁分流，互不相干，則今時後世之一切佛教學人進修向道時，便可免受密宗邪見之誤導與干擾也。

第八節　密宗之邪見導致佛教法義支離破碎

密宗有大邪見，令佛法支離破碎：即是「中觀唯識為二，中觀（誤以意識離二邊為中觀實相）般若（誤以一切法空為般若）為二，顯密為二，如來藏及阿賴耶為二」。密宗古今諸師（特指應成派諸中觀師，如印順、達賴、宗喀巴…等人）從來不知「中觀般若唯識無二、顯密無二」之理，復以不能證得唯識諸經所說之第八識—阿賴耶識—如來藏，是故排斥唯識宗義，誣指唯識宗義為不了義法，誣指第三轉法輪唯識諸經究竟了義之佛語為方便說、爲不了義法。

一切佛弟子欲會般若、欲眞入佛門者，其初當以禪宗爲歸，以求入處（密宗自亦推崇之也，然禪宗之悟實非密宗所謂之明體也），然後進修般若諸經所說之般若別相智，最後再進修唯識諸經所說之一切種智，如是次第進修，方能漸成佛道之修證，莫隨密宗諸師之妄謗唯識一切種智，以免鑄下妄謗究竟法之大惡業，唯識種智之學即是菩薩證悟後所當修學之一切種智故，即是諸地菩薩所修之增上慧學故。

譬如密宗之《涅槃道大手印瑜伽法要》中說：《《一多之法觀者：謂如試問：「心爲一法乎？抑爲多法乎？」如謂一法者，云何而能生起種種之法？如謂多法，則彼種種之法，皆同具此一眞空體性；由是觀察，一多兩邊均非可善安住。須知兩邊皆無所住之法者，是即大手印，亦即此一心，且即無一任何絕待可住之處所而能住之一大眞心。瑜伽行人應如是知已，方可正入三摩地；於彼境中，必得覺照靈明之「妙觀察慧根」圓滿成就，證入無上清淨正智。其外更一無他相，是故俱生智大手印者，即是離一切相之唯一實相也。》》（122-638~639）

如是所言，乃是以覺知心作觀，觀察覺知心自己爲多爲一？然後以覺知心起「不住兩邊」之作意，即名爲已離兩邊、不住兩邊。然佛所說之離兩邊、不住兩邊，乃是覺知心證知另一與覺知心同時並行運作之「第八識一向離兩邊、一向不住兩邊」，覺知心便依此第八識從來不住兩邊之清淨體性而安住，乃以第八識離兩邊之體性之智慧而住；非如密宗諸師之以覺知心自體起「離兩邊」之作意而安住也，覺知心永遠都在兩邊中故，一向皆不離六塵境故。

密宗以如是《涅槃道大手印瑜伽法要》之見解而說解脫道者，即是以覺知心起作意而離兩邊，作爲中觀見。然後另行建立般若實相觀：《《實相之現前：由上無生瑜伽正觀修習之結果，凡一切誤認幻有爲實之戲論邪見，即得根本解除，而明了一切幻有原同幻術人之所搬演；如是者，一大實相即可現前。如偈云：我前我後及十方，隨見唯一大實相，依上師教幻見亡，復何所求於人者？》》（122-639）

如是所言實相，絕非實相。佛於般若系列諸經中所說實相，乃言衆生本有之第八識心，說此第八識是一切法界之源頭，故是十方法界一切衆生萬法之眞實相，故名實相。密宗諸師則以一切法緣起性空—悉皆無常性空—作爲般若諸經所說之實相；然而如是說法者，名爲虛相法，一切法緣起性空者皆是有滅之法，其中無一眞實不壞之自體，則非是實相之法，無第八識眞常不壞體故，一切法皆是無常空故，故名虛相法。

密宗由是邪見故，便將第八識之中道心性觀行（中觀），從第八識中剝離，令「中道心性觀行」與第八識無關，另成一種玄學；然後再將般若經所說之第八識空性實相法義，從第八識剝離，變成「空性與第八識無關」之另一種玄學；再將中觀與實相分開，使之成爲二種玄學，佛法就這樣被密宗學者分割而變成支離破碎了。

然而依實際以觀，中觀即是觀察第八識之中道性之觀行，不可外於第八識之中道性而有任何中道性可以觀行也；一切中道性之觀行，皆是直接或間接從第八識心而現而有故，不可外於第八識而有中道之觀行也。實相即是觀察第八識之眞實性，現前觀察第八識之如何生起吾人五蘊十八界，現前觀察第八識如何收藏吾人此世及往世所造一切業行之種子，現前觀察第八識如何能令有情證得解脫果，現前觀察第八識如何能令有情依其清淨體性而斷除習氣種子，現前觀察第八識之種種界、如何令人斷盡一切無始無明隨眠而成佛，如是始得名爲證得實相中道觀。

如是中觀及實相，皆是依於第八識性而有，佛依第八識心之如是中道自性而開示中觀見與實相，佛子應以覺知心意識之分別性，於四威儀中觀察第八識之中道性，方是般若之正修行也。密宗諸師不知不見此理，卻將中觀說爲「覺知心不緣兩邊」，卻將實相說爲「一切法緣起性空」，分割中觀與實相爲二法，令緣於同一第八識心而現而有之「中觀、實相」無二無別佛法支離破碎，此乃密宗諸中觀師之大過失也。

密宗又將眞如與唯識一分爲二，將本來一法而爲衆生方便分說之佛法，加以分割爲二法：《《眞如緣起者，則補唯識之偏枯，而說明心物無二之基本起源。一切色法、心法，原住於眞如本體，並無心物之分。心物早是圓融合一，不一不異，不垢不淨，不生不滅，由於衆生一念無明妄動、發起妄動，此即無明緣行。而行與識似爲二分，行既非道行，識亦非正見，故有行緣識。此識即妄立名色，心物由此名色日漸分出，成爲今日各種科學哲學之分門別户之邪說，遠離眞如本體，故有十二緣起之輪迴現象，宇宙即此虛妄輪迴之環境。普通之人生，即爲飽受輪迴痛苦之個體。大乘行人了知眞如本體原亦具有佛性，而娑婆世界亦非不可轉爲蓮邦，故努力勸化他人，崇尚淨土教化，各發菩提心，由別業之心行，積集慈悲資糧，由共業之轉變亦可建立人間淨土，此大乘菩薩之所當行；由此人無我、法無我，雙管齊下，不偏執唯識，亦不偏執唯物，是爲大乘之中觀正道。》》（34-25）

如是所言者，將「唯識」增上慧學與「眞如緣起」分割爲二法，乃是誤解唯識種智之人所言也，眞正悟道之人則必不作是說也。此謂一者：密宗諸師悉皆不解眞如緣起之理。眞如緣起乃謂：因地之第八識心固是凡夫之心，然其自體性本已是清淨性，雖於六塵之中與衆生共事而隨緣應物，令衆生得心應手；但於與衆生共事之中、顯現其作用之際，卻又於六塵完全無染，一向不貪不厭，一向依其清淨自性而行。如是第八識，由具有常住不壞而可獨立自在之性，故能令人將其所含藏之一至七識染污種子修除淨盡而成佛地之眞如，故名第八識之此性爲眞如緣起。由是而知：眞如緣起之理，不得外於第八識而言眞如緣起也。

唯識所說之理，正是眞如緣起之正理，怎可自生誤會已，然後誹謗唯識爲「偏枯」之法？復次，唯識學種智中所言者，非唯眞如緣起之理爾，尙言衆生覺知心之根源，尙言衆生色身之根源，尙言世界生起之根源，尙言衆生輪轉三界之根源；並將般若所說之八不中道別相智，加以細說，縷述其微妙之處而達究竟之地，非諸地下菩薩所能具知也，是故眞如緣起門乃是唯識種智中之一小部份法而已，絕非唯識種智增上慧學之全部也。

一切地上菩薩所應學習者，正是唯識種智之學，佛說此名大乘增上慧學；密宗諸師不知眞如緣起法僅是唯識種智中之一小部份，乃竟執唯識之一小部份之法，加以誤解之後，復來顚倒其說，誣蔑唯識宗義；將眞如法與唯識法一分爲二，而後加以誣說、分判高下，誤會佛法如是嚴重，焉可名之爲佛教之一宗耶？

密宗之淺學者，又將「中觀」與「唯識」一分爲二；譬如陳淳隆與丁光文二人，不知不解唯識如來藏正義，亦錯會中觀之旨，而將唯識所言之「如來藏與中觀」分爲二法：

《《…其實「成佛是永恒斷除煩惱障、所知障」的，這也就是「如來藏、佛性」常性永駐思想會誕生之所在。也使廣大的佛教徒修行才會覺得有意義，不然連成佛也會無常，大家豈非白忙一場。…自古以來佛門宗派之爭不是件好事，中觀、唯識千年論戰，佛法仍舊在印度滅亡。…》》（226-5）

如密宗之陳淳隆與丁光文二人如是說法，正是殺人之盜匪而誣責他人爲盜匪也。昔年天竺佛教之滅亡，非因中觀與唯識之論戰而滅，實乃滅於密宗手中－如同今時陳等二人之將外道法以代眞正之佛法－李代桃僵，如是而滅天竺佛教，云何密宗之陳淳隆與丁光文二人卻來責備中觀唯識之論戰爲無義耶？

昔年中觀與唯識二宗之論戰，究其本質，皆是二宗未悟者之間所生之論戰；於二宗眞悟者間，絕不會有此論戰之發生。然而二宗之眞悟者間，既無論戰之事，則必無資料流傳至後世；二宗之未悟者間既有論戰之事，則必有許多資料流傳至後世；既皆是未悟者間所生之辯論，則彼等所流傳至後世之論點，必定皆是戲論之譚。後世之佛教研究學者既未證悟，不知「中觀與唯識之理不二」，則於彼二宗未悟者間之辯論所生戲論不知其謬，則必依於彼諸人之戲論基礎上而作研究，如是研究所得結論，何有佛法之可得焉？歐美日本之佛教研究者，皆墮此中；我國之印順老法師亦步彼等研究者之後塵而墮此中，悉不能免。今者陳淳隆與丁光文二人完全不知此理，隨順彼諸未悟之少數中外佛教研究學者之論議，據以論定；不知天竺佛教實滅於密宗手中之事實，更將中觀唯識宗之未悟者間所作論辨，作為依據而加以評論研究，所成諸書唯是臆想揣測之辭爾，所說絕無實義可言也。

眞正證悟之人，悉知中觀乃是般若之中觀，亦知唯識乃是般若之唯識，完全不離般若之範疇。此謂般若函蓋一切佛法：首自聞熏所臆想之相似般若，次及初證第八識時所知之眞心八不中道體性之般若總相智，後及悟後依於總相智而熏修之般若系諸經中所說之別相智，乃至地上菩薩最後所熏修、第三轉法輪諸經中所說之一切種智，皆名般若。中觀乃是未悟者所應修證之總相智及別相智，亦是般若所攝；唯識則是悟後修得別相智者所應進修之一切種智，須至佛地方能具足圓滿，方名一切種智，未修學圓滿而至佛地之地上菩薩所有之一切種智，皆名爲道種智。

中觀之智唯是般若智之總相智及別相智，此二智之證得者，尙不能到般若之一切種智，尙須悟後親從佛學（或悟後從唯識諸經中學）方能證得一切種智。唯識所說則是一切種智，即是 佛於第三轉法輪時所宣說諸唯識經典之法，方是已得般若別相智之菩薩所應進修之道種智；是故，中觀與唯識二者，唯是深淺廣狹有別，法實無二，密宗諸師云何爲中觀及唯識法義而生諍論？並將之一分爲二？不應正理也。

是故佛教史上所有中觀與唯識學者間之爭論，皆是未悟凡夫間之戲論，如是諍論者之所言，皆必不及第一義諦故；中觀與唯識二宗之眞悟者間所見相同，絕對不會引起諍論故。今者陳淳隆與丁光文二人完全不知此理，隨順彼少數未悟之佛教研究學者之論議，而言佛教之滅於天竺是由中觀與唯識之論議所致，非是正論也。

中觀乃是對如來藏中道性之觀察，如來藏乃是中觀之本體──中觀依如來藏之中道性而有故，是故中觀與如來藏不可一分爲二。然而 佛所斷除之煩惱障及所知障之內涵，非彼陳淳隆與丁光文二人所能知之也；謂彼二人迄猶不知如來藏何在，云何能知所知障之內涵？亦猶未知煩惱障之內涵，云何能知能斷煩惱障？自尚不知不斷，云何有智能令人斷？此謂彼二人迄猶墮於意識心性之中，執覺知心爲眞如，則尚不解三乘經典中 佛所常言之「常見外道見」爲何物；如是未能破除常見外道見者，云何能知聲聞人斷除煩惱障之理？不知不證斷除二障之理，云何能教人佛法？而於網站上奢言斷除煩惱障所知障等成佛之理，無有是處！

復次，彼二人言：「自古以來佛門宗派之爭不是件好事」，此乃誠言，余所認同；然彼二人作此言者，非是好心，實乃欲藉此語而遮止余對「密宗之邪思謬法」而作辨正，亦是故意誤導學人「將法義辨正與宗派之爭等同而觀」，居心叵測。佛門宗派之爭，必令佛教資源分散，令密宗等附佛法外道有機可乘。但宗派之爭一向只存在於未悟者間，從來不存在於諸證悟者間。

宗派之爭與法義辨正，有其迥異之所在，然而一般學人不能辨知。宗派之爭乃在互爭高下，雙方爲宗派傳承高下之顏面而爭，寧死也不認錯—即使明知自身之法義有誤，亦必死辯到底，絕不認錯。法義辨正則是依法論法，不論人情，不計較自宗與他派之得失，唯以 佛之法義爲歸，是故眞悟者若見他人未悟言悟、未證謂證，以錯誤知見而誤導衆生者，必立即辨正邪正之分際—唯除彼錯悟者未出世弘法；是故彼出世弘法之錯悟者聞已，一知有誤、立即改正，公開認錯懺悔，絕不覆藏。

證悟者若見邪師誤導衆生者，必作法義辨正；彼諸執著宗派者，則必誣指善知識「法義辨正之言」爲宗派門戶之爭，以此混淆視聽，藉以打壓善知識護持正法、救護衆生之行，希冀由此混淆視聽之行爲，令善知識停止法義辨正，則彼邪師便得因之而延續其邪說，以繼續誤導衆生、維護既有之名聞與利養。

譬如今時余之出書而作法義辨正，彼諸密宗邪師如陳淳隆與丁光文二人者，必言余諸**辨正法義正**行是宗派之爭，並謂此舉無益於佛教。然而余此舉者，其實大益於佛教，而大不利於密宗邪法諸師、大不利於諸錯悟之名師，是故彼等諸人必定誣謂余之**法義辨正**爲宗派門戶之爭。不知其中利害者、心存鄉愿者，便爲其所惑，而爲彼張眼，勸余停止法義辨正諸行，佛教便不能將外道法摒除於外，便將繼續令密宗之種種外道法留存於佛教之內、而繼續對佛教蠶食鯨吞，繼續以漸進方式將佛教法義外道化。若不加以揭露阻止，最後仍將重蹈古時天竺佛教被密宗從本質上滅亡之覆轍；一切有心維護佛教正法之佛弟子，一切有心利益今時後世佛法學人之大心者，皆不可忽略法義辨正之重要性，**莫令密宗邪師狡辯法義辨正爲「顯密宗派門戶之爭」**。

何故余作是言？謂余此世所悟之般若完全無有師承，何來門戶之見？乃由往世之證悟基礎而自證悟，非由某宗某派某師傳承而來；既無顯宗一派師承，亦無密宗一派師承，不須為某宗某派門戶而爭，故無所謂宗派門戶之爭也。亦謂余所修證者，乃是全面性之佛法—既有 佛於經中顯說之法，亦有 佛於經中隱說之佛法密義，雙具顯密二法；非是「唯顯唯密」一宗一派之法，不須為顯密某一宗派門戶而爭也。

然而密宗諸師必皆欲將余之法義辨正，解釋為顯密宗派門戶之爭，以求止息余對「密宗邪知邪見邪修法門」之論義也。然而大眾當知：若密宗真為佛教者，余之作為將成為誹謗正法之大罪，捨壽必下地獄受多劫之長劫尤重純苦；余既深信因果、大畏果報，因何敢作如是大業？當知所為絕非無因，當觀余對密宗法義之諸多評論，是否具理合經？便可知之也。是故大眾未能分辨真偽之前，莫為密宗外道法張眼，以勿表示支持密宗為佳；否則，若成就「協助密宗破壞佛教正法」之共業，則捨壽時如何補救之？

大眾當知：中觀與唯識之法，其實無二，皆是同出 佛口金言。所異者，唯是深淺粗細廣狹之別爾，真正證悟並已進修一切種智者，皆必認同余語，無有二意。唯有未悟之凡夫，方於中觀及唯識種智而生爭議，誤以爲是二種不同之修行法門；其實二法之主體無二，同以第八識如來藏爲體，唯是所修前後有別、深淺有異爾，無須諍論不休。何妨以彼諍論之時間用來參取第八識心，逮至證得第八識心已，恭請　佛宣之第二第三法輪諸經閱讀比對，便知余言之不虛也，從此絕不再隨順古時宗派門戶諍論之凡夫衆生之邪見──永不將中觀與唯識視爲二法而生高下之諍論也。苟能如是，則密宗將佛教般若法義擅自分割，導致佛教微妙般若法義支離破碎之惡事，便可消弭於今時及未來世也。

密宗復有大病，謂將顯密分爲二法；復因不知佛教中之眞正密義，遂將外道口傳而不明傳之世間淫樂法、觀想天身法……等，建立爲佛教內之究竟勝妙之法，由此緣故而令佛法般若正義支離破碎。譬如宗喀巴如是云：《《由於時處有量無量，安立名爲大小。義謂若達諸法實性一味，依彼未染有法修天瑜伽，則諸如來色身等德、不爲時處分量所限，普緣一切而修，故名廣大。若無此天瑜伽，雖有甚深瑜伽、通達一切諸法無異眞如，然就有法、猶未能越限量，故爲狹小。》》（21-543）

宗喀巴此段語中所言者，乃謂顯教中人雖能修證**諸法實性一味**，然因不修天瑜伽（天瑜伽謂觀想本尊廣大之天身。不觀想廣大天身）故，則不能發起廣大天身，則成佛時之「報身」狹劣，不能超越人間肉身之身量，故說顯教所修法門爲「有限量」、爲「不廣大」。

然而密宗欲藉觀想廣大天身，以作爲將來成佛時之報身者，其實名爲妄想；此謂佛弟子將來成佛之莊嚴報身，並非由修觀想而得，乃由般若慧及禪定之果報而得，完全不依觀想而得也。佛弟子若證得般若慧中之「道種智」者，即入初地；若修得第四禪，捨報時若欲生色究竟天者，必能往生；生彼天已，自然而得三界中之最廣大身，不必修諸觀想，此是其道種智及永伏性障與十無盡願而生色究竟天之異熟果報故。反之，密宗行者雖修「觀想廣大天身」之法，然而於般若之總相智尚且未能證得—誤認意識覺知心爲眞如故—則必不能進修一切種智，則無可能證得道種智而側身初地、而生色究竟天，則不能獲得三界中最廣大之天身也。

縱使所觀想之自己「天身」廣大無邊，仍不能令其所觀想之天身有其性用，唯是其自心中之相分爾，未來捨壽尚且不能生於初禪天而得高廣於欲界天人之色身，何況能發起色究竟天之最廣大身？覺知心中觀想所得之廣大身，唯是自己覺知心中之相分爾，並無捨壽後能於三界中起用之功德，此觀想之法不能生起未來世之異熟果故，未來世之異熟果要由彼異熟果之正因而得故，觀想之法非是未來世異熟果之正因故；又因未證得般若慧，尙不能生於欲界天，何況能生於色界天上而得天身之果報？故不可能獲得高廣之天身也。故說密宗欲藉觀想之法而成就「廣大天身」作爲佛身者，名爲妄想也。

復次，欲得欲界天身者，當須悖離密宗追求淫樂之邪行，減少男女欲之貪著，及持五戒不犯，加之以廣行十善以利衆生；若能廣行十善及持戒不犯，而於男女欲之貪著越淡薄者，便越能生於六欲天中之最高層次，則天身便越高廣；不必修觀想天身之法，非因修觀想之法而得欲界之高廣天身故，觀想「天身」之法非是生欲界天之異熟果正因故。努力修習觀想天身之法，亦不能增益其往生欲界天後之身量，修之無用也。

若欲獲得更高廣之色界天身，則應修習禪定，依各人所證四禪八定之高下而往生色界諸天；禪定層次越高者，則能生較高層次之色界天；所生色界天之層次越高者，其天身便越高廣，非因生前之修觀想天身而得之，亦不因生前有無作天身之觀想而有差異。

三界衆生之身量最高廣者，莫過於色究竟天之天人；此處乃是地上菩薩方能往生之，要依道種智及永伏性障與救護衆生迴入正道等淨業之履行，及勇發十無盡願，四者具足方能生彼，非諸聲聞羅漢所能往生（必入無餘涅槃故，無道種智故），亦非諸三果聖人所能往生。更非諸密宗行者所能生之，謂密宗行者尚不能令其男女欲貪減少，反因信受密宗邪見而欲於淫欲中求取最大樂受之第四喜，反於淫欲中而貪求最長久之樂受，雖然自言於其樂受之中無所執著，而其心態及行爲則反之而行，其實是更深更重之男女欲執著，必導致永墮欲界中層次最低之人間婬女舞男輩中，同爲眷屬；如是諸人，其欲貪更重於人間一般之人，何況能輕於六欲天之天人？

如是，密宗行者之見、修、行、果等，尚不能生於欲界六天之中，來世之異熟果報—仍將受生爲人間之短小肉身，何況能生於欲界天中？尚不能生於欲界天中，何況能生於色界天中？尚不能生於色界天中，何況能生於色究竟天而得三界中最高廣之天身？而妄言觀想之法，能令人獲得未來成佛時之最高廣天身？皆名「妄想之言」也，而宗喀巴等密宗行者不知高廣天身獲得之正理，妄以觀想之法，欲得成就高廣天身作爲佛身，非是有智之人也。號稱最上上根器之密宗學人，而修學之法竟是最最荒唐、最最下賤之法，如是而言「唯有最上上根器者方可修密法」，即爲顚倒、即爲無義也。

宗喀巴隨後又云：《《如（密宗之）寂靜論師云：「由修自體諸法，爲最清淨地、與波羅蜜多自性之力，則以一切諸佛波羅蜜等、令自所修波羅蜜多等行，於心一切剎那皆悉圓滿。供養自他亦即供養一切諸佛，以微劣物亦成勝妙供養，是故易得菩提，此即菩提道之自性。言『**是故**』**者，顯唯由此法能速證菩提，如云：唯由此瑜伽，速當得佛果。**」此說若如前配能淨所淨及勝解、爲無邊佛法體性而修，則能成熟一切圓滿次第善根。……此最勝之廣大，圓滿次第時之所有。波羅蜜多乘（指顯教大乘）中雖修隨順法身之道，不修違反尋常境相隨順色身之道，故於「圓滿色身因」之資糧時極久遠。密咒乘中具有彼等，故易圓滿資糧。》》（21-543）

宗喀巴其實完全不解佛法，於大乘所證之佛菩提道完全不知，乃至最粗淺之二乘解脫道亦全然不解—執意識及明點爲不壞法故，執覺知心及其相應之淫樂中所得樂空不二慧爲不壞法故。此容暫表不述，且俟第八、九章中再述；今且就此一段彼之開示而辨正之：

宗喀巴以爲依密宗所說之法而修者，不僅能得顯教所證之一切功德，而其密法殊勝，故雖以微劣物而作供養，亦能獲得菩提，非如顯教之必須證如來藏，非如顯教之必須修集無量佈施行；謂以密宗之五甘露及五肉之供養，並以雙身合修之身中淫樂等觸、觀想供養於「佛」，即能迅速獲得菩提果，可得迅速成佛；由此密宗「淫樂第四喜勝妙法」之妙供緣故，宗喀巴貶抑顯教修行法門之遲緩與難證佛果。

然而事實完全相反：謂以宗喀巴所說之法門修行者，非但不能成佛，亦不能證得諸地之般若慧，下至十住位之第七住位般若慧亦不能證得，乃至十住位之第六住菩薩所證之「雙印能取所取空」之空慧亦不能證得。此謂六住位菩薩「雙印能取所取空」時，即堅定其心、絕不認取覺知心爲不壞心，更不認雙身修法中之樂空雙運覺知心爲常住不壞心，乃至否定此覺知心、說之爲依他起性之意識心，現前觀察此一受樂之覺知心爲常見外道之「常不壞我」，現前觀察此覺知心爲衆緣合生之法，亦現前觀察此覺知心所觸之淫樂是欲界衆生輪迴欲界生死之根本，亦是衆緣所起法，是故說爲已經現觀「能取所取空」者，已於「雙印能所取空」而得決定、不復退轉，故名第六住位滿心菩薩。

今觀密宗之宗喀巴及四大派之古今一切諸師，皆認定明點爲阿賴耶識，皆認定樂空雙運時之覺知心爲佛地眞如，皆認定坐中一念不生之覺知心爲佛地眞如，則已明確顯示：西藏密宗四大派古今諸師皆以一心受樂而不起妄念之覺知心作爲「報身佛地之眞如」，如是而自認已經成就悉地—即身成佛。

如是以意識爲佛地眞如者，其實皆猶未能證得第六住菩薩所證「雙印能所取空」之「諸法空相」智慧，一念不生之覺知心即是能取萬法之意識心故，即是常見外道所執之「常住不壞之心」故；如是密宗法王，於二乘人所證「緣起性空」之空慧尚不能證，則大乘第七住位之般若空性智慧—第八識之本來自性清淨涅槃與八不中道體性—更云何能知？不知不證六住七住菩薩之「空相智及空性智」（蘊處界緣起性空之智與證得萬法根源之空性心第八識之般若智慧），云何能知初地之道種智？不知不證初地之道種智，云何能知佛地智慧？如是不知不證大乘見道智慧之密宗上師凡夫，竟敢貶抑顯教之菩薩修證淺薄，貶抑顯教之 佛修證淺薄、不如密宗邪淫之「佛」，而誇言密宗之修證勝於顯教、能令人「即身修成報身佛與法身佛」境界，豈非世間至愚至狂之人耶？而諸顯教大法師竟不能知其邪謬，競相攀緣密宗達賴等弘傳邪淫法教之人，豈非愚痴至極之人耶？譬如**達賴喇嘛認爲性高潮時之無念靈知心爲佛地真如**：《…而最強的感受是在性高潮的時候，這是大樂的修習（以雙身法修証樂空雙運之佛地真如之即身成佛法門）之所以包括在最高瑜伽密續中的原因之一。一般人對無上瑜伽密續中關於性以及其他的象喻存有諸多誤解。性的象喻眞正的理由，完全是因爲在四種明光出現的狀況當中，性高潮最爲強烈。因此這種象喻才用在靜坐中，以延長明光出現的經驗，或使之更清晰鮮明—目的就在於此。在性高潮時因為明光出現的經驗較持久，因此你較有機會加以利用。（182-147~148）》達賴既以性高潮為修証法門，必墮意識心中。

密宗諸師不知第八識阿賴耶即是如來藏，妄認所觀想之中脈內明點為如來藏識，而別立他法為如來藏——以樂空雙運中一心受樂之覺知心意識作為如來藏。如是將如來藏與第八識剝離，成為二法，則修證「如來藏」者便須打坐修證一念不生之功夫，或與異性上師合修雙身法之第四喜，以求能於淫樂之最大樂觸中「常住」而一念不生，及起「淫樂覺知心空無形色故是空性、淫樂第四喜觸受亦無形色故是空性」之「空性見」，密宗說此名為「證得如來藏」者，名為報身成就、法身成就者。

是故密宗行者若欲修證如來藏阿賴耶識者，則須打坐觀想中脈及明點；明點觀想成就者，「即是」已證得第八識阿賴耶者；若能將明點自由上下於中脈頂輪與海底輪之間，即是證得密宗「初地菩薩果位」之聖人，密宗說此「聖人」證量同於顯教之初地菩薩故（然此絕非顯教之初地菩薩），密宗因此而說密宗之法是果位修證之最勝法，一世便可證得初地果位，為顯教所不能及，顯教須一大阿僧祇劫方能證得初地果位故。

由如是邪見故，本來一法之阿賴耶識如來藏，因密宗之亂加安立支解而變成二法；由此二法之妄立故，便致本來一法之正法、轉易成二法之虛妄修行，佛教之眞正法義由此而支離破碎，學人便難證得般若實相智慧；西密外道便可藉此自稱已成初地菩薩……等，藉以籠罩顯教學人。

密宗諸師不知法身即是第八識阿賴耶（因地名爲阿賴耶識、異熟識，統名如來藏；佛地唯名無垢識真如，不名如來藏），而妄謂：觀想天身之廣大莊嚴，將來即可於樂空雙運時、證得樂空雙運之覺知心而成爲佛地眞如─以此受樂而知空樂不二之覺知心作爲佛地眞如法身；便以觀想所得之天身作爲法身之圓滿報身；卻不知佛地之圓滿報身要由般若之總相智、別相智、一切種智而得，圓滿報身是一切種智之異熟果故。

如是妄想者所說之外道法，卻強冠於三乘諸法之上，而誇言勝妙於三乘諸法，美其名曰「即身成佛」、而且是成爲「法身佛」之法門；然其所修所證之「智慧」卻是外道邪見，所修所證之境界卻是外道世間境界，完全與佛法無關。如是密宗之外道邪見，卻敢大言不慚地貶抑顯教諸菩薩之修證，卻敢貶抑 世尊所傳三乘正法爲「下劣乘」，卻敢貶抑顯教諸修行者爲「下等根器」─不具修習密法資格。

然而密宗之根本經典《大日經》中，早已自己承認密法之修行法門乃是方便攝引「貪著欲樂、及貪著有相法之下劣衆生」入於「佛道」，而施設之方便法：《《甚深無相法，劣慧所不堪，爲應彼等故，兼存有

相說。》》（卷七）

密宗之根本經典《大日經》所說諸法，其實皆是言不及義之戲論，唯能以緣起性空之「諸法空相」，而言蘊處界空，不能言及第一義諦之「實相空性—如來藏」；故於此經初出世時，不能見容於眞悟佛菩提之諸菩薩，乃言《《甚深無相法，劣慧所不堪，爲應彼等故，兼存有相說。》》如是而令諸菩薩不便再加訶責，此經便得以繼續留世、流傳於諸著相衆生之間。後來漸至末法，證悟之菩薩大多感於世人根器日劣難度、而少來人間，眞能識其底蘊之菩薩漸少，便無人能識破其外道本質，密宗便敢無所忌憚地弘揚此外道法而吸取佛教之資源，乃至今時之將此外道法冠於三乘諸法之上，眞是顚倒其說之能手也。

今者距月光菩薩降生之時尚早，而佛教已被密宗滅於天竺；今又重施故技於台灣及全球，若不及早籌謀對治之，誠恐三十年後又將重演往昔天竺佛教滅於密宗之故事。此回若再被密宗滅於全球，則眞正之佛教將永無復起之時，則此後一切佛教修行者皆將以密宗所傳之外道法作爲佛法之正修行也。是故於今之計，必須顯示密宗之底蘊，令衆週知，庶可挽救佛教命脈於危急之秋；亦冀望此一作爲，能令佛教命脈延續至月光菩薩降生之時。苟能如是，則是此後佛教學人之大福也。

如是顯示密宗諸師不解顯密不二之理，而以密咒、身印、手印、觀想、氣功、雙身合修之淫樂等秘密之**不可輕易外傳**，而作爲**密教**。然十方諸佛及諸菩薩，則以般若之密意爲密法，爲防福德未具之衆生起謗而墮地獄，故不許語言明傳，而隱之於字裡行間及言說之間，說之爲密，與密宗所言之密法完全不同。

其實佛教之三乘法義，本來無密，只因修證深淺差別，又因不可爲未悟者明言之，故名爲密；是故眞正之佛教法義中，顯密本來無二，本是一佛所傳之二乘解脫道及大乘佛菩提道，除外無別他法而可謂爲佛法。而此解脫道及佛菩提道，皆以言語顯說而示密意；密意本在言說之中，不曾外於言說，是故顯密本來無二，不需密宗再創密教而引進性力派外道之欲界世間法來作爲佛法。

如是密宗所自矜於顯教之外道淫欲世間法，不論密宗如何美化莊飾之，終究不能改變其外道法之實質，有智之佛弟子仍將看穿其虛妄與邪謬也。是故眞正之佛教法義中，顯密本來不二，密宗諸師不知此理，引進外道性力派之淫欲修法，作爲密法，美言「淫欲爲道」之法；然後將之高推爲「佛教」內最究竟法，以此而分顯密二宗，乃是於實質上破壞佛教正法之邪行也。

復次，密宗諸師悉皆不知如來藏即是第八識阿賴耶，妄將如來藏與阿賴耶識一分爲二；又不知阿賴耶識何在，索性將觀想所成之明點指定爲 佛所說之阿賴耶識，眞是南轅北轍，不知所云也。如是將如來藏與阿賴耶識分割之後，佛法便支離破碎了；後世之學佛者，便不能建立正知正見，因此而永絕於見道之緣，密宗因此便成爲佛教之破法者，成爲佛教之大罪人也。

佛以種種名而說如來藏，難以一一列舉。綜而言之，彼種種名，所言皆是第八識心；於未斷盡見思二惑前，此第八識心總名爲阿賴耶識。斷盡見思二惑之後，總名爲異熟識；有時爲令學人易於了別其間有異，故又別行施設第九識之名。未至究竟佛地之前，此第八識皆名爲如來藏。至成佛之後，此第八識方名眞如，亦名無垢識，有時爲令學人易於了別其間有異，故又別行施設第十識之名。於成佛之前，有時亦說此第八識爲眞如者，悉是方便言說施設；應正名爲邪行眞如、流轉眞如、安立眞如、正行眞如……等名，悉屬因地眞如也。此中斷惑修證之過程，能令人由衆生位而漸至佛地，令第八識成爲佛地之眞如；凡此過程，皆依此第八識而成就之，故說如是過程名爲眞如緣起。此中斷惑修證之眞如緣起正理及過程與內容，已於拙著《宗通與說通、正法眼藏——護法集、我與無我》中多所陳述，讀者逕行請閱可知，此處勿容再贅。

密宗諸師（包括印順法師在內）皆不知第八識即是如來藏，不知阿賴耶識即是如來藏，故有種種妄想產生。密宗諸師由於未能證得如來藏故，便認取觀想之明點，建立為阿賴耶識，卻又別行建立想像中之另一清淨心為如來藏，或將一念不生之意識覺知心認作如來藏，……如是種種錯解般若之邪見，皆由誤解第八識如來藏而衍生；譬如陳健民上師云：

《《又心之為言，含義最泛；肉團心為生理的，妄想心為心理的，良心、善心、惡心為倫理的，九種住心為宗教的、哲理的，集起心為佛教唯識宗的，最後一種或稱「如來藏心」，或稱「圓覺妙心」，或曰「自性清淨心」，或曰「真如妙心」，或曰「涅槃妙心」，此屬佛教果位法身的。大手印中所稱之心，皆屬最後一種，故不可與前列各種心混談。》》（34-701）

如是所言大手印之心為如來藏，然而陳師卻不知如來藏心即是第八識阿賴耶，亦不知唯識宗所說之「集起心阿賴耶識」即是如來藏，以致錯認如來藏心：《《：體、性、空三字即大手印，亦即第四句之光明心體。故心字最易混亂，本文特重明體一詞者，蓋欲有以分別之也。……「明」乃心物二者之智悲化，「體」即心物二者之本體。且顯教法相中

所未嘗用，故拙見以「明體」代「眞如妙心」、「涅槃妙心」等字樣，而便于說明六大緣起之大印。》》（34-704~705）

如是所言明體，若是觀想所成之中脈內明點者，則中脈內之明點不應是如來藏，如來藏非是所生法故，不應由意識覺知心觀想而成故，否則密宗所說之如來藏即成生滅有爲之法也。密宗諸師又常言如來藏即是明體，又常言明體即是一念不生而能觀想之覺知心；明體若是能觀想之覺知心，則覺知心實是意識，依於意根及法塵之相觸而由如來藏所生，則覺知心明體即是依他而起之所生法；既是所生之法，則密宗之「如來藏明體」即成有生有滅之法，如是明體非如顯教所證如來藏之無時不在故，唯有觀想之時方在覺知心中出現故。

是故密宗將明體作爲如來藏，即有種種大過，是故不應違　佛旨意而將明體建立爲如來藏，應依　佛於三乘諸經所說－認定第八識阿賴耶即是如來藏、認定「名色緣識」之「識」即是如來藏，然後精進參禪而修證之。一旦證得第八識阿賴耶，便可現前證驗如來藏之眞義，便可自通般若經義，不須人教；若得值遇眞善知識，隨之修學一切種智、廣修福德資糧、盡心盡力護持　佛之了義正法、發十無盡願，一世便得進入初地，便過第一大阿僧祇劫，何等暢快！

若如密宗古今諸師將阿賴耶識與如來藏一分爲二，再誤導衆生錯會如來藏之眞正法義，便令佛教法義支離破碎，精進一世修行，皆悉唐捐其功；乃至更造破法之大惡業—妄言明體即是如來藏、或妄言無妄念之覺知心即是如來藏，成爲破壞 佛之正法者，種下未來世之長劫無量慘痛果報，何其冤枉？

是故學人莫學密宗古今諸師之邪見—將如來藏與阿賴耶識一分爲二，然後外於眞正之如來藏阿賴耶識而求如來藏。苟能如是，則欲證悟般若，生也有望；若不爾者，外於第八識而求如來藏，則將永劫不悟，終墮外道邪見之中，豈唯永沉生死有海，更將成就破法重罪而墮地獄。

密宗古今諸師對於中觀與般若無二、中觀與唯識無二、顯教與密教無二之眞實理，不能了知，唯於佛法名相而作表面義理上之瞭解，便自以爲已知佛意，便以自己所誤會之唯識宗義而謂已知唯識正義；由誤解唯識宗義故，更因唯識宗義之必使密宗邪見完全曝露故，便排斥唯識宗義，誣指唯識宗義爲不了義法，以如是手段令人厭惡唯識深奧微妙之正義、而遠離唯識妙法，不肯修學之；則密宗便得不受唯識種智法義之拘束，則一切人於密宗法門中證得「悉地」已，便皆不會再以唯識法義之一切種智而自我檢查，密宗法義之邪謬及敗闕便不致於顯露。然而密宗如是作為，其實自相矛盾，必為智者之所拈提破斥故，違其修學佛法般若慧之初衷故。

譬如宗喀巴如是云：《《…此諸補特伽羅之道，即是趣向**一切種智**之大乘也；**波羅蜜多大乘，其道總體唯有爾許**。此就見解分別有二：謂中觀師及唯識師。然彼二師，非可說其「乘有不同，故乘唯一」；由於實義有盡、未盡，故知前（中觀師）是利根，後（唯識師）是鈍根。此波羅蜜多乘（宗喀巴意謂修證大乘者為般若波羅蜜多乘也），正為中觀師宣說；其唯識師為彼所兼攝庸常之機耳。……《諦者品》亦顯了說云：「曼殊室利！如來若為一類有情宣說大乘，為他一類說獨覺乘，為餘一類說聲聞乘，是則如來心非清淨心、非平等心，有耽著法、大悲偏黨、異想過失。我亦於法而成慳吝。曼殊室利！我為有情宣說彼彼諸法，如是一切皆為令得一切種智、趣向菩提，臨入大乘，成辦一切種智、至於一極。故我非有異乘安立。」》》（21-10~13）

由此一段文中，已可顯見宗喀巴完全不懂佛法也。此謂一切種智乃是諸佛所證得之最究竟智慧，此智圓滿者始入究竟佛位；一切世出世間法無過其上之者，中觀般若、唯識般若俱在一切種智函蓋之內，無能出於其外者。然而中觀之智僅是般若中之總相智及別相智爾，此乃依於證得第八識阿賴耶心而現觀其中道性所成之智慧；一切種智則是依「證得如來藏而生起之中觀般若智慧」爲基礎，而後方能修證之，非未證中觀智之凡夫所能修之證之也。

何以故？此謂中觀智：乃是現觀第八識心之中道性，然後因此現觀第八識之中道性而生之智慧，方是中觀之智也。然此智粗糙，不能了知第八識中所蘊一切種子（種子又名爲界，又名功能差別），須待緣熟之後方能親隨大善知識進修一切種智；故知一切種智即是親證第八識中一切種子—一切功能差別—之智慧。由是可知欲證一切種智者必須先證中觀般若，否則不能修證之。

一切種智則是唯識宗人悟後之所修習者也，非未悟之人所能眞修。若未經由禪宗之法而悟得第八識心，然後於般若經所說之「別相智中觀」作觀修者，其所觀修之般若中觀僅名「相似般若、相似中觀」，非是眞正般若、眞正中觀也。未悟得如來藏，而作唯識種智之觀修者，其所修學之唯識種智只是熏習，非眞修證也。

唯識之學，即是第三法輪諸經所說之增上慧學也；是故唯識眞旨，要待眞悟之後、完成般若別相智觀修之中觀行者方能修之，道之次第本來如是，宗喀巴云何可言中觀宗所攝爲利根？而言唯識宗義所攝根機爲鈍根人？豈有上地之智慧為鈍根、而下地之智慧為利根者？無是理也。

反觀宗喀巴之「證量」，尚且未能證得第八識（否定第八識阿賴耶故），則知彼根本尚未證得中觀般若之「總相智慧」——中觀般若慧以證得第八識性為其體故。中觀般若之總相智尚且未證，云何能知般若經中所說之別相智？是故宗喀巴每以「外於如來藏之一切法緣起性空」之蘊處界空相義、而釋般若空性，迥異 佛說。宗喀巴既未證得般若之空性總相智，則知彼必定未證得別相智，則彼必不能知一切種智；如是不知般若之總相智、別相智、一切種智之凡夫，竟能評論中觀與唯識種智之正理，未之有也。

宗喀巴既未證波羅蜜多大乘之般若眞義，而言能證已證更勝於大乘之無上密法為眞實者，曷可信之？無上密法既上於大乘諸法，則是上地之法；已證上地之法者，則必能知下地之法故。然而現觀宗喀巴等密宗師徒，皆於「下地」之大乘波羅蜜多般若智慧滋生誤解，如是不知大乘「下乘」法，而言彼等已證更上於大乘之法者，則其無上密法必非佛法。密宗之無上密法若是眞實佛法者，復又是上於大乘之法者，則密宗諸師不應誤會大乘法至此完全不解之地步也。由此可知彼密宗所說之大乘法，乃是彼所「自以為知之大乘法」也，絕非 佛所說之大乘法也。

然而余作是說者，並非意謂眞正之中觀師爲鈍根人，此謂能眞悟得第八識、而證得中觀智之般若行者，方是眞正之中觀師；如是等人，其慧深利，非諸聲聞阿羅漢所能知之，故絕非鈍根之人也。然能於此世中證得唯識之一切種智（於菩薩位名之爲道種智）者，更非鈍根之人，其慧遠超眞正證悟之中觀師故。宗喀巴於此諸正理皆無所知，凡夫俗人無異，故說宗喀巴所言不實，不可信之。

佛出人間而度衆生，終極目的皆是欲令衆生入於佛智。佛智則以一切種智爲其總成，大般涅槃之解脫智及大圓鏡等四智悉在其中故，一切世間出世間智無過其上故。然因衆生根性有異，佛菩提智亦復甚深、難解、難證，是故施設聲聞解脫智，先令證得解脫果；證解脫果已，於佛具足信心，方能引入大乘法中，漸漸步向菩薩久遠劫方能成就之大菩提道。佛所宣說二乘法者，意在於此，非因私心、吝惜、及不平等心而只爲初轉法輪諸人說二乘法也。

如宗喀巴所引經文，說「佛爲有情宣說彼彼諸法，如是一切皆爲令得**一切種智**、趣向菩提，**臨入大乘，成辦一切種智、至於一極**」之語，由是可知 佛之先說二乘所修解脫道等法者，乃是作爲引入大乘之方便法也，目的仍在令其漸入一切種智之般若慧中。而一切種智之般若慧，即是唯識所說之八識心王一切種子之智慧也；「欲令一切弟子於最後階段修學唯識種智之慧、**成辦一切種智、至於一極**」者，已顯示唯識種智為一切佛法之最，無過其上者。宗喀巴不知一切種智，不證般若總相智，不能知之，故讀此段佛經佛語已，猶自誤解而否定之，並引用之、書以成文，今者便成未悟般若之證據也。

復次，如宗喀巴所引經文佛語：《《如是一切皆為令得一切種智、趣向菩提，臨入大乘，**成辦一切種智、至於一極**。故我非有異乘安立。》》此段經文中，佛已明言：除二乘解脫道及大乘佛菩提道之外，別無佛法。何以故？此謂佛已於此段經文中說：「除一切種智之外，**我非有異乘安立**。」既然一切種智是最究竟法，除此一切種智之外，**我非有異乘安立**，則可證知宗喀巴所言「中觀師為利根，唯識師為鈍根」之說，違教背理，與佛說顛倒；亦可證知密宗所言「大乘唯識中觀之上尚有無上密乘」之言，為不實之言也。由是佛語，可知密宗絕非 釋迦世尊之所傳也，佛已說**除一切種智之外，我非有異乘安立**故。

而天竺密宗諸上師、及西藏密教教主之蓮花生上師所傳之法，又處處墮於常見外道見中，又貪欲界淫欲之味，不離欲界法之貪著，皆是具足凡夫之法爾，云何而可信之？有智之人何妨一思？不必再三、即可知也。由是眞實之理，即可知密宗各派之排斥唯識宗義爲不了義者，皆是未知未證般若之人也，所以者何？謂一切眞正證悟之人，皆必漸漸了知唯識宗義，皆必漸漸步向增上慧學唯識一切種智之修學正途故；何有悟後已知必向唯識種智進修之人，而效法宗喀巴極力否定唯識、妄說唯識爲不了義法者？無斯理也。

由是正理，可知唯識與中觀之正理，皆是般若智，無有二法，同以第八識之證得及體驗而有故；唯是初後之有別、及深淺廣狹之有異爾，法實同一第八識心也。故說密宗諸應成派中觀師，如印順、宗喀巴等一切否定唯識種智者，妄說「中觀方是究竟了義法，唯識非是究竟了義法」者，皆是未悟之人，無須多所懷疑也。

一切佛弟子欲會般若者，當以禪宗爲歸，以求入處；密宗之「大修行者諾那活佛」自亦推崇之也：《《**禪宗**在漢人眼中以爲顯教，**諾那先師印證爲大密宗**；蓋高於其他方法，而與紅教大圓滿相同也。若拙見，此宗傳承作風，不取普通文字般若，不用普通言詮勝義，祖師直以證量傳之，弟子直以證量受之，**猶高「大圓滿譯本」一等也**。拙講《槐陰話月錄、空宗大手印大圓滿禪宗辨微》一文，已詳論之矣。》》（34-778）

然密宗所謂頓悟之內涵，乃指明體明點及明空不二之覺知心，以其境界中之覺知心作爲眞如；禪宗眞正證悟者之所悟，則實非密宗所謂之明體，亦非密宗所說「明空雙運」境界中之覺知心也。密宗上師之中，雖亦有人能知禪宗之勝妙者，但皆唯是依於臆測所知，及依禪宗內錯悟者所言說之意識心爲證，非能了知眞正證悟者之般若慧也，何況能知悟後進修所證之別相智及一切種智耶？由不能知「一切種智即是悟後所應進修之唯識種智之學」，故於唯識便作誤解，乃至加以臆想所理解之邪見而作誹謗，皆已成就誹謗正法之重大惡業也，唯識種智是佛法中之最究竟法故，乃是地上菩薩所進修之一切種智故。

否定第八識如來藏者，佛於《楞伽經》中說之爲一闡提人故，一闡提人名爲斷善根人故，佛說若有人誹謗第八識，說第八識非有者，如是人「作是言已，一切善根悉斷，成一闡提人」。既然否定第八識者即是一闡提人，則如密宗上師之將其餘虛妄法以代替第八識法，令人將虛妄施設之法作爲第八識如來藏者，亦皆是破法之一闡提人也。

西藏密宗以外道法代替佛教正法之作爲，已成就一闡提重罪；是故一切學人莫學密宗諸師、莫學印順妄謗第八識如來藏心爲方便施設之**唯名無實法**，莫效法密宗將所觀想明點取代佛教之第八識如來藏，以免成就破壞佛教了義正法之大惡業，成爲斷善根人，以免捨壽時後悔莫及。

第八章　灌頂

第一節　灌頂略說

第一節中略說灌頂。灌頂是修學密法之道基，故學密者須先受灌頂，方可修習密法。如宗喀巴於《密宗道次第廣論》中云：《《無上瑜伽（樂空雙運之雙身修法）正所化機，謂如前說已修共道、淨治相續大乘種性，是大乘中具足最勝種性大堪能者，由大悲心發動意故，成就猛利欲樂、急願成佛，欲入無上瑜伽法門速急成佛，必須無倒了知續義，善學二種次第及諸密行。》》（21-154）

宗喀巴意謂：欲學密宗之道者，必須先從密宗上師受灌頂，作爲「淨治相續大乘種性」，而後方可修習密宗所傳之無上瑜伽雙身修法，故說灌頂是修學密法之道基；猶如欲入學校學習諸法之前，須先身體檢查及註册之意也。

灌頂前，師弟之間須互相觀察，若師弟之間皆覺有緣而能與密法相應者，方行灌頂之事：《《師長若不觀察弟子法器，隨人而灌頂者，非法器者不能守護三昧耶故（不能守護雙身修法之「等至」密意故），現（在）後

（時）俱損。故為非器宣說（灌頂諸事者）生多過失，犯三昧耶，遠離成就，招諸魔害。弟子若不觀察師相，隨從何人即受灌頂，為彼邪師所欺，不能守護經說上師諸三昧耶斷壞成就，招諸魔害、生多過患，故應互善觀察。》》（21-160、163）

此說上師欲傳灌頂法者，必須先觀察弟子之根性是否適合受學密宗之道？若不先觀察、便予傳授灌頂者，則弟子若非密宗之正機，恐將來不能守護密宗之雙身法「秘密法義」而予洩漏，則將妨礙密宗法道之弘傳，則現在及後時，師徒俱損。故上師必須先觀察弟子是否適合修學密宗之法道？若不適合者，即不可為其灌頂。弟子欲受灌頂之前，亦須先觀察彼上師是否為密宗內之眞正上師？否則被「不學無術」之人所欺，所學即非眞正密宗之法也。由是故說欲成師徒之緣以前，雙方皆須先互觀察，而後方可決定是否舉行灌頂法事。

在傳統密宗之內，灌頂之事有時極其愼重，乃至有觀察至十二年者：《《金剛鬘經第二品云：「如摩瑩觀寶，煉治而觀金，如是十二年，應善觀弟子。故應一切時，如是互觀察，不爾生魔礙，招苦壞成就。」又五十四品云：「猶如獅子乳，不應注瓦器，如是大瑜伽，非器不應與。弟子剎那歿，現後俱受損；非器施教授，師長壞成就。」》》

（21-160~161）

如此鄭重其事者，乃因不願密宗雙身法之「密法」被外界所悉，以免密宗之法道被眞證道者所破也。密宗之道其實無有深妙佛法可言，唯是世間欲樂之法，冠以佛法名相，再予渲染高推爲至高無上之佛法秘密修證，誑人爲最高層次、最究竟之「佛法」，以迷惑衆生而已。以無佛法上之實質修證故，不許爲外人所知，以免被外人所破—如今時之爲平實所破。是故上師對於弟子之是否適合修密？是否能保守秘密？皆須謹愼觀察，以免密法外洩而遭破斥。

然而今時之台灣密宗，不論從尼泊爾或印度達賴、其他教派所派來者，或從他地來者，至台灣已，傳灌頂時，皆已形式化：唯將法器高舉示現與受灌者觀見，便認作已灌頂完成。如傳寶冠灌頂、金剛杵灌頂、鈴灌頂、瓶灌頂……等，悉皆唱誦咒語……等後，便以法器舉高、向諸多受灌者左右舉示，便認作已灌頂完成；如是灌頂，已成形式化之舉—成爲**偷工減料之灌頂**，並無灌頂之實質，皆非依於密法而「如法」灌頂者。本書中所說之灌頂者，乃是依密續所說「如法」而灌者；若有在台之密宗行者所受灌頂，異於本書中所說者，當知彼是未曾「如法」受灌頂者，當依本書所舉爲準，全依密宗之密續據實而言故。

灌頂之法主要有五種：一者因灌。欲爲人灌頂之上師，於因灌之種種皆須先行了知，然後方可爲人傳授灌頂。宗喀巴云：《《於灌頂儀軌支分中，護摩與資糧輪儀軌，及修彼時所需咒師之相、鈴杵、大小油杓、骷髏杖等，應如何製？製後如何持用等，皆應了知。**如是由灌頂力，成爲法器。善護諸三昧耶，聞思教義、決擇修習。上者現法即能成佛，中者於餘有情起中有位而得成佛，下者轉生乃能成佛。**》》（21-156）

此段文中所謂之成佛者，實與顯教所言成佛之內涵，大異其趣，並非顯教所言之成佛也，唯是密宗獨有之「成佛」境界，乃是妄想之「成佛」境界，後自言之，此暫勿述。欲受灌頂之前，弟子應先承事上師，令上師心得歡喜，而後爲之傳授灌頂法。

今者密宗諸法王上師來台灣爲人傳授灌頂者，多未如是愼重其事，僅由此地之邀請者主其事，於法壇建成後，便依期而爲大衆灌頂。灌頂之時，既未觀察受灌者是否適合修學密宗之根器，亦未爲諸受灌頂者說明灌頂之意旨，亦未向諸受灌頂者言其灌頂後所應修學密法之主旨所在—雙身法之意旨，更未依密續之規定而爲諸人灌頂，是故今時密宗諸師之來台爲人灌頂者，主要用意在於與人結緣、收受供養，以備其國外道場之需而已，並無灌頂之實質意涵，故多數唯名「結緣灌頂」。

正式之因灌者，必須爲受灌頂者說明灌頂之意義，並大略說明即身成佛法門之「殊勝」，令學者生起歡喜信樂之心；起歡喜信樂之心已，再爲略說雙身合修即身成佛法門之主要精神所在，然後上師方爲弟子傳授灌頂之法，正式灌頂。

二者瓶灌，三者密灌，四者慧灌，五者第四灌，詳後第二節起一一詳述。密宗之《結合經》則說唯有四灌，故云：「灌頂有四種，初謂瓶灌頂，密灌頂第二，第三謂智慧，第四亦如是。」

因灌及瓶灌屬於生起次第，有次第性；有時因灌與瓶灌合併舉行。茲依如法正式之灌頂而略述之：

因灌有三大主要內涵須知：一爲壇城，次爲灌頂之內涵，三爲：因灌「所能清淨者是何垢染」？

首先建立壇城，安立圓滿無餘本尊座：《《依初瓶灌，佛座於中央，菩薩座於內周；二明妃中：智慧明妃於中央，實體明妃於座左；天女座示以一味之式於內周，忿怒男女座於外周，如吉祥勝樂三十七尊或密集三十二尊安立，當如是知。》》（61-181~196）

次須造作彩繪壇城，於彩繪壇城中，上師行十一法而授予弟子：《《得瓶灌之十一種，即水、寶冠、杵、鈴、名、禁行、金剛上師灌等

七，爰及隨允加持、記別、勸慰、讚頌（原註：安慰、授記、慶幸、演法）此四後增。》》（61-192）

此灌頂者，通常名爲水灌頂，如宗喀巴所云建壇、供養師長、祈請、沐浴、誦甘露咒、火供…等後：《《師長次（觀想）於自心種子放光，迎請無邊處所諸佛明妃（此等諸「佛」與明妃皆是雙身交合受樂之相）於前虛空中住，奉供養後，請爲弟子灌頂，白云：「金剛持於佛，爲救衆生故，傳德生灌頂，亦如是傳此。」……

水灌頂前觀想次第：謂想諸如來佛眼明妃充滿虛空，彼等於弟子上執持傘蓋幢幡衣服，歌舞作樂，雨衆妙花，手略傾斜執持充滿菩提心甘露（淫液）之白瓶，爲從佛母蓮華（從明妃下體）初出（而爲）弟子灌（入其）頂。時色金剛母等唱吉祥云：「諸吉祥住衆生心，一切體性勝部主，生諸有情大安樂，今灌汝頂最吉祥。圓滿衆德若金山，三世依怙淨三垢，佛眼廣長如蓮華，汝今寂滅最吉祥。彼說妙法不動搖，遍揚三世人天供，勝法恒令衆生寂，汝今寂滅最吉祥。多聞正法多吉祥，人天修羅供養處，僧白衆尊慚德本，汝今寂滅最吉祥。」》》（21-356~358）

《大日經》中則唯說有三灌，不說四灌：《《灌頂有三種，佛子至心聽：若祕印方便，則離於作業，是名初勝法，如來所灌頂。所謂第二者，令起作眾事；第三以心授，悉離於時方。令尊歡喜故，如所說應作。現前佛灌頂，是則最殊勝。》》（《大正藏》18冊第33頁上欄）

薩迦派之密灌、慧灌、第四灌則皆屬於圓滿次第，非生起次第所攝。薩迦派認為經由密灌、慧灌、第四灌之灌頂及修行，可以證得佛果，故說為圓滿次第。如彼派之《道果—金剛句偈註》中所言，謂瓶灌可證得初地至六地之化身果德，密灌可證得七地至十地之果德，慧灌可證得十一地至十二地之果德，第四灌可以究竟成佛，證得法界體性身。如是所言，可自參酌彼書中一九九頁至二九四頁所說，此不舉述。然彼密宗所言之諸地佛地果德，及所證之化身、報身、法身等，皆與顯教之佛經聖教量所言者不同，乃是密宗自己所發明之諸地佛地果德及三身果報，非是佛教中所說者，後當別行敘述，此處暫表不論。

灌頂有四種故上師亦有四種：外斷增綺上師、內顯自生智上師、密顯俱生智上師、究竟顯諸法極淨實相上師。由諸上師自身所證密宗法門之深淺有別，故所能為人授灌頂之層次亦有差別；是故有能為人傳授因灌、瓶灌者，有能為人傳授慧灌者，乃至有能為人具足傳授四種灌頂者，故說上師亦有四種層次差別。

一般而言，水灌頂、瓶灌頂之上師，稱為外上師，皆屬於生起次第之灌頂故；其後之三種灌頂上師則稱為內上師，皆屬於圓滿次第之灌頂故。內上師又分為「內、密、究竟」三種。密灌上師已於身脈中所觀想之脈字及雙身本尊明妃等像，較前外上師所觀者微細而更隱蔽，故名內上師。

慧灌之上師稱為密上師，謂此密灌之上師，所修證之種字及「界（界謂精液）」之淨分（淨分亦名清淨現分，詳後第二節陳述），於其脈字中極為隱密，如秘密般之難為一般人所了知，故名為密。第四密灌之上師又稱為「究竟上師」，此因其所觀修之中脈種子字等已能遍其身分，「且能灌三界甘露雨之藏智氣為其所淨基之究竟故，又其有能淨一切灌頂、道、見、宗趣、果等各四層之涵義」，而能通達究竟，故名究竟上師。

薩迦派所修密法之道，共有二十法：分為四大部分，即是瓶灌、密灌、慧灌、第四灌，每一灌各有道、見、宗趣、臨終、果等五法，是故總有二十法。讀者欲知其詳，可逕閱薩迦派之《道果—金剛句偈註》，此處略而不述。總之，灌頂是進入密宗修學密法之必要歷程，若未入灌頂壇受灌頂而修學密法者，所修密法「不能成就」，故說拜師灌頂乃是學密法者必經之途。

第二節 瓶灌頂

因灌頂之瓶灌中，尚有外內灌頂之分，第一節所說者為外灌頂。內灌頂者：上師於觀想自心種子字放光而召請諸佛各抱明妃（此是密宗所說之報身佛形像，皆是抱著明妃之雙身交合受樂像）於自己之前面虛空中安住，復觀想以諸種世樂供養之後，復應觀想甘露，以所觀想之甘露而為弟子灌頂：《《…水生為不動佛，召入智尊；寶鎧更說彼化為水，故諸瓶水先為灑淨，變成吽字，次後由彼變成金剛吽字莊嚴，再從彼生不動。次以自心種子放光召入智慧薩埵，奉供養後仍變為水。次鬘論說：如來溶化為先，次將弟子召入口中而為灌頂。寶鎧所說次第雖異，然於實行為易，當如彼說而作。先召弟子入自口中，從金剛路（從自己之尿道）出住明妃蓮華（出住於明妃之陰戶）之中。次想弟子刹那空後，先生為吽，次為金剛，吽字莊嚴生為不動尊及明妃。由與智慧薩埵無別故召入智尊。次諸如來明妃等至（諸「如來」皆與所抱明妃行淫、生起淫樂而至高潮，名為入等至），大貪（貪受射精性高潮之貪、或對第四喜之貪）溶化，從毗盧門灌入（自己之）頂（門）中，隨金剛路出菩提心（再從自己之尿道流出菩提心—流出與明妃淫液混合後之精液），而為蓮華之上，生為（觀想所成之）天身弟子灌頂。》》（21-

356~357）

如是灌頂皆依觀想而作灌頂，不現於外相，不見有外相之水灌頂，層次雖同於瓶灌，但別立灌頂名爲內灌頂。此即是密宗內灌頂時，上師之觀想法。一般而言，密宗行者認爲能受此灌頂者，較諸一般所受之水灌頂爲勝。

然清淨現分之上師，謂「如來位時身語意三無漏莊嚴輪清淨現分」。此乃從果立名，若從因地而言，由功德之勝劣不同而有四種差異：1、外形相善逝：《《由二種資糧之道而善逝者，初修瓶灌及相屬之道、生起次第外相時，下品由自心間種子字放光，迎請本尊與上師不異之相，於面前虛空而供養之；上品由外內生起次第之一百五十七尊具光明相而安住，其由灌頂至種性之主印可之間爲福德資糧，由其所依而生之禪定爲智慧資糧。綜其之：由修外相生起次第而生殊勝化身。（61-164）》》 2、內密咒善逝：《《由內中脈短阿字之道而善逝者，修密灌及相屬之道、自加持旃陀離火時，下品時三種淨治，上品心氣和合於臍間之脈輪短阿處，逆行上於中其中脈者爲之。綜其之：由修內旃陀離火自加持乃生圓滿報身。（61-165）》》 3、密灌善逝：《《由佛父佛母之宮而善逝者，修智慧灌及相屬之道、壇城輪時，下品之加持自他手印，上品之心氣集攝運行於佛母蓮宮中（集攝運行於明妃之下體中）。綜其之：由修他身而證法身。（61-165）》》4、究竟實相善逝：《《由三解脫門之道而善逝者，修四灌及相屬之道、金剛波浪道時，下品由加持具蓮女（具蓮女詳第九章中說明）後持之，上品之心氣集攝於具蓮女勝蕊處（上品是將自己之心氣集攝於具蓮女之子宮頸或陰蒂），清淨方便相續、清淨慧相續、清淨於各別之剎那上，凝堅其右能持、左能持、中脈能所二執無二之三波浪道，於三解脫門之道而善逝之。綜其之：修金剛波浪道證體性身。（61-165~166）》》

如是四種清淨現分（淨分）之境界，函蓋密宗四種成佛差別，由最初之「外形相善逝」成佛，至究竟地之「究竟實相善逝」成佛境界。然而如是成佛之境界，皆未證得第八識，皆未能眞解般若之總相智，更未能知般若之別相智，至於地上菩薩方有之道種智及佛地之一切種智，更無論矣。如是完全不知不證般若者，卻自狂言已經成佛、狂言能令人即身成佛，荒唐之至。

密宗以爲如是灌頂可以清淨染垢，是故有時行者樂於重複受上師灌頂；然而密宗諸師所言灌頂時能斷之見惑、思惑，乃至餘諸惑等，皆非佛法中所言之見惑、思惑…等，是故灌頂之法，不論如何增益重受之，皆與佛法之斷惑證智無關，修學佛法者，應須有正確之認知。

灌頂復有四種：冠灌頂、金剛灌頂、鈴灌頂、名灌頂。

冠灌頂者：《《祈請師長之後，想弟子由盎字及寶、什字及蓮、康字及劍、嗡字及輪，依三段法生爲寶生乃至毗盧，皆如前修。灌頂之物亦爾。冠灌頂物，謂用金及布等所作之五佛冠，弟子之部主居中。在首中央（額）兩側、頂心、腦後，如其次第，念誦「嗡斑捞達底穴曰阿毗懇捞吽。」「嗡薩縛達塔白達薩埵班即阿毗懇捞種。」「嗡惹那班即阿毗懇捞阿。」「嗡達摩班即阿毗懇捞什。」「嗡迦摩班即阿毗懇捞掌。」誦此五眞言而戴於頭上。》》（21-359）

金剛灌頂者：《《先誦「灌頂大金剛」頌。並誦「諸佛杵灌頂，今爲汝灌頂，此即一切佛，爲修取金剛。」以金剛杵觸弟子心間喉處頭上，授右手中。《眞實光明論》釋此頌義，謂一切諸佛今爲汝傳金剛灌頂，故汝應取受此金剛。以菩提心爲杵（以菩提心即是陽具），智慧爲鈴（智慧即是陰戶），金剛灌頂即是金剛智灌頂故（金剛灌頂即是雙身法之智灌頂故）。以此金剛灌頂，即與空性不離之菩提心自性，故是一切佛之灌頂。應受之理，謂此金剛是一切佛之體，爲得彼而修彼，故汝應受。》》（21-360）。

鈴灌頂者：《《將鈴授弟子左手中，令手持鈴杵作（佛父佛母坐姿交合）抱持狀，先誦「灌頂大金剛」等，次誦幕經第四所說「嗡班撈阿底跋底當，阿毗懇撈彌，底叉班撈三昧耶當。」次令誦云「嗡班撈根枳痾痾，世尊攝授我，願正親近我。」》》（21-360~361）

名灌頂者：《《手執鈴杵置弟子頂，先誦「灌頂大金剛」等，及幕經第四品所說「嗡班撈薩埵當，阿毗懇撈彌，班撈那摩阿毗克迦達。」次隨投花所中本尊種性之名，喚瞋恚金剛或痴金剛等，傳毗盧遮那本性之灌頂。依於六部立男女名，廣如鬘論應知。》》（21-362）

於最後之金剛灌頂及鈴灌頂，大多同時傳金剛三昧耶、金剛禁行、鈴三昧耶之文，作爲金剛阿闍梨之禁行；亦有於鈴灌頂後，名灌頂前，同時傳「印三昧耶」者，亦有同時傳阿闍梨灌頂者。

亦有於此後四灌頂之後各傳一水灌頂者，因《《此等皆有瓶事隨行而名爲瓶灌頂故。鬘論亦說一切皆有如來與明妃持瓶灌頂故，從水至阿闍梨六種，同名瓶灌頂故。》》（21-362）

灌頂之觀想及儀軌：水灌頂有三種，宗喀巴云：《《次水灌頂略有三法，謂從尊勝等瓶（詳後第九章各節所說）各取少水，注於顱盃或螺盃內，作水灌頂。或先以尊勝瓶，次以四如來瓶，次以四天女瓶，隨所有曼陀羅諸瓶而爲灌頂。若唯一灌頂瓶，則於尊勝瓶中不動體性之菩提心甘露，以右手執杵取瓶上華枝略取瓶水，隨金剛端流注灌頂。誦云：「灌頂大金剛，三界皆敬禮，金剛三密生，諸佛前授與。嗡啊班撈鄔答迦，阿毗懇撈吽，蘇惹達當阿吭。」》》（21-358）

學人若求受密宗之灌頂者，於瓶灌之意義應先了知，而後方受；萬勿於未知之前便求受之、或隨人受之，以免種下自己所不願樂之邪教法緣：《《初灌那個瓶水啊，那個裡頭究竟是什麼水？這個水是甚麼意思？大灌頂時，光是這個瓶子裡頭啊，師父頭一天就忙一天啊！他就要把這瓶子裡頭的水，統統要（觀想）變成這個本尊的甘露啊（變成本尊受樂所出生的淫液）！瓶上頭要按個小杵，以五色線連到他的心，他（觀想）將他的心光放進瓶去，還要（觀想）引到諸佛果位上的光到裡頭下去。然後才他自己吃，他自己要見到本尊，得到許可，說你可以灌這個頂—現在我許可你灌這個頂。……初灌，這個瓶灌的水，先要這樣加持。加持後的這個水，要曉得想到這個是甘露。無上瑜伽部，都是要有佛父佛母在瓶子裡頭協同雙運（皆須有「佛」及明妃在瓶內共同交媾），然後滴出甘露（然後流出淫液成爲灌頂用之甘露）啊。好比有些人對於這個事情根本不相信，那麼他就根本不會得灌。譬如像這個最有名的德國人，他做個喇嘛樣，他就是喇嘛迦溫達，很有名，還著過書。他連這個五肉五甘露都不知道。我解釋這個五甘露啊！我説這個大香就是屎、小香就是尿；他説：「啊？爲甚麼要吃這些邋遢東西啊？」他還懷疑。我説你就根本沒有得灌，你根本不曉得五肉五甘露這個重要的意思。那麼你自己都沒有得到過灌頂，你還著什麼書啊？還講什麼名堂呢？還説喔：「這樣骯髒的東西爲甚麼要加？」你根本就沒得信心啊！他硬是要（他必須要）想到那個瓶子裡頭是「父佛母佛」在裡頭交媾，然後他們交媾裡頭流出來的甘露（淫液），那個才叫做紅菩提、白菩提；要有這個紅菩提、白菩提，然後這個灌頂就是從這個地方產生的了。我們由父精母血是產生人了。**我們要有了白菩提、紅菩提那個甘露呢，我們就能夠產生佛啊！**》》（32-298、299）

所以灌頂時之瓶水，必須先由上師修觀想法，觀想報身佛（雙身像之「佛」及所抱明妃）在瓶中交媾，生起淫樂而洩出雙方混合之淫液，墮入瓶中，名爲甘露。上師修此觀想完成之後，再取來爲密宗行者灌頂，如此方能得灌，否則不能得灌，則不能成爲已入門之密宗行者。學佛者應先了知灌頂之意義後，再作決定—是否要受密宗灌頂。由是理論觀之，密宗可説是從始至終皆以樂空雙運作爲成佛之根本思想也；有智之人聞已，自今當知邪正而自取捨，方是有智之人也。

以上所言乃依師灌頂，若修自授灌頂，則須觀時辰：《《修自授灌頂的時候，要看你是甚麼灌？如果是護法的自授灌頂，就是晚上。如果是師父的自授灌頂，是在早晨；本尊就是上午，空行母就是下午。（32-261）》》以上說一般之瓶灌，下說道灌。

第三節　道灌頂

道灌頂有四：瓶灌、密灌、慧灌、第四灌。

先說**第一目—瓶灌**：欲行道灌頂者，當先修身壇城：《《修身壇城者，先圓修靜慮支：觀自心間種子字放光，迎請金剛黑魯嘎（忿怒尊）於面前虛空中，與上師相無異，對其獻外、內、密（密供詳第十三章懷法）、實相（實相供詳第十三章懷法）等供養，及強烈敬禮等，復融入自身，如舉燈破闇，身壇城清晰而立，所依亦明晰而立。》》（61-200）

如是觀想已，次修守護輪：《《觀自身頂門種種金剛杵，足金剛地基，肋骨金剛牆垣，皮膚金剛帳幕及華蓋，汗毛箭網，指爪極熾燃火焰，於越量宮中、其所依身之足底風，三叉處火，肚腹水，心間土，脊柱須彌山，身壇城爲等邊四方四隅，心四脈四門，八支節爲八柱，眼五

色簷，鼻寶石磚瓦，齒半瓔珞，唇舌欲樂作用，耳牌坊，所依之壇城清晰光明而顯。》》（61-200）

由修如是道、可得三種體性見：《《實修道所出之三體性見爲：現類體性見，空類體性見，雙運體性見。……其本身實修行法爲：能依及所依之身壇城光明而立，依次得心間意金剛宮殿之本尊容顏壇城，或觀紅色之第三智慧眼緩緩而動，於其上者專注鬆緩而觀，若顯若晦，二皆盡斷，其後如前述而修。由專一覺明攝意於智眼處時，以智眼而轉遣無明，以覺明清晰而執時，爲「無明相所顚倒之有法」。當於其時，二種分別悉皆不入，不獨慧眼光明，及其他本尊與壇城等。其遮遣輪涅一切分別，謂「離遍計執意之性相」者，此爲擇定離一等之類不生之法性亦非，本淨之自性清淨法性亦非，謂「瑜伽士無分別覺受之識明晰升現法性」。此爲以遮遣所破無明相與遍計執意之二種分別，由斷治門而安立有法及法性。又，所謂「執持覺明有法，生無分別法性」者，亦由能立所立門而安立。復次唯以執持明覺而生無分別，唯生無分別現前爲明覺，謂「體性爲一」。至若謂「以其用相異」者，由執明覺門而立有法，若於其時，以其他分別尋伺而空者，乃由生無分別之門而立法性。以其（現類體性見）輕易能持，依次生外內能依所依之壇城本尊而無餘，或集攝情器世間之所現一切實有中，於前述見地之智能完全生起者，謂之「現類體性見」。空類體性見：於眼等之一切對境上，悉皆不迷，僅空之覺受朗然明照，其所謂以空類之覺明而執持之法性等，悉與前相同。雙運體性見：心住於眼等之時，所修之境亦不生，空之覺受亦不至，覺受有煙、陽焰、如來之於眼前升起時，是謂「雙運」，以其非所成於外境，亦非能成於欲想之由，故非實；然其就所升起覺之相而亦非虛，故謂非實非虛。為其所緣對境雙運，彼所緣之了知者，謂「雙運體性」。……》》（61-204~206）

如是現類體性見，乃是認為覺知心於修觀之時，心無妄想雜念，住於覺明之境中，執持此明覺之心體能生明覺之境，復又不於諸法生起分別，此時之覺知心與明覺之境為一，體性不二，故名證得現類體性見，如是名為已發起「見地」；依密宗之道，發起「見地」者即是「初地菩薩」。然而如是菩薩其實完全不知見地為何物？此謂初地之見地乃是第八識之如來藏種智之智慧；此智要由七住位之證得第八識體而得總相智，然後熏修般若系列諸經而起別相智、或依眞善知識熏修般若之別相智，圓成賢位之般若智後，再隨善知識進修一切種智─楞伽經所說之八識心王法、七種第一義、七種性自性、五法、三自性、二種無我法，具足修此已，然後得成通達位之見地。今觀密宗之「現類體性見」所證之智，完全不知不解第八識性，完全未曾觸證第八識體，而言由此「現類體性見」能證得見地，無有是處也。

復次，空類體性見所言者，唯是意識覺知心不迷於境，只住持於覺知心「空」之覺受中，保持其朗然獨照之空明境界，其實際「修證」仍然未曾觸證第八識心—空性，仍不得言其已具大乘見道功德也。又未斷除「覺知心常住不壞」之我見，亦是未得聲聞法見道功德者。

而「雙運體性見」之言「非實非虛」者，乃是誤解佛法者言。覺知心一向是意識心，意識心本是虛妄法，四阿含諸經中、佛說是心爲常見外道之「常不壞我」，般若系列諸經中說之爲有相之虛妄法，第三法輪諸唯識經中佛說之爲「依他起性心」，仍是虛妄法；而密宗以此意識心之體空無色質而名之爲空性心，以此意識心雙運於明覺之境中，謂爲雙運體性見之證得，謂此能獲得初地至六地之果證，並獲得初地至六地之化身果報（詳 61-523~535），其實無稽，不符佛法也。豈有未證得七住位所得第八識性之般若總相智者，能得其上之初地乃至六地智慧者？無斯理也。是故此處所謂道灌頂所能獲得之佛法修證功德，乃是無稽之談也。

密宗更言由是道灌頂所獲之現類體性見、空類體性見、雙運體性見，能令密宗行者証得六地之輪涅無別見，亦是虛妄想也：《《（道灌頂之）宗趣：爲出世間道中瓶灌六地之輪涅無別見者：其三千世界納一芥子而無大小，穿牆透壁而無留礙，令河逆流，定執日月，能一變爲多，亦由多變爲一等。》》（61-207）

此說非實，謂密宗諸師之曾受道灌頂者，多如牛毛，而仍無一人能得如此段文中所述之作種種神變，故知所言虛妄不實。若是唯能於自己覺知心中作如是神變者，此乃想像觀，非眞有其實質，純是內相分爾，亦於佛道之修證完全無益，修之何用？復次，輪迴與涅槃無二者，唯是第八識如來藏之所住境界，非是覺知心之所住也。此謂第八識心自無始劫來，不曾有滅，故不曾有生，不生不滅故名輪迴與涅槃不二。

復次，第八識心自無始劫來不於三界六塵萬法相應而起貪厭，故無輪迴之可言，亦無生死之可言，故名輪涅不二。反觀覺知心（意識）夜夜斷滅，不能由前世來至此世，唯有一世；亦永不能去至後世，故說覺知心有生—緣此世之色身而因如來藏生；故說覺知心有死—色身壞已即隨之而壞，受生入胎時永遠斷滅，盡未來際永無復現之時，來世之覺知心乃是另一全新之意識，故說覺知心有生死。如是有生有死之覺知心，云何可說爲輪迴與涅槃不二之心耶？無斯理也。是故唯有第八識心方是輪涅不二之心，今者密宗古今諸師悉皆不知不證第八識心，而言覺知心如是修行道灌之法，能證初地之見地及化身果者，其誰能信？唯有無智愚人信之爾。

第二目—密灌：施行密灌之前，上師須先勘驗弟子之氣功已否成就？若未成就者，不得爲其傳授密灌之法。接受密灌之行者，於灌頂之前，須先奉獻曼達及觀想供養除罪，以修集福德資糧：《《爲積集順緣之資糧故須獻曼達，其法：觀面前虛空中雜寶莊飾之座上，有蓮、月，其上復有自己之根本上師，彼爲三世諸佛身語意之體性，與金剛持無異，周匝一切傳承祖師及諸佛菩薩圍繞，以自心所悅之相而住。於其曼達瓶上獻七堆花，爲所緣之依憑；自性根本清淨之吠琉璃地基上，四洲、須彌山、日、月、人、天無不圓滿齊備。復次，於世間界中悉皆充盈由自己悉皆無執之所供養一切資具，誓願集積自主三世圓滿受用身之一切善根，不觀前面之一切客眾，一再獻供，祈請加持自己能生現證悟、禪定、無邊功德相續。如是祈請，且持一定數量次。復於上生強烈敬信，謂「除遣違緣」—：誦念百字明，及觀自頂上金剛薩埵安住，一面二臂，持鈴杵；佛母—金剛慢母—持鉞刀顱器；二身皆白，以諸寶、骨飾莊嚴，金剛跏趺相交抱；其心間月輪壇城上白色吽字，由彼生甘露相續，充盈薄伽梵金剛薩埵佛父母身中；復如興雲雨般（復又猶如行淫一般），其甘露續自頂門而入（其下體流出淫液繼續自行者頂門而入），消除一切黑相（消除一切黑暗業相）；甘露續清淨二垢道已（甘露繼續清淨尿道與穀道之後），復自二足心流出（復自行者二足心流出），智甘露（佛父母所降賜之淫液）盈滿身中諸處，復誦黑魯嘎百字明（復誦歡喜金剛之百字明）。如此積集資糧、淨治除喜，經年累月而行之。以其二者之持數定量，獻其數於上師，若其同口，則生大障礙及劣定；若異口，則生妙定及障礙少。》》（61-224~225）

如上所舉口訣之意，其中隱語經余加註已，讀者閱之自知其意，無須再加解釋。百字明之意涵，容後另述，此處暫置。密宗行者如是「修集福德資糧」已，方可正式進修密灌之前行與正行道。

密灌之修行次第者，先修自加持次第道；此有前行與正行，前行者：《《先行靜慮九支。復行三淨治，其身淨治者，轉頭頸，雙手各擺動，二足猛烈抖，此所謂五肢之淨治；如是如實而行，至疲累時，身語意弛，自顯自鬆緩。其語淨治者：捨誦經及聒噪等，為擯除語業。意淨治者：暫捨本尊瑜伽等靜慮觀修，意離諸業而厭離。如是三種淨治，須經年累月而行之，禪定勢必自生，設若不生，則行靜慮之正行。》》

（61-226、227）。如是前行所謂之靜慮，並非佛教中所言之禪定靜慮，而是密宗自行創設之靜慮法門，依之而修者，不能成就 佛於三乘諸經所說之禪定等靜慮功德及境界，皆是依於密宗之成佛妄想而別設之「靜慮」法門觀想爾。學人應知此事實，莫將密宗所自創之「靜慮」，誤認爲即是佛所言之種種三昧法門修法，於下隨說之：

靜慮之「前修」有三：《《身要：身跏趺或危坐，以舒適爲度。然其背須無倚靠而直其椎骨，頭微俯，眼上翻，舌抵上顎，唇齒相合，此爲身要之建立，如築屋之牆垣。次以鼻猛烈呼息三回，此語要之建立，如掃除屋中不淨穢物。次心要之建立者，放懷散心，出息如逸馬奔馬；以此前行三法中第一法，爲利益一切有情故願成佛，即是修菩提心。修上師於頂門安住，於彼生強烈敬信。誦吽字爲守護輪，以誦吽字修本尊。此靜慮九法爲一切靜慮之前行。》》（61-227~228）

靜慮之「正修」者：《《…其氣瑜伽縱令清淨正覺，亦曰不可思議，且其口訣亦爲二萬一千六百訣，略爲九百訣，復略爲二百二十五訣，復略爲十訣，復略爲集「出、入、住、遍」等四訣。於其氣瑜伽自在，以此四訣，能行一切道，謂命懃、或金剛誦。其外出有四：命懃均出、止懃出命、勁生均出、口有聲出。其內盈之口訣有二：止懃盈命、口無聲入。其住（之口訣）爲能行道相合。如彼實修時，各有四要，即：實修方便、究竟之量、生何功德、離何過患。》》（61-228~230）

復修五不觀待輪：燃燈、梵雷、脈瑜伽、舂棒輪、點瑜伽（61-242~253）。又加修三觀待輪：利、迅、固（61-254~261）。復有五不觀待輪及三觀待輪之修習口訣及其他口訣與所緣七法：拙火紅、火燃熾、明點交征、火輪、火猛熾、火極熾、火遍熾等修法（61-261~265）。由修此諸法故，能得「見地」而生四定，所謂：煩惱自生定、分別自生定、空寂自生定、輕明自生大智定（61-266~267）。

至於此「靜慮」之實修法及其要訣，皆是在氣功及種子字之觀想上，以及觀想明點運至下體尖端引生其淫樂而如何不使精液漏失等法門上用功。然後言如是用功修行者，能得「見地」及四定等；然而此諸定慧等內涵，皆非佛門中所修之靜慮與定境，亦皆非是佛門中之般若智慧；皆與三乘諸經所說之第八識主體無關故，名爲「心外求法者」也。依如是外道之修法，而言可以證得佛敎中之「圓滿報身任運成就果等」（詳見 61-230~269，文長繁瑣故不舉述），完全與佛法之斷惑證果無關；法道迥異，所證果報之內涵亦迥異，絕非是佛法也。

密宗行者如是精進一心修行，所得宗趣爲臨終光明、不須混藏於死時修、亦可得究竟宗趣—**得圓滿報身任運成就之果**（61-269）。然究其所說所證，皆是外道邪知邪見之修行法門，與佛教諸經所言之解脫道與佛菩提道之修證完全無關，所謂**得圓滿報身任運成就之果**者，其實與佛教所修證之圓滿報身果無關；密宗行者不知其謬，隨順其邪見邪法而精進邪修之，所得之果報則是邪證之外道境界，及得「大妄語—未悟言悟、未證謂證」之重罪，以及「破壞佛教正法弘傳」之大惡業，何其冤枉？

行此密灌時，上師必須能作觀想—觀想「佛父佛母」於寶瓶中交合而樂空雙運，降注淫液「甘露」於寶瓶中，方可為密宗行者灌頂，是故此灌又名為「觀想的三灌」。若上師對於如是觀想不能成功，則不可為人作此密灌；縱然灌之，亦無得灌之實。

密宗上師欲為人作此密灌之前，必須先已受此密灌，並取得阿闍梨資格，嫻熟此灌頂之儀軌及內涵意義，並能觀想成功，而後始可為之。阿闍梨灌頂者，如宗喀巴所言之金剛阿闍梨不共灌頂云：

《金剛阿闍梨灌頂之正行，如持祥云：「又不退轉灌頂，於金剛與鈴三昧耶，增身加持。」又云：「由此加持令成欲天體性大印（由此加持令成欲界天男女交合受樂體性之大手印），即是印三昧耶。」謂授印三昧耶時（謂授予雙身法密意之大印三昧耶時），即授阿闍梨灌頂之正行。羅侯羅吉祥友常住金剛亦說授印三昧耶，作欲天父母抱持狀時爲阿闍梨灌頂。爲証如是印三昧耶，故引「智慧滿十六（謂密灌時所需之智慧母須年歲方滿十六歲者）」等。毳衣大師亦云：「此中自欲天身金剛持性，以結合次第加持令作抱持狀，即大印三昧耶。」此說以印三昧耶頌令如是行。……云何亦引「智慧滿十六」等？……以修身爲欲天父母，是阿闍梨灌頂之因支故。由證三昧耶，須修欲天父母，故引「智慧滿十六」等。意謂應修智印作如斯狀。「金剛鈴結合」者，謂持鈴杵修抱持狀。寂靜論師亦云：「金剛鈴結合者，謂由雙手。」「爲上師灌頂」者，謂由抱持生妙樂三摩地（謂作此秘密灌頂時，要有方滿十六歲之「智慧母」抱持交合而得樂空雙運—生起樂空不二之妙樂三摩地而射精，產生男女混合之淫液—紅白菩提心—作爲灌頂之用，方能成就秘密灌頂之實質）。……時輪大疏中云：「次將鈴杵授於弟子手中，而授某甲金剛之阿闍梨。」謂於瓶灌頂前，由三三昧耶門中傳一阿闍梨灌頂。……如是第一瓶灌頂者，如略續云：「初觸祥慧乳，即是瓶灌頂。」歡喜金剛經於「智慧滿十六」等，釋爲：瓶灌頂及以阿闍梨灌頂，是依眞實明妃（是依實體明妃、而非觀想之明妃）而說；第二瓶灌頂者，謂由抱持觸九明妃（言此灌頂所須用之明妃應達九人之眾，一一與之淫合而生妙樂故生種種多量男女混合之淫液以爲灌頂之用）所生妙樂，唯多寡異，餘與前

同。》》（21-363~366）

此中所異者，唯是明妃之多寡差別；宗喀巴作此說者，意在授此「上師不共灌頂」時，由上師之一一與彼九位明妃淫合，而現場表演並告知受灌之弟子，令弟子了知種種女人之性欲差別，則受灌之弟子成爲金剛上師之後，將來爲異性弟子灌秘密頂時，能知如何令其種種不同種類之女弟子達於性高潮、而體會其中淫觸之樂空不二等，受灌弟子由此緣故而取得阿闍梨（上師）資格之秘密灌頂。

如是密灌，宗喀巴主張須用實體明妃多達九人，令於灌頂壇中一一與上師淫合而取得淫液，作為密灌之用；亦令弟子了知種種不同女人之性高潮同異等，以後為他人授密灌時，方知其中之方便與善巧也。各派密灌之阿闍梨灌頂，大多主張明妃只須一人即可，黃教宗喀巴所造《密宗道次第廣論》此段文意中，則主張須有九人；唯此有異，其餘無大差別。以上所言乃是道灌頂之密灌，及上師不共灌頂。

密灌之立名者，宗喀巴如是云：《《……此之三昧耶者，『結合經』說：依五甘露，不害眾生，不捨女寶，不毀師長。名義，是以父母菩提心密物（男精及女人淫液）灌頂，故名密灌頂。秘密灌頂嗢柁南曰：『供明妃請白，生彌陀弟子；師長及佛母，二密物灌頂（以師長及明妃行淫後射精而與明妃之淫液混合，名為具足紅白菩提心甘露，即是二種秘密物），授灌頂清淨（依此規定而灌頂者，方是清淨灌頂）。』》》（21-397）。是故密灌必須以男女淫液之混合液作為甘露而灌頂，若不具備此二密物（男上師之精液白菩提心及明妃之淫液紅菩提心）者，則密灌即成不實，不能成就灌頂功德－不名清淨灌頂，不名得灌。

第三目－慧灌：下說道灌頂之慧灌。此灌由上師實行無上瑜伽（與異性在灌頂壇中淫合射精而取得甘露）而為弟子灌頂，並隨宜解說，故又名為實行的第二灌－第二灌中只略作解說故（上師不共灌頂時方有詳細解說，非「上師不共灌頂」之密灌，只作大略之解說）。上師以曾受「阿闍梨不共灌頂」，故已了知密灌慧灌之真實意涵，因此能為其弟子作密灌及此智慧灌頂。

弟子欲受此灌頂之前，必須已先隨上師修成風瑜伽，並能自由提降明點，亦能降於摩尼（男性之摩尼謂龜頭，女性摩尼謂陰蒂，亦名寶珠輪）受樂而不漏者，方可受此灌頂。受此灌頂之弟子，必須已先受秘密灌頂，否則不許受此智慧灌頂。意謂欲受此灌者，必須已經了知密灌及此灌之內容及涵意，然後方可受此灌頂。若不知其意者，灌頂已，必謂遭受上師之性侵害也。以此緣故，恐將傷害密宗之名聲及「弘傳事業」，是故有諸嚴格限制。

灌頂之法：先須尋求具相之明妃，此說共有六相之女：《《1、具獸女：上身乳堅實，下身豐腴緊密，腰細，步態悠閒，見男子時目不瞬眨，其體氣及密處有麝香味。2、具螺女：總相爲骨粗，肉滑軟，臍有右旋螺紋，身力大、迅捷，音清亮快疾。3、具象女：總相爲身肉豐腴，身肢短，力大，眼小，耳長且大，出汗時其味極馥，聰慧寡欲，蜂常纏（繞）之。4、具紋女：肉色微紅，臍上有三豎紋，眉間有一豎紋，諸肢節纖長，身肢多有吉祥紋者大吉，護愛孺，如此者應特讚許。5、眾相女：具四種功德，或具二、三種功德。其他教授中亦有爲具牛女，此女與具象女同一性相。此外亦有謂具蓮女種性（謂子宮口—中脈下端之脈口分明而易於與龜頭相接）者。…彼無論爲何，其應具髮卷、眼媚、眉際無斷，口與息有麝香味，前有一特殊齒，乳堅實，臍上三豎紋，額上一豎紋，下身腴闊，蓮（下體）無鬚，豐頰，有龍腦花香，樂行能爲壇城行止（及）事（雙身修法）等功德。若具此等功德，方爲合適成就之所依（女）。》》（61-275~276）

如是覓得具相之明妃已，次須淨治所生—將所覓得之明妃加以淨治，然後方可用作雙身修法之「佛母」。淨治之法先以聞思「佛法」而淨治之：《《由聞金剛乘四部密續（由聞金剛乘四部密續所說雙身法）之時，生起不共信念（信受此不共顯教之金剛乘法門），以斷戲論（對雙身法具足信受，而斷除輕視蔑視雙身法之言論），無畏行於甚深奧義（不畏懼共修此雙身法之甚深奧義理）。》》（61-277）

次須以戒行淨治之—令彼明妃加受密宗之三昧耶戒，以防後來洩密：《《受十善，極行於此法（努力修行此雙身法），行布薩至圓滿之優婆夷時，其以別解脱戒、菩提心戒、菩薩戒等清淨相續。》》（61-277）

然後須先爲此明妃灌頂，令其成爲金剛乘弟子，方可與此明妃合修樂空雙運之法，令明妃篤信雙身法爲最上佛法；於後始可藉與此明妃合修雙身法，以取得「甘露」而爲求受慧灌之弟子作慧灌之行：《《以灌頂淨治：即以四種灌頂圓滿而清淨。》》（61-277）

如是淨治明妃之後，尚不能作爲明妃而用之，尚須鍛鍊此明妃修成瑜伽禪定（寶瓶氣及明點之升降功夫），方能配合上師於慧灌過程中之樂空雙運提降等行，而成就慧灌之甘露（而成就慧灌所需之淫液—密宗謂此爲雙具紅白明點之菩提心甘露。男上師之精液爲白菩提心甘露，明妃之淫液爲紅菩提心甘露）：《《以瑜伽禪定淨治：以瑜伽之力攝氣，以能持菩提心（以具有能持精液明點不漏）者爲之。》》（61-278）

此謂明妃之條件，於薩迦派而言，亦極嚴格，不具此諸條件者亦不能用之。如是嚴苛之標準，意謂：必須明妃亦能控制自己之性高潮，於上師許可時，方入等至（性高潮）中體會樂空雙運之境界，如此方可取得明妃之紅菩提心（淫液），如此配合上師而同入性高潮中，方能取得等分之紅白菩提心（令男性及女性之性高潮相等，亦令雙方之淫液分量相等），方能爲密宗弟子作智慧灌頂之用。是故薩迦派之修行，欲覓取適格之明妃，亦非易事。覓得之後，尚有許多工作須要完成之，否則不能爲弟子行此第三智慧灌頂也。

上來所言，乃是薩迦派所主張之明妃，彼所需具備之條件，較他派嚴格。覓得明妃而淨治之後，入灌頂壇已，尚須語、欲、加持等勻：謂身語等勻、所欲等勻、加持等勻。此屬上師於智慧秘密灌頂中所應爲之事，容於第九章之雙身法實修中舉證述之，此處暫置。

此灌頂中是否必須使用明妃與上師合作，古印度已是衆說紛紜，故**宗喀巴**如是云：《《：**故在印度凡十七家，有說第三住摩尼樂**（有說第三灌時上師應住於龜頭引生之大樂中），**從彼出菩提心**（從彼大樂而射精、洩出白菩提心－精液－以供弟子舌嚐之用）**即爲第四**（即爲第四灌頂）；**有說第三灌頂無間**（上師與明妃同至性高潮而觀樂空不二，上師與明妃同時雙運樂觸與空性觀，即是無間。由此而取得之淫液稱爲紅白菩提心，而由受灌頂之弟子）**舌嘗**（此）**菩提心爲第二**

（灌頂）；有說第三（灌頂爲）無間（舌嘗菩提心淫液），用餘明妃（若必須再用其餘之明妃，不止一位明妃者）爲第四等（則爲第四第三灌之灌頂）。》》（21-399）

由宗喀巴此段文意，謂由於第三秘密灌頂之是否須用明妃（若不用明妃，則由上師以觀想之法而生樂，因此射精而取得精液菩提心。或由手淫之法射精）而取得白菩提心；或不僅用一位明妃，尚須用多位明妃，然後取得多位明妃與上師之合成紅白菩提心，而爲弟子灌頂及令弟子嚐之，各派衆說紛紜，並無定論，非是絕對之法。是故他派中亦有主張可僅以語言說明，令弟子瞭解即可者：《《謂傳第四灌頂之時，如前曉示，唯以語言令生了解，即爲弟子傳彼灌頂。弟子亦唯由於語言立爲得彼灌頂，是爲成法器之第四灌頂。》》（21-397）

宗喀巴則認爲，應有明妃合作而取得紅白菩提心，以之作爲秘密灌頂之用：《《爲講經等所傳後密灌頂，謂由師長與自十二至二十歲九明等至（謂須由師長與自十二歲至二十歲各種不同年齡之九位明妃，一一與之交合而同入性高潮中而觀樂空不二，而後一一射精於明妃下體中而收集之），俱種（具備九明之紅白菩提—上師與明妃混合後之淫液—俱有男女雙方之種子）金剛（此淫液名爲金剛菩提心）注弟子口，依彼灌頂。如是第三灌頂前者，與一明（與一明妃）合受妙歡喜；後者隨與九明等至（後者則是隨即與九位明妃同入性高潮中），即由彼彼

所生妙喜（而取得甘露爲弟子灌頂），……》》（21-399~400）

是故究應與明妃合作而取得「菩提心種」？或唯上師自身之「白菩提心種」即可灌頂？或應與多位明妃共同合作而取得「紅白菩提心種」？方能爲弟子傳秘密灌頂之法？各派對此並無一致之定論，宗喀巴**則認爲應與九位明妃同入「等至」，然後取得「俱種」，而灌入弟子之口，引生弟子舌嚐之淫樂，方是如法清淨之灌頂。**

薩迦派則認爲必須與明妃合作，方能爲弟子傳授秘密灌頂：《《第三得灌：尋思之分別有三：一、初即少量尋思者，密灌之物，於螺與蚌中現行（於陰戶與陽物中出現），後置其舌上（然後置於弟子之舌上令嚐）。二、略分別者（弟子若稍微分別此秘密物爲不淨者）：其物以乳、酒等調和配置而賜飲之。三、大分別者（弟子若於此密灌淫液大生不淨之分別心者）：其物不能置舌上（弟子不敢嚐食故），則僅示於喉間明點（則僅在弟子之喉間沾點即可）。》》（61-193~194）。既言螺蚌二物，則知是主張須用明妃者也。

如何請求金剛上師傳授此秘密灌頂？宗喀巴云：《《先供物請白者：以幔帳等隔成屏處，弟子勝解：「師爲金剛薩埵」，以具足三昧耶之智慧母—生處無壞（生產之處無壞）、年滿十二等之童女—奉獻師長（以私處完好無壞而年滿十二歲至二十歲童女九人奉獻與師長同樂而作供養。「等」字謂十二歲一人、十三歲一人、…乃至滿二十歲一人，共為九人）。如《大印空點》第二云：「賢首纖長目，容貌妙莊嚴（容貌必須美麗），十二或十六（年歲須在滿十二或滿十六歲之間），難得可二十（若有困難者，則可用滿二十歲之未婚女人奉獻師長行樂，以取得師長歡心）。廿上為餘印（若超過二十歲以上者，則屬於其餘手印之用者，不適合作秘密灌頂之用），令悉地遠離（會使得密灌所應得之悉地皆遠離而不能獲得故）。姊妹或自女，或妻奉師長。」》》（21-376）

如是隨於自己之財力高下所能成辦，以勝妙絕色之年輕少女，或以相貌稍劣之年輕少女，或以已經年屆二十之女人，供養上師令悅。乃至財力微少、不足以募得他女，而以未逾二十之自妻、姊妹，或以家中年少之女兒，用來供養上師，取悅於上師，然後方可獲得上師傳此秘密灌頂之傳授。此即是宗喀巴所說請求上師傳與密灌之請白方法。

宗喀巴復云：《《修「密灌頂物」者，次由師長具主尊慢，將俗女身觀空之後，（觀想出）生天女身，先應加持金剛蓮華（先應加持明妃之女陰），而（與明妃同）入等至（同入性高潮），（於性高潮時應）念誦：「嗡薩縛達塔伽達阿奴惹迦那，班拶娑跋縛，阿摩郭吭。」此出幕經與集密經。（然後再觀）想以心間種子放光召請毗盧佛（密宗所說之雙身像報身佛）與佛眼等入定（入性高潮中一心不亂、不起分別心），（再觀想毗盧佛父母行淫大樂而流出紅白菩提－淫液）從毗盧門（從自己頂門進）入自身中，大貪融化，經阿縛都底（經中脈）至金剛摩尼（至龜頭），堅固俱生（令陽具堅挺不軟而生起俱生樂不中斷）。如集密後續云：「金剛蓮華合（男女二根和合），集諸有金剛（收集諸有之金剛心－精液及女方之淫液），身語意加行（指行淫過程中之身語意業努力等行爲），彼悉攝心（悉攝入於男女雙方淫液菩提心）中，由金剛路出（由尿道出精），降於弟子口（再注入弟子之口中）。」》》（21-376~377）

宗喀巴又云：《《傳密灌頂法者，次從蓮取其金剛（接著從明妃之下體取其金剛心－淫液）：以大指無名指取摩尼寶（以手指撮取上師射於明妃女陰中之精液），勝解「如來化汁與自菩提心無二」（應當生起勝解：如來化現之汁液與自己之菩提心精液無二）；恐彼持「語金剛彌陀慢」之弟子見而不信，故遮其面，非彼手眼所及（不令弟子眼見或以手觸及），誦金剛鬘經所說之：「過去金剛持，爲佛子灌頂，以妙菩提心（以如是上妙之淫液菩提心），今爲子灌頂。」又誦：「嗡啊班撈枳吽」等主尊咒，（將淫液－金剛心）置彼口中。弟子亦應想是毗盧佛等一切如來總集體性，念誦「阿賀摩訶蘇喀」而咽，咒義爲希有大安樂。次明妃從定起（然後明妃從一心受樂之境而起身），不著衣服，於蓮華（於自己之女陰）中取甘露滴，如是置彼（如是置於彼受密灌之弟子）口中，彼亦如上而飲（弟子亦如前面上師所授一般而飲之）。言如是者，謂非眼手之境（不許弟子觀見及手碰觸之），亦以大指無名指取，如前誦咒及頌（而賜與弟子嚐之）。言如上者，謂以總集一切佛心（觀想一切佛父母合於上師與明妃身中而行淫受樂流出紅白菩提心，由密宗行者收集之）而飲，亦如前誦「阿賀摩訶蘇喀」。**月稱論師**……等說：雖一弟子（雖然灌頂時只有一位弟子受灌），亦須父母俱傳秘密灌頂（亦須上師與明妃二人在密灌壇場同時行淫而傳秘密灌頂），缺一不成（若缺明妃或上師其中一人，即不如法）。》》（21-376~377）

由如是**宗喀巴**所說，及其所舉密宗**月稱**「菩薩」之說，則已顯示秘密灌頂必須有明妃合作，方能具足紅白菩提心，**月稱**已說「雖一弟子，亦須父母俱傳秘密灌頂，缺一不成」故。

隨後之灌頂，**宗喀巴**如是云：《《如是五次第論及攝行論亦說：將菩提心（將淫液）安置瓶內或盃中而爲（弟子）灌頂。明顯雙運論說：師長以大指無名指，（將淫液）授弟子口之後，仍將（其餘）菩提心（淫液）放螺盃等中，和以香水，唱吉祥頌爲先而爲灌頂，引月密空點經爲證。……秘密灌頂之體，如大印空點第二云：「由大無名合，受用入內身，爾時生正智，猶如童女樂。」謂以師長父母空點安置舌上（此說以上師及明妃之淫液安置於弟子之舌上），由嚐彼而生妙樂三摩地（由嚐彼淫液以引生淫樂而入妙樂之一心不亂境界）。……秘密灌頂之後，弟子先以「菩提金剛」等文請白師長。師長次以前所供養、具三昧耶與律儀之明妃，或其餘有妙色像者（師長隨即以受灌頂之弟子在方才所供養之美麗明妃數人，或其餘具有妙色像之明妃，指示弟子），告（告訴弟子）云：「此悅意色像，佛觀汝應依（「佛」觀察而認爲：汝應依止此等妙色之明妃而修雙身法），輪次第結合（自己中脈內之五輪須依次第與明妃之中脈五輪結合：謂全身皆須緊密結合，及由下體運入明妃中脈下端，而與明妃之明點在明妃之中脈五輪內結合運行），當受勝妙樂（應當由此享受殊勝之妙樂），由金剛跏趺（由坐姿之淫行及第四喜之樂空雙運），心（精液及覺知心明點）入摩尼（移至龜頭）中（而引生第四喜大樂）。」令其了知（令弟子知曉此密意）而（將諸位明妃付）與弟子（弟子隨即與此眾位明妃而共修雙身法）。……明妃以紅花等妙香塗飾（之）裸體（內有淫）水（出）生，（手指自己之下體而指）示弟子曰：「希有妙蓮花（這是希有美妙之蓮花），具一切安樂（具備一切安樂），若如法依止，我常住彼前；親近諸佛等，如作蓮花事（若作雙身修法之蓮花事業），自在大樂王（此謂密宗所說之報身佛－譬如密宗之普賢王「如來」），恒於此中住（永遠都是住在此蓮花中）。奔拶（依止）木叉（解脫）賀（可喜可賀）。」》》（21-377~382）。此即西密黃教宗喀巴所說之密灌也。

爲何緣故傳授此第三秘密灌頂？宗喀巴又云：《《秘密灌頂（之目的），爲令（弟子）成爲信慧之田，守護三昧耶，及清淨語。成「信田」

者：謂於密咒（及）密行（雙身修法）不生邪疑，信心堅固。**令成發生彼信法器之理：謂將明妃奉獻師長，及嚐師長明妃等至二界**（及嚐二人交媾大樂後射精之男女混合後之淫液），**由師長與本尊力故生殊勝樂，遣除不信。……**空界，拏熱跋謂（爲）師長父母（上師爲父、明妃爲母）金剛（陽具）蓮華（陰戶）交合（名爲）空界。此中實具二界（此空界其實具有上師之種子及明妃之種子，故合名二界）以及香水（以及淫液），餘者集其淨分精華。清淨語者，謂不異「主尊父母」之「師長父母」等至（性高潮中之一心不亂境界）所生俱生喜之密物（所生第四喜而射精混合後之淫液），與請十方一切諸佛菩薩所化體性無可分別（謂諸佛亦由此紅白菩提種子所生，故皆同此體性故無分別）；具大力故，嚐彼能生大印點中所說如童女樂。如是彼樂下至舌喉等處，能淨彼彼諸處脈風，故能淨語。由舌嚐受菩提心味能淨語者（由舌嚐淫液味而能清淨語業者），是密灌頂之力。由身領觸二界（由色身領受上師與明妃行淫混合後之淫液所產生之）觸塵、能淨意者（而能清淨意業者），是第三灌頂力。如是由彼勝物因緣，加持脈風及菩提心，故成修脈風猛利等瑜伽之器。由修彼等，成自加持幻三摩地之器，故於修習彼道獲得自在。》》（21-416~418）

由**宗喀巴**如是等言，可知傳授第三秘密灌頂之最主要目的，乃在於令弟子成爲可以修學密宗雙身合修法之「道器」；藉由秘密灌頂之理論說明，及其內容說明，令弟子信受其法，不生懷疑而領解之，準備起修雙身法，此是第三灌「慧灌」之主要目的。

傳授此第三秘密灌頂時，師長須教授弟子、令了知四喜差別，如**宗喀巴**云：**《《若謂「此處須以師長教授、了知四喜差別」；四喜云何？如穗論第五云：「此從波拉根本**（此乃是從明點等觀想，以雙身法合修作爲根本）**，從密蓮華、金剛摩尼，生前歡喜等三**（從秘密之陰戶、男性之龜頭而生起前三種歡樂之喜）**，於摩尼中生俱生喜**（最後則於龜頭中生起第四喜，名爲俱生喜）。**此是一種建立。」又引時輪宗云：「液始從髻處，至毫蓮爲喜**（觀想精液白菩提心「明點」從頂門處出現，降至金剛毫端「龜頭」或陰戶而生第一喜）；**勝喜與妙喜，從喉心處生**（「勝喜」與「妙喜」，則是將龜頭中能生淫樂之明點上升至心處與喉處而出生）。**臍處起離喜**（「離喜」則是將明點降至臍輪時出生），**乃至密蓮華**（乃至再降至秘密之陰戶中亦可生離喜）。**至密金剛寶，俱生喜不出**（「最秘密之金剛寶」第四喜，則是在明點降至龜頭或陰戶中而引生最大樂觸時，卻可忍住而不射精，因此而永住最高潮中連續不斷，並因此獲得世間最大之樂觸，此喜即是第四喜，名爲俱生喜，故說「最秘密之金剛寶—俱生喜不出精」）。**」前者從金剛根本起**（前者是從金剛行者的根本「陽具」開始），**未至摩尼中央**（尚未到龜頭之中央時），**隨處所別，生三種智喜**（由明點隨處所到而作分別：生出三種「智慧」之淫觸喜樂）。由斷上上品及上品中品三粗分別，安立歡喜、勝喜、妙喜（由於斷除三種粗分別而安立「歡喜、勝喜、妙喜」三種）。雖有微細下品，由無粗者，立俱生喜（雖然還有微細下品之「嫌惡」分別存在，由於已無極粗之嫌惡之分別，所以建立第四喜爲俱生喜）。……如鬘論云：「由慧合吉祥（由密法智慧之男女和合而生吉祥），正表示眞實（正確地表顯示現法界之真實相），從金剛跏趺（此真實相之證得，要從男女坐姿交合之法引生至樂，直到其樂引起呼吸暫停之時。詳後數句中舉示），心入摩尼中（將紅白菩提心運入龜頭中而生起）。」……謂四喜中立俱生智爲此慧智（這是說：在四種歡喜中建立第四喜證得之「俱生喜智慧」爲此雙身法所證得之智慧）。生起之時，謂菩提心至金剛摩尼未出之際（俱生喜生起的時候，是說在精液已出至龜頭，享受極樂而尚未射出之際）。金剛跏趺，謂住摩尼、二鼻孔內停息之時（金剛跏趺之意，是說：將明點及精液出至龜頭引生極樂觸，而控制不令出精，長受最高潮之樂觸至幾乎不能忍受，令鼻息停止之時，名爲「金剛跏趺」）。毳衣大師說生時與體性同前（毳衣大師說：俱生喜出生時節因緣及其體性，是與前面之三種喜相同—皆由淫觸而出生），四歡喜中，說於勝喜、離喜、中間而生（於四歡喜中，都是要從淫觸之前三種喜樂而出生）。薩惹哈師亦說俱生智爲第三灌頂。若傳女子灌頂，「於金剛處」當知爲蓮（若是爲女子傳授第三灌頂時，應令女弟子知曉「於金剛處」一語所說者是「陰戶」）。此如妙吉祥口授論第三灌

頂時云：「由虛空界金剛合（由觀想金剛界本尊父母和合及自身與明妃交合中之二人明點淫液相和合），**具正眼者生大樂**（具有真實知曉此法之正眼者，能因此生起大樂）；**若於正喜離欲喜**（若於正受高潮之喜樂時，能遠離射精貪愛之喜），**見二中間遠離堅**（就見到遠離二邊之中間正道，而得遠離射精之貪愛，令下體永遠堅固不軟而常受至樂永不間斷）。**蓮空金剛摩尼寶**（陰戶空性與摩尼「龜頭」是金剛乘之寶），**蓮藏二合金剛趺**（陰戶與陽具二者交合而進入至樂、鼻息暫停時），**若時見心入摩尼**（若當時看見明點精液運至龜頭而能不射精），**知彼安樂即為智**（了知彼受樂而不致射精，能永受至樂之道，即是金剛乘之智慧）；**此是圓滿次第道**（這就是圓滿「佛法」究竟修證之次第法門），**最勝師長共宣説**（這種法門是證得最殊勝境界之師長所共同宣說者）。**貪離貪中皆無得**（淫樂之貪與離射精之貪，此二者中之樂觸正受其實皆無所得—並無物質之法可得），**刹那妙智於彼顯**（但是在二根交合之刹那間生起之妙智，卻於彼交合之際顯現），**八時一日或一月**（密宗行者應當每日八個時辰，或全天、或整整一個月），**年、劫、千劫受此智**（或整整一年、整整一劫、整整一千劫中，不斷地在第四喜之交合快樂中正受此智慧）。」**正灌頂時受須臾頃，正修習時、長時領受經八時等**（在正受灌頂時，只享受「舌嚐上師與明妃之淫液時引生」短暫之快樂；經此灌頂後進入雙身法之正修習時，則須長時間之領受此樂，譬如每日八個時辰受此樂。「等」字之意為：全天、整月、整年、整劫、整整千劫而受此樂）。》》

（21-383~384）

宗喀巴於此段文字中所說之俱生樂、俱生喜…等，皆是淫樂之別名，唯於淫樂之引生部位差異及樂受之強弱久暫有別，而施設不同名稱之「喜」名爾。教授此四種喜者，乃在於爲密宗行者說明所證之「喜樂」層次差別，即是所證「佛果」之差別；並以受樂之時間長短有別，而言證量有高低差別，故說：正受第三「慧灌頂」時，只是於舌嚐「上師與明妃交合後之淫液」時短時受樂，但於灌頂後之進修雙身法時，則必須長時間與異性交合，而領受淫樂之高潮達於連續八個時辰（應係連續八個時辰，古時並無小時之設，一日分爲十二時辰）。由能不射精而持久連續領受淫樂高潮故，說彼行者爲「證量極高」之「大修行者」，能領會其中之技巧及樂觸，並能體會極長久樂空不二、樂空雙運故。**宗喀巴**說：「爲令密宗行者於此雙身合修之法能得自在─能自行完全控制不射精而長受淫樂─故須傳授此第三灌頂，指示雙身修法之密意。」

第四目─第四灌：第四灌乃是完成第三密灌─慧灌─之後，與金剛上師第一次合修之法也；此灌及以後與自己之妻女母姨、或異性密宗同修之間，合修之樂空不二雙身修法，皆屬「內印」。第三秘密灌頂之慧灌則屬於「外印」，弟子自身尚未能親自與異性合修故，唯嚐上師與明妃之紅白菩提心而生樂故，非由自身之「正修行」而遍身領受樂空不二之樂故，由是說彼第三慧灌名為「外印」，謂此「舌嚐淫液之樂」乃是由外法而生故，非由自身而生之「內法」故。

密宗弟子於第三灌中既未親修，云何有「慧」？宗喀巴云：《《第三灌頂慧，謂勝智於此有故（是說「殊勝之智慧」乃是因此灌頂而有故），是為外印。智謂從彼所生離分別心（「智」是說：從彼第三灌中所出生之離於「淫液甘露不清淨」分別之智慧），清淨俱生歡喜（能引生清淨之俱生歡喜至樂），廣如前說。由修第三灌頂所示之俱生智，最後離一切障周遍清淨，即第四灌頂。此等由大樂味洗淨意故（此等諸樂是因為由上師與明妃在灌頂壇交合至俱生樂現起而引生甘露淫液，令弟子舌嚐之時而了知此是「大樂之味」，因此引生此樂之智慧而洗淨弟子原有「淫液甘露不清淨」之心意故），亦名灌頂（所以也可以名為灌頂）。可知除彼安立功能以及自在彼道立為灌頂。》》（21-418）

由宗喀巴如上之說明，即可了知：須得此「慧灌」之後，方能進修第四灌頂；受上師第四灌頂之時，與上師交合之際，由上師親自指導雙身法修證之理以後，方能與他人共修無上瑜伽之樂空雙運。若未與上師合入第四灌頂壇，接受上師之「臨床（臨壇）」親自指導，而逕行與他人合修雙身法者，即是違犯禁行戒，成為犯密宗十四根本戒者；依密宗之說法，此人必下「金剛」地獄。

是故必須受上師第四灌頂之後，方可「修證」雙身法，方能證得樂空不二之即身成佛「智慧」。從此便可通達密宗一切經典，方能成爲眞正有證量之金剛上師，第四灌是實修無上瑜伽之基礎故，通達第四灌便知密宗一切修行法門之密意及實修之法故。然於正受第四灌之前，必須先覓求上師所歡喜之明妃，請求上師入壇行淫而生第四喜之樂，然後賜與「上樂味」之「甘露」令嚐，然後方可再擇期受第四灌頂—與上師第一次合修雙身法而由上師親自臨床指導，所以**宗喀巴認爲**必須有第四灌頂，方能完成密宗即身成佛法門之灌頂與修證：

《**爲講經等所傳「後密灌頂」**（爲欲令弟子「能講一切密經」等故，所傳與弟子之最後秘密灌頂），**謂由師長與自十二至二十歲九明等至**（是說由師長與自十二歲至二十歲各一人等九位明妃一一交合而同入性高潮中安住），**俱種金剛注弟子口**（引生大樂而出精，令與九位明妃之淫液和合、俱足十人之種子，而灌注於弟子之口中），**依彼灌頂**（依彼甘露種子而作灌頂）。**如是第三灌頂前者，與一明合受妙歡喜**（如是，第三灌頂前者唯與一位明妃交合而受妙歡喜）。**後者，隨與九明等至**（後者第四灌頂則應隨順密經所說而與九位明妃同入性高潮等至），**即由彼彼所生妙喜**（即由彼彼「與每一位明妃」所出生之妙歡喜而產生甘露，而爲弟子作第四灌頂）。**第四灌頂前者，由菩提心住摩尼中不外漏注、俱生歡喜**（於第四灌頂之前所證得者：唯是受灌之後，自己將精液及明點同時安住於龜頭而不外漏者，此僅是俱生歡喜），**是謂世俗第四灌頂**（這只能說是「世俗諦」之第四灌頂，並非「勝義諦」之第四灌頂）；**此於其他咒曼陀羅儀軌，說是第三灌頂**（這種灌頂在其他咒曼陀羅儀軌中，說只是第三灌頂而已）。**若但得彼**（如果只是得到這種灌頂），**未得後者第四灌頂**（而未曾得到最後之第四灌頂者），**聞說一切經等，猶未自在**（於聞說密宗諸經典時，仍未能於密經所說皆得自在—未能真知其義）。**由時輪中得此灌頂，雖可聞一切經，然以未得上上第四灌頂**（但因未曾接受上上第四灌頂），**仍不能講一切經故**（仍然不能講解一切密經之故）。**能俱講說一切經者**（能宣講一切密經中之一切密意者），**須得第二瓶灌頂、密灌頂、慧智灌頂、第四灌頂**（必須得到第二、第三、第四灌頂，方能爲之）。**前三，餘經儀軌未曾宣說，須得後者第四灌頂，則與一切經同。餘者易知。**》》（21-399~400）

宗喀巴又云：《《**勝義第四灌頂或名出世，難了解故，今當解說：如大疏云：**「**笑視執手交會四種灌頂，非眞實義**（男女行者歡笑、互相顧視、牽手、交合等四種灌頂仍非「真實義」）；**此中眞實義者：無互抱持**（此中所說真實義者，若無互相抱持而交合），**觀從業印之所生者**（只是觀察從事業手印—明妃—所出生，而非親自交合者），**非無二智**（這不是無二之智慧）。**所說眞實義或勝義**

第四灌頂，爲**無二智**（所說真實義或勝義第四灌頂者，是說「無二智」）；所無之二，多次說爲**樂空**（前者世俗灌頂所無之「二」，多次說爲「樂、空」）。經云：**「從彼無轉涅槃樂**（從彼雙身交合出生之「無轉涅槃樂」），**俱生不變爲第四**（必須證得「樂空雙運」長時不射精而不中斷之「不變妙樂」，方說爲勝義第四灌頂）。**」此說不變之樂名爲第四**（此密經經文之意乃是說：證得「樂空不二」之不變妙樂爲第四灌頂之真義），**故非任何安樂皆可**（所以並非雙身法中所證得之任何樂觸即可說是已經完成第四灌頂），**要是三摩地支以上安樂**（必須是依止上師指導而證得三摩地等至—上師與弟子皆同時入住第四喜性高潮中—而現觀「樂空不二」，具足證得此三昧七支功德以上之安樂，方可名爲具足第四灌頂之勝義）。」》》（21-399~400）

宗喀巴爲何主張：傳第三灌頂之後，尚須再傳第四灌頂？此乃因弟子甫學第三灌頂已，上師雖已對雙身法之道理加以解說，仍恐弟子於無上瑜伽實修細節上之種種方便善巧、及其理論未能完全了知，而彼弟子於第三灌頂時所領受之樂觸亦屬極微少，與第四灌頂時所能領受之大樂，相差甚遠，畢竟有異。

又第三灌頂時，弟子仍未能領受樂空不二，要須第四灌頂之傳授—上師於與九位明妃交合之過程中，詳細解說與弟子了知；然後由上師將九位明妃賜與弟子合修，上師在旁加以指導，方能於自己與九位明妃合修之時、領納第四喜之「勝樂」，是故必須再以第四灌頂之因緣，令弟子親自參與金剛上師及明妃合修第四灌頂，再與明妃合修第四喜，請上師親自臨床指導，於其與九位明妃共同體驗之過程中，一一加以詳細之說明，令弟子詳細了知之，故說第三灌與第四灌有異；由是緣故，**宗喀巴**作如是言：

《《第三灌頂之俱生智，若安立為證真實者，則與第四灌頂樂空無別之俱生智，全無差別。若未證者，則與諸多論所說「為於弟子欲以殊勝方便表示真實義故傳此灌頂」，及說「由修第三灌頂所表詮義能證真實」皆成相違。……若唯依智印灌頂（第三灌）**者，亦須明了觀想自與明妃成為欲天父母，持天慢等，勝解父母等至生菩提心至摩尼中**（完全瞭解：男女雙方皆至高潮時而出生精液淫液至龜頭中）**，從此生樂**（從此而出生大樂）**。次應令憶正見安住其上，曉示灌頂**（次應令弟子憶起「樂空不二」之正見，而安住於大樂之上，如是開示、令其曉了秘密灌頂之真義）**。由修如是灌頂時所曉示之俱生智，能生果位俱生，故灌頂時必須悟入真實義之俱生**（所以密灌時必須悟入此「真實義之俱生樂、俱生智」）**。》》**（21-385~389）

於黃教以外之其餘教派，果位（密宗佛位）之俱生智，要由悟入第四灌頂之眞實義，以後方能證得，故須上師於與異性弟子合修之過程中，一一加以解說，弟子方能完全明白；又第四灌之「空樂無別俱生智」，及其中樂受之持久訣竅，以及其中之種種觀行方便，皆須上師藉著與弟子親自合修之機會，方能一一給予具足之指導，故必須有第四灌頂之弟子與上師合修也。

黃教宗喀巴則如以上所舉證文意而主張：須有十二至二十歲各一位之九位明妃以供上師之行淫而取得「大樂味」之「甘露」，作爲第四灌頂之用；然後上師將全部或部份明妃賜與弟子，令其受第四灌頂後即時親自實行，由上師現場指導之，以令弟子證得「樂空不二」之俱生智，因此而圓滿第四灌頂之「功德」，由此灌頂而「成就」六地乃至十地法王之果位。此是黃教宗喀巴主張之異於其餘三大派者。

於此第四次之「無上智慧」灌頂後，再與女金剛上師多次合修，或與其他明妃佛母合修（密宗女行者則應與男上師及其他男性—又名勇識、勇父—合修）者，則屬於無上瑜伽之修行，已非灌頂所攝也，此容第九章中另行述之。

上師傳授此第四灌修行之道，內容概略有三，即是：身金剛波浪道、語金剛波浪道、意金剛波浪道；即是於合修雙身法之過程中，實地傳授身語意之行爲：

《《**身金剛波浪道**：先行淨治身等之「前行靜慮九支」等，及以命懃等七種氣瑜伽前行，激發動搖下氣（令下體之氣發動而堅固不軟化）；爲身波浪者（身之騰挪及令生樂），修氣相合（觀想中脈氣與對方中脈氣在明妃下體內相合…等）。…**語波浪道**：避（於）寂靜處，身跏趺或挺直（坐姿相抱交合之勢，上身挺直），低首如頂禮以順引氣，口呼「琴吽」等；先「寂」者，係小聲而引，後「忿」者，係大聲而引，由喉出氣令遠近處等能聞聲音；如彼，以語之導引而震身，以震身而震脈，以震脈而震菩提心，由此而生樂；而順氣導引向上，身強體健、容光煥發，且於下行氣能得自在（不會輕易漏洩精液故名自在）。**意波浪道**：此亦由依實印或智印而淨治道（此亦是由實體明妃或觀想明妃而淨治之道），其分三：清淨方便相續、清淨智慧相續、各各清淨方便智慧相續；其若爲實印者（若是以實體明妃或實體勇父修之，非以「觀想明妃、觀想勇父」而修者），則由各自同時行（則於交合時各自觀想及各自作「生起淫樂、運行氣脈」等行），而後他行方便智慧二合（然後與對方共行「男方之方便、女方之智慧」二法和合，同入高潮等至）；若爲智（若以女方爲主），則由方便行（則由男方作諸令女方生樂之方便行）。一、清淨方便相續：如三灌時身語等三（種）等勻而爲，復由以剎那中方便（男精）、智慧（女方之淫液）相融而住，乃行於父母二者之界（種子）淨分勝蕊處（子宮頸及龜頭），於中脈下端，如山嘴相接（男方中脈下端之杵尖與女方中脈下端之子宮口相啣接），如匯水於池（射精後與女方之淫液相融合，即是紅白菩提相融，猶如二水匯集於一池）。（此時應觀想）如芥子許之明點色甚白，化光由右血脈行至臍輪，於臍輪其光若破曉之日冉冉而昇、其光大粲，粲后日之遍照，若肺鼓氣脹脹而起。又行右血脈，觀其於心輪亦具三法，又行血脈，至喉輪、亦具三法。復行血脈至右耳放光而出，由其光中復現本尊壇城，於一切有情之相續行四灌頂，有情眾成本尊；由有情眾之本尊與其所放之光二者相交混，轉甘露精粹，安住於頂門梵穴外中脈口處。復念頂輪具三法，其光紅色降於喉輪，具千日之光輝，復降至心輪，於自相續轉成五身之驗相，其色亦轉成五色。臍輪以下，因界易集聚之故（因種子精液淫液易於收集聚合之故），脈清淨之道由臍而生，於如前佛母之蓮宮（於如前所說明妃之子宮），以明點之形相而住。其右所執之波浪凝堅（所成之明點淨分），圓滿集於右血脈中，於勲息得自在，謂「空解脫門」，**此**（即是證得）**初果**。如彼亦行於左脈者，能執之波浪凝堅，圓滿集於左精脈，於命息得自在，謂「無願解脫門」，**此為**（證得）**二果**。如彼行於中脈者，能所二執之波浪凝堅，淨治中脈，於住息得自在，謂「無相解脫門」，**此**

為（證得）**三果**。二、清淨智慧相續：如彼於智慧之相續亦如是了知，然僅由左右二脈至雙耳，而無外射。行中脈則由頂輪梵穴處放射收回，此可行可不行，隨其所欲。於三波浪凝堅，三脈淨治，氣入、住、出三行等自在，**配三解脫門亦如前了知**。三、方便智慧相續各各清淨者：復次，為各別清淨方便智慧相續之故，於父、由其中脈界淨分以光明相而行（由其於性高潮時所提升而入中脈內之種子—精液—之淨分，以光明相而上行），融入頂髻；母亦如是（女方亦如是修證之），父母二者唯念五身任運成就。如彼，清淨方便相續需三剎那，清淨智慧相續需三剎那，各各清淨需一剎那，故共七剎那，其中無需就其氣之入、住，亦無需修四座之決定。又，金剛者，為樂以無分別莊嚴。波浪者，為分別之鬘鍊。凝堅者，為融入金剛無分別之體性。其所生任何覺受並無決定，然隨其所生能輕易保持。》》（61-295~299）。以上所舉，乃是薩迦派之修法。

白教說：此第四灌亦名勝義灌頂，由受此第四灌頂之秘密智慧灌頂—與異性上師第一次合修雙身法，可得見道而入初地：《《現在這第二個阿僧祇劫就要見道啦！你如何**見道**見得這麼快呢？人家要等第二個阿僧祇劫才見道，你的見道就馬上可以見道，是甚麼道理呢？這個也就是因為這個上師啊，他有這個灌頂殊勝，同時他自己是已經見道了，並且他把見道的菩薩引到你身上來；人家過去所有甚麼三大阿僧祇劫、千大阿僧祇劫、百大阿僧祇劫、不可說不可說阿僧祇劫的菩薩統統把他引到你身上來了，使你的智慧千倍萬倍的增長起來了，結果他就易得見道。同時所謂勝義灌頂——這個第四灌——這個勝義灌頂就是見道的問題，所以**勝義灌頂一得了，就等於見道了**，因爲勝義灌頂所講的勝義就是成佛的這個最後的這個究竟見解呀！無上正等正覺的智慧所演出來的法啊就謂之勝義，**所以第四灌就是勝義灌頂。**》》（32-175~176）

密宗行者因爲聽到上師開示說：接受第四灌頂就可以立即證得見道功德。而見道位依密宗之說法即是成爲**初地菩薩**，所以密宗行者有許多人接受第四灌頂而與異性上師作第一次之雙身法合修；合修之後，他們因此認爲已經成爲初地菩薩，因而輕視顯教之修行者證量粗淺——顯教行者悟得第八識時只是第七住位故。卻不知密宗第四灌之**見道**，其實是密宗上師之自身妄想，在眞正之佛法中，仍是「常見見」之凡夫，根本尚未進入顯教第七住之見道位。

復次，見道乃是證得第八識阿賴耶，唯是第七住菩薩；復須修學別相智及一切種智，具足了知八識心王之五法、三自性、七種第一義、七種性自性、二種無我，如是發起初地入地心所應有之無生法忍慧；又復永伏性障如阿羅漢，加以勇發十無盡願而不退轉—能為護持正法而破盡一切外道法、無所畏懼，不顧慮名聞利養，如是修除異生性而發起道種性，並由前述之無生法忍慧而通達見道之般若義，方入初地，並非初見道時立成通達位之初地菩薩。

云何言密宗之第四灌頂未能眞正見道？此謂密宗雖言「第四灌為勝義灌頂，能得見道」，其實仍墮常見外道見之意識心中，並未見道：《《勝義灌頂一得的時候，馬上要見明體。至少有一個外輪廓，就是說你雖沒有見到無雲晴空，但是你頓然有個念停，念停之後，頓然覺得沒有我、覺得很寬廣、很輕鬆，這個身體沒得重量了的樣子，似乎這個重量好比丟了的樣子，好比個大包袱丟下來一樣地。》》（32-266）。如是所言見道而成初地菩薩者，仍墮於意識覺知心所得之境界中，並未證得佛教中所言之般若智，以念停之境界體驗作為見道故，以念停後之輕安無罣礙境界之安住體驗作為見道故。

紅白花教如是，黃教宗喀巴更如是，悉以淫樂意識境界作為密宗見道之主體；如是，未能證得第八識心之中道性、空性、涅槃性、清淨性、常住性者，而言大乘佛法之見道，而言已證初地菩薩功德，其實只是密宗所發明之「初地」功德，只是密宗自己所印證之「初地」證量，只是密宗所自稱之「初地」智慧，與顯教所說之初地功德及證量智慧等，悉皆了不相干也，悉皆成就大妄語罪也。

而今密宗之一切「初地菩薩」尚不能證得第八識，於此識之總相智尚且未得，尚且不能進入大乘佛教初見道之第七住位，何況能得佛教初地菩薩之智慧？而彼等所說之「見道智慧」，皆是外道邪見，與佛法中之般若智慧完全無關，焉可說為初地智慧？皆成大妄語罪者也。

密宗認為接受第四灌頂，與異性上師合修過雙身法，接受上師之親自指導後，已體驗樂空雙運之境界後，已成為聖位菩薩；認為其見地具有身利、身心二利、心利之瞭解：身利為四種果－等流果、異熟果、士用果、無垢果。心利則在臍輪、心輪、喉輪、頂輪。並言：《《以等流為滅白髮，以異熟為能做力，能為士夫增長相，以無垢轉成無死。……等》》（61-301~303）

如是所說迥異佛教正法，亦將一切種智之唯識境界名相亂解亂用、亂配亂套，令密宗行者對於佛教法義滋生嚴重誤解，導致密宗行者對佛法之知解支離破碎及多所誤會；顯教行者不知其謬，亦信受之，同墮如是窘境，後果極為嚴重；是故密宗古今上師所說之佛法，其實並非佛法，乃是外道化之自意解釋之「密宗佛法」。如是種種邪謬之見，容俟

第十四章中再行解說辨正之。

其宗趣爲身証廣大空樂—獲得等覺功德，得到身利、心利、身心二利果報，所得之證量「超過」釋迦世尊，故說其所證果位爲第十三地之半地（密宗佛地之「前半地」），名爲「證得廣大空樂，悟證於一切輪涅空樂之中，無取捨、斷證」，成就報身佛果，詳見 61-301~303 所述。如是所言，絕非佛法，謂如是之見，悉皆尚在意識相應地故，未曾進入意根及如來藏相應地故，未離凡夫與外道之知見故，容俟第十四章中再行解說辨正之。

如是密宗「妙覺聖者」臨命終時，應修四法—前行、串修、配用事業《《生善趣法、奪舍法、生往別洲之法、大手印道之頗哇遷識法》》詳見 61-304~312。此皆邪見，容後再述，此暫置之。

此第四灌之第一次灌頂，以能證得「佛地眞如」故，故名勝義灌頂：《《又第三灌之稱智慧者，就「用智慧明妃」而言，爲大樂智慧。第四灌頂**法身無生無我空性、配合空樂不二**，方可稱勝義灌頂，**卽是眞如也**。是故密宗根本戒第十四條，不得毀謗「女智慧」，非直言眞如之智，而屬明妃大樂九種姿態也。》》（34-109）

如是所言：第三灌之所以稱爲智慧密灌者，乃因明妃具有女陰，能令人證得雙身法之「智慧」，故以明妃爲主之第三灌頂即名爲智慧灌頂。但第三灌時，只重上師與明妃之共修俱生大樂，及令弟子舌嚐上師與明妃之紅白菩提心（上師之精液與明妃互相混合之淫液）而引生其樂，及雙身法修證大意之說明而已；弟子既未親修，故其所知有限，所引生之樂亦有限（唯有舌嚐故），故未能眞受空樂不二之體性，亦未能證得「佛地之眞如心」，故仍非勝義灌頂。要須第四次灌頂之親自與異性上師合修，於親自體驗之過程中，由上師一一指點說明，而後始能於與異性合修之過程中證得「佛地之眞如心」，並引發身中遍身樂而體會樂空不二之意，故說第四灌頂方是勝義灌頂。

又說女人因有女陰而能助人證得樂空不二之佛智，故以女人及女陰代表智慧，故不許任何人誹謗「女人代表智慧」之語。乃至說此智慧者，是說「明妃受大樂時之九種姿態」；了知此者即是有智之人，即是證得「菩提般若」之人。

密宗以此第四灌之因，是故能證得第四喜，而說證得此境界者名爲證得「報身佛眞如」者。如是證得「眞如」，與顯教諸經世尊所說之佛地第八識爲眞如者，完全不同。密宗由如是「修證」之證量故，動輒自謂已證「佛地眞如」，而嘲笑顯教諸菩薩所證「第八識阿賴耶、異熟識」爲因地之修證，謂爲證量粗淺。

猶如無智之人，以自己所有之腳踏車當作保時捷跑車，嘲笑所未見過之他人所有六百 CC 哈雷機車微劣，因此洋洋自得。密宗諸師亦復如是，將自宗所證淫樂之第四喜境界，誤認爲證得「佛地眞如」，根本不知不證第八識；卻來嘲笑顯教菩薩所證之第八阿賴耶、異熟識之證量粗淺，不能證得「佛地眞如」；如是愚行，與彼無智愚人如出一轍，而諸無智之人崇拜信服密宗上師至五體投地、完全不疑，故說密宗行者眞是世間至愚之人也。

密宗古今上師，由如是邪謬知見故，於佛所說經外，別行建立淫樂第四喜中之覺知心爲佛地眞如，是故彼等極力否定第八識阿賴耶，不承認有第八識阿賴耶，是故所修所證般若菩提，完全與三乘諸經佛說迥異，絕非佛法。如是密宗之法義，有智之人聞之，便覺啼笑皆非，而無智之密宗行者竟信奉不疑，乃至鼎力奉獻護持之，眞令人深覺往世邪見熏習之種子習氣堅強、不可思議也。

第五目—內灌頂：內灌頂者，蓮花生上師云：《《欲令明點增長，行事業手印，當用十六歲蓮（陰戶）乳（乳房）皆肥者，腰細令男（人）生不（能）忍（受之快）樂，自他本尊身明顯。三處三字，臍紅唵字安住蓮月座上。（開始合修之後，應觀想）自（身）頂（上）天靈蓋下腦髓皮肉由白杭（字）向下如水銀，明點十六如芥子圍之，頂上肉髻蓮日上、上師金剛持佛父母雙運間（所觀想上師本尊及明妃共同行淫而生起樂空雙運境界時）、降紅白甘露入（降下紅白甘露進入行者之頭頂）梵門，到（應是「倒」字）「杭」鮮明增廣紅白光明，充滿明點十六，降喉乃至心。持命八明點即安住於此，餘八降臍，存四爲持命明點；餘四降密處，存二持命，餘二降至杵尖、與貪自法爾解脫之緣黃色啞字相融，身中脈處明點充滿，此爲持氣所緣雙運甚深法，爲全身安樂廣大之要訣。與亥母（與明妃）密修脈界（密修中脈及種子之）本尊同時雙運（自己與明妃亦如是，與觀想之上師本尊明妃同時雙運而修），（自夜間乃至）黎明不斷而行。力大根明顯，脈界不亂，主要教授即此。於具性相（之明妃）前，加持自他密處（加持自己及明妃之下體），最後不存平庸凡夫想（不將自己及明妃作平庸凡夫之想），二根相合（與明妃之下體相交合），（而作）種種貪（淫之）行；（正修之時）當作種種身心鬆緩，安住無緣本淨上，此爲如池塞孔眞實教授。動搖時（若心動搖而即將射精時），初修者，樂起即當持（樂觸生起時即當持住不動），於樂知量而動搖（於樂觸應當善知自己能忍受之程度而配合動搖）；樂生（則停住）不動，鬆緩其心爲要。當如龜法：如水池中冷，慢慢向外行；一遇太陽太熱，慢慢向池內行，此爲上口訣。善巧之法：如太猛行，則如懸崖落石，不能返矣。當如上喻：身明顯本尊，心鬆緩無執，安住本淨爲要。由上降下有四喜，由下升上有四喜，雙運四喜，自頂十六點降喉爲歡喜，爲瓶灌，爲通達明點雙運。從喉降心爲勝喜，爲密灌，爲通達空樂雙運。到臍爲離喜，爲通達第三灌，捨喜執著，斷二執分別，空色（所觀想本尊無肉質之色身）如離雲晴空，法身顯現（空樂雙運時覺知心不動，即是法身顯現）。（明點降）到密處（常受其大樂而不洩者），爲俱生喜，爲四灌，爲通達空樂俱生智。上根即於法身本體上認識，若能安住於此，提散功能自然具足；中根，中氣鼓腹，具身要，目視頂杭字，淨分可返，以羊抖法，令遍全身，由上升上四喜，明點在杵尖不流失（精液長住於龜頭而受大樂，不因大樂而流失），升於三脈會合處，有啊字，彼爲大樂般若佛母；此明點集合第一種空色，如離雲晴空，通達勝觀見，**大乘見道登地**；此時中脈結開，**從此至臍明點上升次第爲二地、三地**，其功德具清淨正見，爲諸續所許。明點充滿臍輪時，臍上住父母音，佛所說十二教授、無礙了知。從臍以下爲具足蓮花種性功德。此後到心、安樂充滿，心間脈開，法身智慧大增，無分內外光明顯現身脈界，如四肢能顯四洲，離能所修，**通達修道智**。**此後到喉開脈，得報身成就**，佛所說一切教授辯證，皆得自在，不同諸語言皆能通達。**此後到頂大樂輪**，現證無學道光明，到華藏世界，地道一時圓滿，**通達道種智及十地見**。由此到肉髻，充滿其中，中脈三十二脈結，令開解已，一剎那圓滿斷證功德，**得從本以來普賢王如來位**，**現證十六地無上智**。從上降下四喜，為資糧加行一切世間道；**由下升上為出世道**，**一生成佛**。即此甚深女子之道，專一精進為要，對治、清淨見、精進，三者必具，不可以自欺。於女子行漏失菩提（於女子身上行此雙身修法時，若漏失「白菩提」精液者），犯別解脫戒；自心貪圖安樂（唯求自己之安樂享受而不理會女方是否亦同到高潮者），犯菩薩戒；斷喪明點（若射精而漏失精液明點者）、即斷一切本尊空行心命，犯密宗根本戒，念咒無有力量，為本尊及一切空行所捨，事業不成辦，護法由自垢染而自遮斷，一切事業不能成功，是故明點當勿漏失（是故應當守護精液不令漏失），同伴犯戒者當離開。吾子！汝欲修此密宗法，當愛護明點（當愛護精液）如護佛目。當知次第生起四喜，初與業印平等住（剛開始時應與明妃平等而住於性高潮中）、（然後再）從頂降喉、身樂生起；由歡喜智，捨二執（由此大樂而捨離人我執與法我執），契合二乘見（契合二乘所修之解脫道見地）；淨分到心、樂更大（至性高潮時所提升之雙方紅白菩提淨分，若能上升至心輪時，其樂更大）；由勝喜斷我執分別，契合菩薩見；明點到臍，身普遍大樂，由離喜智、斷手印執，契密宗見；此後到密處，安樂無分別，無說之因，生俱生喜，斷三灌歡喜智分別，契無上秘密，持明點見。如是於安樂體上觀察，領納無說、澈見本性，於彼覺受不散，當精進焉。》》（34-553~556）

此是蓮花生之《亥母甚深引導》**口訣**中所說，藉事業手印——實體明妃——而速成就身中明點之修法，亦名為內灌頂。

此內灌頂中亦有種種四灌之名：《《俱生正智，廣大生起全依乎此（「俱生正智」之廣大生起，全都依此雙身修法而起）。於我無羞攝持，如瓶、磁亦依乎此。三處空行妙緣常親亦依乎此。令彼淨信亦依乎此。教授增益亦依乎此。又回憶十九歲時住色多緊寺，夢一年幼悅意沙門，身相莊嚴，衣著圓滿，手持寶劍、經函，四幼女四方侍。余以為（是）寂天菩薩，求密集金剛灌頂，如是依次得四灌。四女眷中，其窈窕特甚者，與我吻，我撫其雙乳；復交抱之曰：「此為瓶灌頂」。持劍主尊化身與四女等持，令觀生貪心（彼主尊化身與四女同時入住淫樂之中，令觀賞而生起欲得淫樂之貪心）。彼等雙運合流菩提心（彼等雙方交合而流出之淫液）滿天靈蓋（注滿於人頭骨所製成之供盆中），予又酌（我又嚐之），色香如冰片，曰：「此為密灌頂」。交女令與密密相契（將女交與我，令我與女上下身分皆密密相契），上按乳、下插蓮，大樂生，流明點（流出精液），曰：「觀察觀察，此為慧灌」。由念吽字明點上升，遍身安樂，曰：「此四灌」。又云：「執手為瓶灌，淫語為密灌，撫乳為慧灌，吻口為四灌，此則灌中之四灌也。上師父母平等住為瓶灌，聞師父母蓮杵抽擲為密灌，因此明點下降為慧灌，生起欲行貪心為第四灌，此則密灌中之四灌也。抱少女為瓶灌，互弄蓮杵為密灌，抽擲為慧灌，明點降、大樂生起為第四灌，此則慧灌中之四灌也。紅白明點集合上升，四輪依次遍滿，為四喜，即第四灌之四灌也。」》》（34-618）。此是西藏密宗上師假冒覺囊巴祖師「打那拉達（多羅那他）」之名而說之**口訣**，由陳健民上師所譯之記錄。

灌頂若要如法而行者，其儀軌極為繁雜，篇幅極大故抄錄不易；而且抄錄彼儀軌細節，對於辨正密宗法義並無直接之意義，故不錄之。讀者欲知其詳，可以逕行購閱書末參考書籍第76冊，依此書中所示秘密之意而解讀之，自知其意，是故不於此書中再作舉述，唯作法義之辨正。

第四節　灌頂理論之總評

密宗之灌頂，主要有因地之結緣灌頂，及瓶灌、密灌、慧灌、第四灌，然因種種狀況之需要，而有許多種不同之灌頂出現。然而不論是何種灌頂，自始至終皆以雙身修法之樂空不二理論爲根本，灌頂時已種下未來雙身修法之因緣，是故黃教**宗喀巴**云：《《內修無上乘道，外順別解脫行，如是引導弟子。》》（詳《密宗道次第廣論》所載）

宗喀巴雖見紅教喇嘛之邪行淫亂，受用女人貪得無厭，因而奮起改造西藏密宗，成立黃教系統之修行宗派；然因密宗之成佛法門，始終圍繞著淫樂之樂空不二理論，不能捨離，宗喀巴並非於此理論欲改造之而無計可施，實是不知「此一理論荒謬及完全違背解脫道與佛菩提道」，是故其改革密宗之法，只是限制喇嘛使用實體明妃實修之條件、加以較爲嚴格之限制（譬如必須具備生起次第之功夫）而已，完全未曾涉及邪謬法義之改革。

宗喀巴自身亦深深地迷戀於密宗雙身修法之邪見中，而謂言：「內修樂空不二之無上道，外順樂空不二之別解脫行，以如是法引導弟子修行密法。」謂如是修行可以速成佛道，所以**宗喀巴從來不曾否定雙身修法，從來不曾否定「樂空不二、樂空雙運」之修法，亦不曾主張密宗黃教喇嘛不可與女人合修雙身法，只是加以生起次第功夫之條件限制，只是主張須捨比丘戒後始准用實體明妃修行雙身法而已**，並不禁止喇嘛用實體明妃修之；由其所造之《密宗道次第廣論》書中所言皆圍繞雙身法而轉，皆以雙身法爲「密宗道」之中心思想，則可知黃教宗喀巴之中心思想與西藏密宗其餘各大派完全無異也。以如是邪淫貪淫之心行及行門作爲修行之法，而謂密宗行者爲「別解脫行」者，非是有智之人也。

對於雙身修法之密法修行，蓮花生主張以用實體明妃之事業手印爲「上」，認爲觀想明妃之智慧手印爲「下」：《《自修本尊大樂不斷，依具相悅意之女子。上等眞實女，中等觀想。》》（34-552）

陳健民亦作是見：《《…諸比丘不便用事業手印，修至二灌觀想之三昧耶明妃即止，於是乃跳第三灌、用實際明印階級，直接修第四灌之大手印；諸在家之金剛薩埵，則便于用事業手印（原註：比丘修事業手印者，則當向佛祖還比丘戒，並聲明此後依密法修事業手印，並當離開廟寺），乃依序進修第三灌，修至成熟時，然于三灌大樂、光明煥發時，認識光明大手印；即于此時，正式得第四灌，而開始修大手印（而開始修雙身法之樂空雙運大手印）。並與幻身雙運，此屬密乘正機，宗喀巴祖師依據古人作風而提倡之。》》（34-727）

雙身合修淫欲之即身成佛法，不僅顯教中諸證悟菩薩不能認同，而言其理論與實際修法皆違解脫道與佛菩提道，其實密宗內之有識之士早已異議之：《《又《智成就》亦云：「二根所生樂，惡說爲眞實。勝佛

未曾說，彼是大安樂；凡因緣所生，皆不名眞實。」若第三灌頂之通達俱生眞實義者，寧不與此相違？》》（21-389）

宗喀巴不肯認同上述質疑，而爲雙身合修法辯論云：《《答云：「無過。」彼諸經文，是破道時之俱生智，爲自性或自體之俱生智；非說第三灌頂等之俱生不達眞實、或說彼中無俱生智。此如《無成就經》後云：「以彼樂一切，皆非自性有，諸善逝正智，是了知自性。一切樂中尊，故名爲大樂。大樂非無常，大樂恒常住。」**破彼非真實樂，真實樂是佛地之所有故**。故若引彼經文以破通達眞實之樂，則應許一切有學道皆無彼樂。故眞實樂及名自體俱生，或名自性俱生，義謂不待功用因緣，盡未來際任運相續。》》（21-389）

宗喀巴迷此雙身法之淫樂、至此地步，不可謂其爲有智之人也。宗喀巴狡辯言：身中之淫樂乃是俱生之樂，故非無常之法。又言：諸佛及諸有學聖人身中亦能有此樂在，故是常住實法，故非無常之法。又言修至佛地時，方能令此淫樂之第四喜大樂常存，如是而得常樂果報，故密宗以此境界爲「報身佛」之境界—常受此淫樂果報故。如此黃教之「至尊」—，眞是淫穢無知之人，竟有密宗行者奉行其教導而精進修行、一生不渝，眞是末法期之怪事也。

淫樂固然與身俱生，然非眞實法，亦非與生俱有。何故而作是說？謂依意識覺知心及欲界色身而有故，是三界中最重之貪著故，非遍一切界之法故，非遍一切時有故。淫樂云何依於欲界色身及意識而有？謂淫樂乃是身中觸覺，若無欲界色身，則此身觸不能現起；又淫樂現起後，要有身識之觸淫樂覺受，及意識心之領納淫樂觸受，方有樂受而爲欲界中人所受知；若無身識及意識覺知心之領納淫觸覺受，則無淫樂可言。淫樂既依身識之覺知性，及意識之領納性而有，而意識復依色身五色根而後方能現起，是故佛說意識覺知心是依他起性，則淫樂乃是依他起性中之再依他而起者，乃是依他起性中之最後現起者，云何而可謂之爲常？宗喀巴於如是極淺之理竟不能知，云何可高推彼爲「至尊」？黃教中人眞是無智之人也。

又：淫樂乃是三界中最粗重之貪著。佛於四阿含中說八解脫門，謂世間之人若修得初禪，即能解脫於欲界之繫縛；若能修得第二禪，即能解脫於初禪三天之繫縛；……乃至修得滅盡定，即能解脫於非想非非想天之繫縛。如是之言，謂意識乃是三界繫縛中之最粗重者，若人能斷「意識常住不壞」之邪見，則能解脫於常見見之繫縛；意識常住不壞之邪見若不能斷除者，則永不能證滅盡定，則永不能出三界繫縛，永淪生死苦海，意識是淪迴生死之根本故。

意識既非常住不壞心，既是依他而起之無常心，衆生由執意識自己常而不壞之邪見故輪迴生死，故是　佛所常開示應斷除者。「意識自身常而不壞」之邪見，既是三界中之繫縛主因，故是　佛所常開示應斷除者，淫欲復又依於意識心而有，則知淫欲乃是依他起性中之「再依他起性」；既如是，宗喀巴即不應言淫欲之樂觸爲常住法。

又大樂者無苦無樂，寂滅涅槃，方名眞實大樂，無變易故；今者現見淫樂－包括密宗所修成之空樂不二而長時間住於淫樂之觸受中－皆是有受，有受者即墮受蘊之中，受蘊亦是變易無常之法，變易之法不得言是常樂；有變易之淫觸樂受，有時存在，有時斷滅，不可言是「常住不變妙樂」也。是故宗喀巴所說樂空不二之「常住不變」者，非是正說。如是無常變易之樂，宗喀巴焉得名之爲樂中尊？焉得名爲至樂？無是理也；而宗喀巴竟見不及此，非有智之人也。

西藏密宗既以男女雙身合修淫欲之樂、而謂爲究竟成佛之法，始自天竺之密宗，中至甫傳入中國西藏之噶當派，末至分裂爲四大派、乃至後來宣稱最清淨之改革派黃敎創始者宗喀巴，悉皆如是以男女雙身合修之淫樂修證，作爲密教中即身成佛理論之主幹與修行之法門，幾可言：

無一宗派能自外於雙身修法。**密宗黃教上師，往往明知宗喀巴之迷於雙身法之淫欲境界，卻又故意處處隱瞞密宗之初學者，誑謂學人曰：「宗喀巴反對雙身合修淫欲之法，故黃教不修此雙身法。」以如是誑語騙人入彀而不告知，逮至學人深信不疑，然後私下告知密宗黃教實以此法為中心思想，實以此法而成佛道。如是心態不正，著實可議。**

譬如狂密行者陳淳隆（妙湛）及丁光文二人，駁斥他人之摧邪顯正，為宗喀巴作不實狡辯：《《我們的佛學界最近幾年來，一些人好惡成見太深，獨尊本派，……攻擊密宗現雙身像的時輪金剛、上樂金剛、喜金剛……等為邪魔眾。**其實密宗黃教宗喀巴大師早就已經把西藏一些劣習作了禁止及改革，八成以上的藏人是修黃教的，一旦僧眾犯邪淫、則立即貶為在家人，一輩子不得再出家，其規矩比漢人還嚴格。**》》（226-6）

然而陳淳隆（妙湛）及丁光文二人於網站上作如是言者，乃是說謊之言：向大眾撒下「彌天之大謊」也。此謂**宗喀巴其實主張不可離欲貪**，並非禁絕欲貪之人也，譬如本節中所舉宗喀巴之主張：淫樂為常住不壞之大樂，並言必須第四灌再與上師合修淫樂中之「樂空不二」境界，方可成就第四灌「功德」，則已知宗喀巴之贊成雙身修法也，是故**陳淳隆等二人**所言不實，**是撒謊者**。

宗喀巴又主張：爲弟子灌頂時，須有美麗之十五六歲少女作爲明妃，方爲弟子灌頂，故說灌頂之儀軌時云：《《修曼陀羅時生三昧耶曼陀羅，與入智壇之規，如鬘論云：「所繪之曼陀羅剎那空後，觀成所修之曼陀羅俱守護輪、釘魔礙」等，眷屬儀軌，如云：「明妃顏殊妙，年可十五六；香花善莊嚴，欲樂於壇中（**於灌頂壇中與上師共行淫樂**）。德帶摩摩格，慧者加持彼，放寂靜莊嚴，佛住虛空界。」謂與外印（實體明妃即是外印）入等至定（同住於性高潮中一心不亂），若無外印，應與智印（觀想之明妃）入定（同住於性高潮中一心不亂）。以正行歡喜聲（以交合行淫時之快樂呼叫聲名爲正行歡喜聲。宗喀巴認爲雙身法之淫行是修學佛道之正行，故認爲行淫之叫床聲音爲「正行之歡喜聲」），召請智輪，供養浴足爲先，（然後觀想佛父母交合大樂而放出紅白菩提心）入自身內，欲火溶化（以自己與明妃之欲火溶化而下滴），由金剛路（由尿道）至蓮華中（轉至明妃之陰戶中）放出智輪（射出明點精液），入於三昧耶輪（同住於性高潮中一心不亂）。》》（21-302~303）

如是，黃敎**宗喀巴**既引彼論，同意其說，復又詳加解說，可知宗喀巴亦主張密宗之正式灌頂以用實體明妃爲宜。既如是，焉可說宗喀巴是反對實體明妃者？焉可說宗喀巴等黃敎師徒爲「戒行清淨」者？宗喀巴如是傳密宗道，菩薩戒之十重戒中，邪淫一戒已破，云何而言宗喀巴是改革者？是故宗喀巴僅將喇嘛與實體明妃之合修雙身法者，加以較嚴格之條件限制而已，並未禁止黃教喇嘛與女人合修雙身淫樂之法。並且主張必須修學雙身法，以雙身法作爲黃教之根本法；如是心態，於其所造之《密宗道次第廣論》中，處處可見，今猶可稽，陳淳隆等二人焉可睜眼說瞎話、而繼續矇騙眾生入其邪道之中耶？豈非居心叵測之人耶？

宗喀巴有時甚至引用密續之說法，同意使用實體明妃，而且可以用到五人之多：《《所以這是一定要修雙身法，而且一定要女人。**宗喀巴祖師他自己也承認啊，他說不但是要一個，而且至少要五個**，紅教則主張只要一個就夠了。理論上爲什麼要五個？因爲五個就是表五方佛母、五智，要這樣配合啊！因此要選體性不一樣的空行女，有金剛部的空行母，有蓮花部的空行母…等等。》》（32-238~239）

然而陳健民如是之言，尚屬客氣；所以者何？謂本章前來所學宗喀巴之言，已證明宗喀巴不唯主張雙身法是「密宗道」之根本，復又主張：黃教上師於第四灌時，須以「九明」而爲弟子灌頂，是故眞正「如法」之密宗黃教喇嘛爲弟子「如法」傳秘密灌頂時，必須用九位明妃一一行淫而後一一與之射精，蒐集共淫之淫液用作灌頂所須之甘露；並現場表演與弟子觀察，事後賜「九明」與弟子，令弟子與九位明妃一一實修雙身法，彼黃教之喇嘛則現場指導之。所以宗喀巴並非不許出家人用女人，而是將使用女人合修雙身法之資格加以較嚴格之限制而已，所以**宗喀巴仍然是不折不扣的密宗雙身合修法之忠實奉行者，仍是印度教性力派修法之忠實信徒**。

復次，**宗喀巴**主張（其實是一切密宗上師所造密續皆如是主張）於入灌頂壇之前，須先唱讚，讚歎淫行之大樂體性、讚歎淫行之能令人証得方便智慧，然後始令弟子入壇而受灌頂：《《次爲令弟子入，故以大樂體性方便智慧眞實性讚爲先，求曼陀羅悉地，諦語加持，即是虛空生等九頌。……三清淨眞實歌：『尊無過常住，一切貪中愛，世尊大貪喜，我修眞實性。』言無過者謂斷一切障及習氣，常住謂盡虛空際三身常住。得悉地之一切貪欲，能作貪著一切有情事業，故是具有無緣大悲之大貪者。以無相法而生歡喜故名大喜。》》（21-322~323）

西密黃教宗喀巴如是主張欲入灌頂壇之前，必須先頌大貪大樂等之「眞實性」；宗喀巴所傳授之觀修法門，亦是以性樂之『大貪、大樂』爲其中心思想及最終修証，如是而傳而修而証，云何可說宗喀巴反對雙身修法？是故陳淳隆等二人言『宗喀巴禁止黃教弟子修雙身法』者，乃是謊言，眞是不誠實之人也。

宗喀巴又主張第四灌雖與上師合修雙身法，或與九位明妃合修雙身法而由上師現場指導，而證得俱生樂（第四喜淫樂），然因不能修成長時間住於淫樂境界中之功夫，故其所證之俱生樂不得名爲「常、樂」：《《「俱生有二，謂暫時與常住。其常住者最爲第一，以是最勝，眞實無盡，及無壞故。」此於**相續不斷及無窮盡，說名爲常**。若謂即初剎那、於二剎那安住名常，是爲外道惡見。》》（21-390）

如是之言，可見**宗喀巴**所主張者：乃是必須能長時間住於淫樂第四喜之大樂觸受中，保持淫樂最高潮之觸受「於相續不斷及無窮盡」，如是而「說名爲常」。既如是要求徒衆不可僅以第四灌與上師同享第四喜淫樂作爲「常樂」，而且必須別求能長時間住於第四喜淫樂境界中，方可名之爲「常樂」，故知**宗喀巴實以淫樂爲密宗黃教即身成佛修行之主要法門**，如是之言，具載於宗喀巴所造之《密宗道次第廣論》中，今猶可稽，陳淳隆等二人無庸爲宗喀巴再作狡辯。

宗喀巴又云：《《七支，如語自在稱云：「滿報、結合、樂無性、悲、滿、不斷、及無滅，我許所修七支義，遍修正量智者讚。」圓滿報身者，謂是相好莊嚴之身；亦攝法身及化身，以三身無異體故。**結合者，謂與同等明妃而入等至**（密宗以合修雙身法而令男女二人皆同時住於性高潮中名爲等至）；若唯報身、波羅蜜多（大乘）中亦宣說，以此結合即勝彼義（密宗以此男女結合之等至大樂即是勝過「波羅蜜多大乘」之道理）。何爲須彌？唯以遍一切身歡喜自性，即能成辦一切有情利故（遍一切身分——一切處皆生起大樂，名爲遍須彌。唯以如是遍一切身中之歡喜自性，即能成功達到利樂一切有情之大利故）。佛爲攝受欲界增上貪行有情，故現等至（「密宗佛」爲攝受欲界中極貪淫樂之有情，故示現「與明妃同住淫樂一心不亂之等至境界」）。幻師所化男女，稠密不生大樂；從此則起（從此雙身法中則能生起），故云大樂。領受身樂爲樂，領受心樂爲喜。大謂最廣（樂遍身故廣）、無漏（明點精液不漏）、殊妙（第四喜勝過世間人之性樂高潮）、盡未來際（未來無量世中想要受樂時便能受樂，故名盡未來際。密宗報身佛自成佛時起，便恒於一切時中受此第四喜樂觸）。爲顯彼是無自性（淫樂之覺受由無色相物質故名無自性）、非執有（受樂時不執著世間物質諸有故名不執有），故云無性。……》》（21-393）

然而**宗喀巴**作如是言者，皆是掩耳盜鈴之言，非是誠實面對「密宗法義邪謬」之人也。謂 世尊從來不曾「**爲攝受欲界增上貪行有情，故現等至**」。三乘諸經中，從來不見 世尊以貪淫之法而「現雙身淫樂之像」以度衆生，並於一切經中說淫爲三界中最粗重之貪著，應斷除之；乃至在眞密經典之《楞嚴經》中，亦作是說，並極力破斥之；唯有密宗古時衆上師集體長時間之結集而創造之《大日經……》等僞造諸經方有是說，故宗喀巴之言乃是杜撰之說，非事實也。

復次，依一切顯教經中所言，佛所證得之圓滿報身，並非密宗所說之抱明妃行淫受樂果報之像，故密宗所言「圓滿報身皆是雙身交合受樂相」者，乃是杜撰之言，非事實也。

復次，成佛之道在於證得般若總相智與別相智、一切種智，不因淫樂之「空樂不二意識境界」而得成佛，密宗諸師不應如是迷信天竺密宗所傳來之外道性力派淫樂之法，不應如宗喀巴之迷信而謂邪謬之淫樂爲「成佛之大樂」，不應效法宗喀巴之愚行而謂淫樂是成佛之修行法門，以免有智之人笑汝等無智。

宗喀巴所云男女合修之「最廣、結合、無漏、殊妙、盡未來際、無自性、非執有」等說，皆是強詞奪理之言也。謂其所言「最廣、結合、無漏、殊妙、盡未來際、無自性、非執有」等說，皆違佛旨，與佛菩提及解脫道完全相背，絕非佛法也。稍有佛學知見者，皆知其謬，云何自謂「上上機」之密宗行者及上師們，竟信如是粗淺邪謬之說？而妄封宗喀巴爲至尊？荒唐至此。

宗喀巴又主張密宗行者不可離淫欲，應受用淫欲及女人，教彼弟子莫因為「受用女人、可能破戒」而畏懼：《《啓白曼陀羅主尊後，傘放餘處，當說弟子心所樂語：「汝今成壇師，受持諸咒續，諸佛及菩薩，諸天悉證知；悲愍諸有情，汝應如壇軌，精勤善繪建，令行者學續。由進入及見、勝密曼陀羅，解脫一切罪（由於進入勝密壇，及見勝密壇故，而解脫一切罪業）。汝今安樂住，依此大樂乘，後死汝永無（汝今應以此法安樂而住，依此雙身大樂之乘，則以後之生死、汝已永無）。汝出三有苦，到三有邊際；諸佛執金剛，今傳壽灌頂。三界法王位，汝定為其主。**如離貪欲罪，三界更無餘**（如果說尚有比「離此貪欲之罪」更重之罪者，三界中實無其餘更重之罪；故密宗行者若離此雙身法之貪欲者，其罪乃是三界中最重之罪）；**如是離欲貪，汝終不應為**（由如是之理，想要離此雙身法之欲貪，此種行為，汝終究不應作）。**汝受用欲事，但行無所畏**（汝受用雙身法之欲貪，儘管如是去作，不須有所畏懼）；**食五肉五露，亦護諸餘誓**（並且應該食用五肉及五甘露，也應該護持學密所發之其餘誓願）；**不應害眾生，不應棄女寶**（不應捨棄雙身法中之明妃女寶），**不應捨師長**（不應捨棄密宗師長），**三昧耶難違**（密宗雙身法之三昧耶戒是難以違背的，果報極可怕故）。**由慧方便心，無少不應作**（由修學此法所能生起之種種方便之心法，沒一個小小的方便法是不應作的）；**汝無罪莫畏**（你修這個雙身法是無罪的，不需要畏懼），**如如來所說**（就像密宗「如來」所說的那樣放心去修雙身法吧）。**心意淨信**

金剛性（應當心意清淨的信受這個金剛自性），**自誓依止無盡樂**（自己發誓依止這個無盡之樂）；**少樂諸趣汝當到，金剛薩埵常住性**（從始修之少少樂趣開始，汝最後應當到達金剛薩埵之大樂常住性中安住）。**又諸如法得灌頂者，一切諸佛菩薩令增善故，以清淨心恒常憶念猶如愛子，法爾如是。」》》**（21-409）

宗喀巴又言：《《於此所欲、名欲，即金剛薩埵位，**貪謂希求彼欲**：「如離貪欲罪，三界更無餘」，謂捨菩提心（是捨棄物質明點精液）也，是故教云：「汝終不應於所欲境金剛薩埵捨離貪欲」。》》（21-410）

宗喀巴認為：出家喇嘛與女人合修雙身法時，若能不捨菩提心——不於行淫中射精——即是不犯戒者，即是無罪者。宗喀巴如是言者，意謂密宗行者若離貪欲者，其罪最重，三界之中更無餘罪大於「離此雙身法貪欲之罪」。宗喀巴更言：**【如是離貪欲，汝終不應為】**，而教令弟子：**【汝受用欲事，但行無所畏】**，教令黃教在家出家弟子應依密宗教義而受用諸女人，而言「**汝受用欲事，但行無所畏**」；如是之言，明載於宗喀巴所著之《密宗道次第廣論》中，陳淳隆等二人何可狡辯為無？何可為宗喀巴作如是掩飾之言？顯見陳淳隆等二人非是誠實之人也。非誠實人所說言語，有何可信耶？

密宗之其餘宗派，乃至主張母女姊妹姨媽舅媽等皆可受用（詳第九章

第六節舉證），如此亂倫無禮，尚且不具足人倫五常功德，而奢言成佛，無乃世間至妄之言耶？黃教中人雖不用母親、女兒、姊妹、姨媽、舅媽爲明妃，但仍依宗喀巴之言，以雙身合修之淫樂作爲成佛之法門，乃至主張受第四灌時，須以十二至二十歲之九位明妃供養喇嘛行淫，方是如法灌頂；一女之不足，尚須九女，貪淫至此。宗喀巴乃黃教出家之人，尚不能免，而作如是主張，則黃教在家之人何況能免？可知宗喀巴等黃教師徒，俱皆未能遠離密宗貪淫女人及諸種邪見邪行也，如是而言黃教之清淨、而言宗喀巴之改革，俱無實義。

宗喀巴於此段開示中又勸諸密宗行者：如是以雙身合修之法而受用諸女人，不應於佛戒有所畏懼。由宗喀巴如是之語，可知宗喀巴絕非禁止合修雙身法者，而且是鼓勵大眾合修雙身法者。由此可知：彼陳淳隆等二人若非**於密宗法義無知不解**者，即是**故意欺矇大眾、居心叵測**者。如是之人，焉有資格於網站上公開弘揚「佛法」？有智之人必能明鑑。

復次，陳淳隆二人辯稱黃教早因宗喀巴之明令禁止，故一切僧眾皆不得受用女人，然而實情絕非如是，**宗喀巴其實是主張出家人可以受用女人，而且是應該受用女人的**，有宗喀巴之著作主張爲證：

《《「時輪本釋」說於出家唯以語表傳授第三灌頂，故可智印以傳灌頂。鬘論說：**「若勝出家身、無餘遮緣，可實灌頂**（若是殊勝之出家身，而無其餘種種遮障之緣，則可依實體明妃而作真實灌頂，不須以觀想之智印明妃而作灌頂）。**若有遮緣及非勝出家身，應以智印而傳灌頂。」**准此道理（一切灌頂之道理，皆可准用此道理），以出家身作密灌頂之阿闍梨，亦當了知（以出家身而爲弟子作第四灌頂者，亦當了知此理）。》》（21-390）

實灌頂者，謂以實體明妃而作灌頂，非唯以觀想之明妃而引生淫樂淫液而作灌頂也。此段宗喀巴語中，主張出家人若無其餘遮緣者，即可以用實體明妃而作第三灌及第四灌頂，並非不許受用女人。遮緣者，即是未曾證得生起次第之寶瓶氣……等，以致行第四灌而與「九明」在佛壇中行淫時，不能善於控制射精之時機，在明妃未至高潮時即射精者，所混合之淫液即非能提淨分者，即成無用之甘露；此即是遮緣也。若無此遮緣者，出家喇嘛行第四灌時，仍應以實體明妃九人行淫而作「實灌頂」。宗喀巴如是之言，尚具載於其著作中，今猶可稽，非是余誣責之也。是故陳淳隆二人所言不實，於其所設網站上倡言「宗喀巴禁止黃教喇嘛受用明妃」者，乃是謊言，非誠實人也。

又：無上瑜伽之樂空雙運淫欲修法，雖有四種瑜伽（專一、離戲、一味、無修），其實皆墮意識淫欲境界，與佛法所說之「瑜伽」無關也。謂宗喀巴等一切密宗上師所說之專一瑜伽、離戲瑜伽、一味瑜伽、無修瑜伽者，皆是意識住於淫樂之觀行境界中，而作不同名稱之施設，不離淫欲世俗之樂；如是而引用瑜伽之名，眞乃污辱瑜伽之聖名至於極點，無以復加也。

又：密宗上師每言：「已離欲者方可修證無上瑜伽，無上瑜伽乃度上上根器者。」然若已離欲者，不須再藉此「以欲離欲」之法而修斷貪欲也，本已離欲貪故。上上根器者，甫聞即知欲貪之過患，便能離欲，乃至如佛世之外道聞　佛說欲過患，當時即成大阿羅漢，何須以淫欲之實行而後斷之？若必須藉淫欲之貪行，而後始能斷除欲貪者，此人絕非上上根器，實是下下根器；密宗乃竟妄言如是下下根器、大貪淫欲之密宗行者爲上上根器，世間實無有人能如密宗諸師之如是善於顚倒黑白也。

又：修此法者，必須有淫欲之貪，方能令男性之金剛杵堅固生津（生甘露），方能令女性之蓮花生津（生甘露），方能合修之。又若雙方有一人無欲而不願配合者，則對方亦不能行此雙身法也，則知修此法之二人必皆有欲也；此理顯而易明，密宗諸師何能妄辯爲「無欲而修之」？眞乃顚倒黑白之說也。

又：一切信受此法而「精進」修行之人，日常必多思此淫樂而起貪心，不可謂爲無貪也。譬如密宗大師作如是偈言：

《《激發潛能智慧光，蓮宮直射樂無央；幾多村女瞥然見，奇癢自搔難隱藏。》》又言：《《空中極樂是蓮房，一任抽添達四方，漫說優婆夷器小，如來法界總歸藏。》》（34-311）

又起邪淫之想云：《《高跟鞋底有奇方，說破教人心若狂：腿向前趨腰向後，小溪兩岸似高崗。》》（34-312）

又言：《《通信怕逢是米斯（歐美稱年輕女人爲 miss 米斯），幾方懸揣最相思，奧明佛土蓮花女，示跡人間或遇之。》》（34-315）

又以「曬杵（在陽光下曝曬男人之下體）」爲題而作偈云：《《卑濕岩中（謂女陰）慣往來，深藏密處不公開，山樓且對南窗臥，紅杏出牆曬幾回。（原註：陽光具維他命丁，能助其舉勢。）》》（34-316）

又提示雙身修法中，若遇男性行者「杵短」者，建議「宜單插」，而描述「杵短」之男人性交狀況言：《《記得尸林父母恩，降魔以後示陰門，蓮師（蓮花生上師）示範如騰馬，始識單騎抵水源。斜騎單腿杵身長，暑往寒來換一方，空出會陰蓮下掛，金剛遂覺更昂藏。》》（34-308）

又示人以「女人足小蓮肥」之意：《《小足爭圖三寸蓮，個中密意有誰詮？端緣踵步向前挺，遂令蓮肥腰也堅。小足於今已不存，時髦代

替是高跟，螂腰緩擺身前挺，細小蓮生歡喜禪。》》（34-308）

如是密宗之大修行者，於平時生活中，如是觀察女人之種種，皆往淫行之中而聯想之；不知密法內涵之人，每對密宗大師如是所舉言說而迷惑不解：對密宗大師如是好樂言彼男女性事，以之爲不能理解之事。若人有智有德，能知密宗法義實以淫樂之雙身合修法爲其始終主旨，則無如是疑惑，則是有智之人，能遠離密宗之邪謬荒淫法門。是故一切佛門中人皆應知之，細究其法義之荒謬，則能不受其惑而轉入佛教正道。若不信余言，繼續深入密宗法義而修，將來必漸入荒淫之道中，邪淫墮落、乃至亂倫、破戒、大妄語等，捨壽必下地獄多劫，受無量鉅苦，佛教中一切學人務必謹慎，方免後患。

復次，男衆如是，女衆亦復如是，必須有欲，方能令金剛蓮中生水，方能修之；如是可知其人必有欲，依密宗「無欲離欲者方可與異性弟子修雙身法」之主張，則彼諸密宗喇嘛及上師皆無資格修之；雖以「隨念支」來解釋爲非貪，其實皆未離貪也。

隨念支謂：《《因爲我們有個貪心，但是這個貪心不能讓它在煩惱上去貪，而是要把空性套起它去貪，所以一方面又要貪，一方面有（淫）樂，一方面就還是要有「空」，這謂之隨念支。所以百字明翻成中文，裡面有一句話是：「隨貪之自性」，就是要隨著「貪」的自性。但貪的自性又是甚麼呢？是空、無我。所以金剛薩埵就是用貪道的方法去修這個隨貪的自性，就謂之隨念支。……隨念支就是在中脈裡頭住，而可以出入自在，就謂之隨念，就跟著念走啊！認持支就是認定氣已在中脈內住持了，故謂之認持。中善支就是修氣功，要通過這個中脈。認持支就不單是通過中脈，而且要在中脈裡頭住；中脈裡頭住就行了嗎？還是要隨念；隨念怎麼樣呢？隨念能到達我們中脈末端的金剛杵啊。中脈的下端，在男的是杵，在女的就是海螺脈（通常是指子宮頸），修到這個地方，氣先通過中脈，可以開這個中脈；開了之後要能在中脈裡頭住；住了之後，又能夠隨念走動。所以啊！交媾爲甚麼要練習一進一出？這就是金剛杵在蓮花裡頭一進一出都要配合「空」性、隨著貪念一進一出。那麼這個時候就可以發明、可以證空性，可以得空樂三昧啊！隨念支「還空」修得好的話呢，就是第六的三摩地支，那個時候已經定了。三摩地是指最後成就的正等正覺，是最高的定。》》（32-248）

如是所說隨念支，說的是在雙身合修之過程中，能將明點配合觀想而隨念在身體中脈內上下自如；乃至能隨自己「貪淫樂」之念而降下至杵端，與女方中脈下端之海螺脈相接而引生大樂；於如是大樂中不射精而常住，並觀一切法皆空，而唯有此樂常住不空。若能如此常住（久住）於大樂（性高潮第四喜）之中，即名常住大樂。若能如是隨念往來中脈各處而引生大樂，永遠不射精者，即是隨念支成就，即名已成就密宗之究竟覺—成爲密宗的究竟佛了。

然而第三灌時若心無欲，尚不能行第三灌頂之事，何況能於第四灌頂而實修之？例如**宗喀巴**云：《《**如是第三灌頂之時，隨力所能持菩提心**（隨著自己能力所作到之地步、盡量持住菩提心—精液—而不射出）**；不能持時、徐徐放捨**（若忍不住而無法不射精時，則不可使之急速全部射出，應住於性高潮中忍住，使之徐徐流出，以此延長樂觸之時間）**，從水生中**（從淫液生起之中）**持味取起**（聞嗅其味而取起淫液）**，由眞實見**（認爲精液是出生諸佛之根本，名爲真實見。由此真實見而）**飲三昧耶自性大菩提心**（由密灌過程中，上師與明妃同至高潮而射出精液，與女方淫液混合後之液體，名爲自性大菩提心，飲此淫液名爲**飲三昧耶自性大菩提心**）。》》（21-390-10）

由**宗喀巴**如是語中，即可知爲人灌頂之黃教喇嘛，仍然必須生起貪欲之心，方能與明妃在灌頂壇之佛像前交合，交合之後方能有「如法」之淫液作爲甘露，而爲弟子作秘密灌頂也。既如是，云何而言彼密宗喇嘛是「離欲之上師」？無是理也，出家人若成道已，必定永離淫行故。

復如陳健民云：《《你不單只用觀想，而且用實體的——用眞正的女人，那麼就是第三灌。爲什麼要用眞正的女人？而不只是觀想一個呢？因爲觀想的、他的物質條件（物質條件是指射出的精液）就不夠了。用實體的（明妃），那物質條件就很夠，他就等於有這個資本了——有這個被昇華的資本，有這個本錢。有這個本錢，然後才能眞正的修，才眞正有智慧。譬如你觀想個女的，你甚至觀來觀去，你雞巴都硬不起來。你要有個眞正的女人，它就硬起來，他就搞起來，他就發生眞正的作用（能射出精液作爲密灌甘露之用）。》》（32-238）

是故，密宗諸師所言之「上師並無貪淫之心，只是用這方法爲人灌頂，及助人修學即身成佛之法門而已。」如是之言，皆非心口如一之言也；心中早已起淫念故，身行亦已示現彼等皆有重大淫意故，並已具足受於淫樂故。

亦如密宗上師，爲贓誣覺囊巴破斥雙身法而弘傳如來藏法之末代法王多羅那他，而記錄自己所經歷之淫行及起貪著之心等，誣爲多羅那他之經歷，如是之文可證密宗喇嘛之貪淫也：《《今生生處爲拉薩北方，地名昂忍；所依印（所依而修雙身法之事業手印）有二（人）：一者登巴綱傾，一者德幾巴宗。至游印度時，臨時相會合者亦有二（人）：一爲莽格打地方之空行女，名那格里，極莊嚴；一為加里加之空行女；與彼二（人）曾行貪道多次（曾共同修行雙身法之貪道多次），是皆余願力所鍾，然只成就半數爾。德幾巴宗，十四歲與余遇時，余已三十八歲，以金剛鬘中勝樂金剛嚇魯噶灌頂授之；夜上供後，即與同修（雙身法），相處甚久。

先是余四、五歲時見密宗雙運相（雙身交合之「佛像」），即生無分別歡喜；謂彼雙運成就大德，亦頗艷羨，欲仿行，是以長時讀薩迦道果論、與三灌義相合儀軌、盎札菩提道果法類，心生決定，淨信歡悅、毛孔悚然、晝夜大樂不斷。

八九歲時，所見勝樂、喜金剛、密集及密經三不札諸貪道句，不須強記，即能成誦，義隨句悉。每閱起分，相配隨生貪心，於空行母道正分，具決定修習之志；故於受比丘戒前，特意行淫，於三種觀想未敢或忘。

兔年元月某夜，夢女人右耳上有亥頭，伊語我曰：「與我御（與我交合），壽益福增，獲大成就。」吾問：「任何人與汝通，即若是歟？」曰：「餘不決定，汝決有之。」余大喜，甫脫其羅裙欲交，忽醒。

翌朝，爭才媽來朝，求長壽灌頂；既灌竟，侍者出；與吻，生大樂。女曰：「吾夜宿俄擄汀。」吾應聲約曰：「今夜吾決來與汝談天。」言時戲伊蓮花（言語之時戲弄其下體），時吾師香巴至，吾等氣喘變色，女走。師查我，夜與我同宿，吾乃不得如約往。惜哉！大樂與利生因緣，竟未圓滿。

是年嘗（那一年曾經）君（君：臨也，謂與交合）雅竹，夢中數數預告事印勝緣（夢中一再預告事業手印之殊勝因緣）；初夢女塗黃丹（硃砂），具檀香氣；繼則數夜夢與交（然後則連續數夜夢見與彼女交合），蓮中發火流乳（夢見彼女陰戶中發出火與流出乳來）；或見住本梵如、或見燈、或見輝煌。詰朝過龍那寺，乃遇夢行女，有瓜葛親，名村攢；髮際唯一松耳石爲飾，無他莊嚴，著紫色新衣；吾一見傾心，生無量樂；加持灌頂時，隱與狎弄（暗中與彼女子愛撫戲弄），女亦歡喜增上，轉變顏色，蓋前夢中女也。

余好乘暇平台遠眺，彼則常來繞寺；一日，伊獨來，余誘至無人處，抱狂吻，乃眞有檀香氣，因與約黃昏後。女曰：「吾捕魚女，垢不敢焉。」吾對曰：「空行母（明妃）無垢淨，密宗無上瑜伽士（修習雙身法者名無上瑜伽士）不著垢淨相。」言次，復咂其唇舌、弄其蓮蕊（撫弄其下體），貪水沛然、掬而飲之。恐不赴約，聲言至彼家，女曰：「吾家蓬窗牖戶，不可居，吾夜當帶月來，不爽（不會爽約）。」

余乃張毳幔候之，果捧供品至，同與行供養於無人處；畢，各取供後品，再吐哺啖之（再互相於口中嚼爛後吐於對方口中食之），身盡貪所欲為（身體極盡貪欲所欲為之事），語盡淫所欲宣（言語極盡淫欲所欲說之語）；樂極同寢時，不及知正分。依起分修，明點數數流（精液數數流出），與伊菩提和合（與女方之淫液和合），蓮宮黏稠（陰戶之中黏稠時），舌就蓮舐（便以舌頭向陰戶舐之）。伊亦知余之明點具加持力（女亦知余之精液具有加持力），亦為啣杵，如取精華然（也為我口含陽具而吸，猶如吸取精華一般）。伊貪心，無圓滿（她很貪心，無滿足時）；余杵勁，無衰弱時（余金剛杵強勁，無衰弱之時）；直至黎明，逞其貪欲（這樣一直到天將明時，雙方都逞其貪欲而不止）；至旦，便溺互飲（到天明時，兩人都小便與對方飲之）。當我行時（當我正施淫行時），女發杜鵑聲（女發出如杜鵑叫喚之聲音）。余身熱不散，延至三日，心體明顯，身熾然。前所夢流乳燃火，蓋即此也。》》（34-605~607）

如是密宗喇嘛贓誣多羅那他之文所載：若見女人即生欲心，設法共行成淫；乃至夢中亦念念於淫欲，醒後憶念不捨，復書之而秘密傳與弟子，至後世方始公開。如是而言其無欲乎！謂其言可信之乎！

如是冒名多羅那他之喇嘛，乃至夢中亦念念不忘行淫：《《…嗣後諸空行海灌頂，夢到某寶山，極希奇，山之四方各有三地帶，彼等處、天人畜類繁多，大半皆陰性（大部份皆是雌性）。意想中（正在心裡揣想時），聞金剛阿闍黎知不巴云：「我此地諸女子，皆以付汝。其中十六妙女，前汝暢所欲為，為不悖乎道，汝其行。」余遵命，**乃至畜生女、波羅女、匠人女、亥**（豬）**女、戌**（狗）**女、白雀女、明顯而行，領各別樂**（領受各別不同種類之淫樂）。**彼諸畜生畜頭而人身，亦自有趣**。

其後又請各巴派喜金剛灌頂修加行時，夢與十五村女主交（夢見與十五村之女主人一一交合），罷後與各別十使女交（結束後則與每一女主之各十位使女交合）。……不久余受比丘戒，……一年後依印度大德大恩上師，……二十三夜，十二登媽（又名十二丹媽，藏地十二女神，主尊多傑玉燈媽）中，有一名玉印多吉蘇縷媽來師處，云前曾以三智慧空行、三事業空行供養，今者師為具堪能瑜伽士灌頂，明朝當復為供養一智慧空行母（空行母即是明妃），並率一事業空行母（事業空行母謂願與人合修雙身法之明妃）來。

翌日師即陳設莊嚴壇城；再過一日，為二十五日，師入無量光定於幕內，我修本尊法於幕外。黃昏時，忽光明閃耀，蓋玉吝攜事印至矣（攜事業空行母來也）。余唯見事印，此女為打縷加巴眷屬、古魯斗地之守方神女，能說後藏不丹二種方言，散髮垂松耳石於耳，著彩衣，年在二八、二九之間；肉如桃，額緋紅，目中潤而眉修長，佼麗可醉人，蓮花種性性相悉具，名卡那寶。

師為灌頂（余師為女灌頂），至交付時（至灌頂後交付彼女與我時），指示觀想余眞實見到勇父空行，遍騰虛空，各逞貪欲（指示我：觀想真實見到勇父與空行母交合，遍騰於虛空各處，雙方各皆逞其貪欲）；余之淫心於焉熾盛，乃抱女。甫騎次（才剛騎上女身時），身樂如麻木，不知痛癢；吻咂次，女發笑聲，氣喘身抖。女固未褌，吾杵剛乾，淺淺擱蓮户，女馬躍，樂不可支；師囑勿深入（師父囑咐我不可深入），乃上提，後深進，樂倍於前，吾二人同時發歡聲，乃率性闖入；余抽擲，女騰挪，降提持散各九次（此句之意詳後第九章中述之），若行所無事；女大樂，蓮脈如魚吹浪、心躍水面彈來彈去；與杵觸，輒驚起，發杜鵑聲；余身亦非常態，有不忍麻癢，亦自在出種種歡聲。時或蓮蕊杵脈契合甚深，則可見本尊相。師垂訓云（到此時，師父又當場垂訓說）：「所御彼女能交汝心（所共行淫之彼女能與汝互相交心），**所做淫事、所得空樂之四體性，加以觀察；若無可示、又非無物，自然顯現不滅。於彼不滅上，當善觀察大樂，坦然披露。**」此吾師之口訣，等同大印（等同「樂空大手印」），余幸得眞實體認。此後上供，師與余見女頷有喜悅旋轉圖活動，勇士空行咸來受供，師唱指示歌，我唱覺受歌，女唱不丹供養歌。

夜半，師將就寢，執余手而告曰：「汝前生發願，今已成就矣，吾當爲汝念吉祥頌。」言次，現極愉快色。頌畢，既入臥室，余與女通夜契入空樂不二大手印（我與女方整夜行淫而契入「空樂不二」之大手印）。空行事業役女送酒來（空行明妃派使女送酒來），盡飲之。吾二人未睡熟，隱隱見虛空中空行勇父對對吻口弄手，泥杯橙鬘、戲蓮（戲弄女陰）活春（玩弄男陰令堅）；或住空樂不動（或同住於性高潮樂體會樂觸之空而一心受樂，身不動搖）、如痴如醉；或逞抽擲之力，有聲有色；或啼或笑，或喘或哮，聲若鼎沸。吾等相親（余等二人互相愛撫），亦熾起欲火，澈宵未斷其事（整夜至天明不曾中斷此事）。

既旦（至天明後），吾右肩藍色寂靜圓光中吐語曰：「不契貪道不成佛，如得佛者我違誓。」左肩紅色寂靜圓光中吐語曰：「不入蓮花不淨貪（不進入女陰中行雙身法者不能淨除欲貪），如淨貪者我違誓（如果不進入女陰中行雙身法而能淨除欲貪者，我便是違背誓言）。」余因復與交（我因此又與彼女交合），鬆緩而持明點（以鬆緩之法而持住精液不射出），杵顚樂匝身（杵尖之樂漸漸擴散而遍身受樂），嗣由鬆緩而至，不加意持亦不漏；女大樂，蓮脈更長於前。

直至二十七日（直到二十七日），亙二晝夜（整整兩晝夜），雖一刹那亦未離座，亦未嘗小便（不曾一刹那離於雙身法之寶座，亦未曾小便），偶出數滴則互飲之（偶然出數滴小便則與對方互相飲之）。濁分溢（明點之濁分精液溢出陰戶），則杵蓮互黏（則杵與蓮互相黏住）。吾且吻其花蕊（我便吻其蓮花陰蒂等），味甚佳，彼此皆生快感。

得曙光（到天亮時已有曙光），即覓脈（便尋女方之海螺脈）；狀如乳頭，如綠豆有二根，一具如刺，末梢白色；一具四色，長及四指，花心淡紅，形如凹鼻，現五股杵紋。脈到杵孔底交（將女方之海螺脈伸入杵孔之內而交合），樂高三百倍；不提時（若不提升精液之淨分時）、杵住蓮宮，亦較前鉅勁，杵頭光明煥發，孔甚圓而發光上射。女云：「此明點不提不漏時所現相。」嗣既提，杵短小而柔，覺一切皆攝盡。升至各輪，其樂更大；到頂覺周身脫皮扯髮，散及全身。**樂、明、無念**，同時現起，輕安有無亦不了辨，**樂極濃厚，一切分別於焉寂止**，是蓋風力所致也。

女教我云：「杵置蓮宮，持、提、散，三者以心攝持，而不以風，亦可。」其後余乃遵行，不復風伊之脈（不再瘋狂於她下體內之海螺脈）。因常往來，杵道甚癢，水熾，心攝至胸，餘液落墊，笑聲載出。

日間，吾師嘗與通，不三日，飲酒四大斗，了無醉相；夜亦不須眠，杵蓮乃稍有參商（稍有出入）。

某日黎明，大成就魯赫巴來枕上云：「我即勝樂金剛化身。」言次，余見其頂有四面十二臂抱佛母本尊，魯訓我曰：「**男女密處脈輪，即勝樂父母等住所，出生事業手印、法手印、智慧手印，皆幻化身。本體為大樂，一切有情依異性而御，瑜伽士依三印而御，佛果則依法爾心安樂身自具佛母而御。切知為心所顯，當於此生起決定。**」余聆訓欣然（我聆聽訓示之後很歡欣），復與女狎弄（又與彼女相狎戲弄起來）。

是夜師上供，施殘食畢，余在幕中侍師所念修，忽爾光聲鏘然，送吾印來者（送事業手印明妃來者），剎那化電光去矣。其後延及二月（自此以後，一直延至兩個月），吾樂日增。

次年復坐靜卡惹山麓，近處有色拉牛廠，其女肉紫紅，供我區（牛？）乳，飲已，身增舒鬱，見釋迦以出家相而抱佛母（此是鬼神所現，學者莫信以爲真）。余曾於彼地說法，覺受日臻。說法三日後，轉居山右岩洞內，前女子與眾女伴送酥來，人多、緣起不巧，但得偷視而已。及黃昏，女益近身，餘多不及明見，得竊探其蓮（可以偷偷地探摸其下體），輕吻其頤。既去，牡丹（經水）滴露留潤蒲團，余無疑，抵地切舐（伏於地上以舌舐之），樂又熾然，非全無妙緣也。

越數日（過後數日），遇空行種性耶那班走，蓋為余前生願力所感，嘗與余同居二月（曾與余同居二月行淫），貪樂未周遍者（而其淫樂尚未能遍身者）。今已周遍，證悟亦倍蓰乎前，余已詳載別傳矣（我已經詳細紀錄於別傳中也）。嗣過饒貞與縷等處，成就相雖生，因緣未合。彼障我者，轉障自身，殊可惋惜。

過移喜網波時，受烏金四圓灌頂，智慧日長；緣不合者，亦漸相合。越數日，處多都，具骨飾空行母捧盈握食子（手握密壇中供「佛」後之食團）供我。月出明相中，見怖畏羅叉女，胸裂開，中現一寺，寺空行母王桑移喜裸體持鼓、天靈蓋，扶卡張加，如勇女眷屬甚多，爲我灌密修觀自在頂；眷屬中有年輕美麗者，與（吾）狂吻貼抱、從杵至頂、上下安樂（從下體至頂門、上下都喜樂），呼吸孱然，金剛（杵）契入蓮心，證無分別定（證得一心不亂、不起分別妄想之定）；心觀察本體，自然於此無分別定中得大樂休息。此後於老少眷屬各與一度春風（得此至樂之後，與其老少眷屬悉各與之交合一次），桑瓦移喜隨爲指示貪道大清淨法。

二年後，夏間居丁吉，朝根本師，與仁親網本受「禁住行」。開「廣灌頂」飲米酒十二碗，相中見印度諸大成就者。白日行三次，夜無須凄溺，灌頂加持力大樂延及半月未散。

回憶十八歲時受比丘戒，五年中於巾幗不生歡喜心，非爲幼童少女未嘗如春風受桃李笑，即手淫意深亦未曾有。蒙空行母移喜磋嘉授記後，「**直至輪迴未空，常以貪道為主宰**」，自他皆受指示。於事印（事業手印─謂雙身合修法）交（合）一次，（便）長一次智慧，故願於眾生未度盡前，**常恒厲力於此道焉**。……（更有餘錄雙身合修內容而誨淫極甚於此者，略不錄之）……。

三十七歲時，處幾不達端靜坐，**夢與清淨光明相雜合**，覺此肉身非尋常意生身，眞實到達香巴拉國，入「戰巴拉殿」，坐於其上，見另一宮殿有明妃宮娥游戲。宮殿聚寶所成，雜懸珊瑚琥珀以爲瓔珞，間綴水獸，時繪虎紋，紅玉飛綵、金沙布地，珠寶放光，無分晝夜；紅檀作櫺、珊瑚簾牖、琉璃透光、輕紗籠煙，獅子爲座、繡錦作墊，座之方隅雜綴珍寶，五光十色不可以目。錦墊之上復臥褥綢綾所成，上繡花鳥；臥褥之上復有背墊，團龍舞鳳，針黹不似人間女工（針線工夫不似人間之女紅）；座下足墊翠華鮮花幾疑自生，廣袤隨意所欲。香巴拉國王名墊登巴君，相好莊嚴，身材適中，歲已滿百，貌若童子；衣著亦極富麗，豔飾飛龍、新綾織鳳，冠金玉鳥珠貝，與諧妃子弄鈿踢環，親暱臉靨。

彼諸眷屬亦各同性相戀，見王妃二人坐其上，旁同性者告以種種貪道，於是助其淫勢；王、妃貪心齊熾，妃解羅裳、王脫玉帶，金剛驍勇、蓮花豐潤，笑聲歡騰、黏脫成響。余乃以意生身縮如蝸牛，盤居王、妃杵蓮間，親見杵點下降於蓮，王住大樂不動。俄頃倒鳳顛鸞，數數抽掀，杵益剛、力益大，明點又洩。如此傾三四次，蓮泉貪水與明點混合，如乳入水、浸潤蓮瓣，旋溢乎外。陰毛亦猶草得露、明耀可愛，余樂極而**從睡光中醒來**（原來只是荒唐夢一場，何曾有意生身?）。後此數日，樂欲蘊釀不散，蓋較以前所見諸相，樂高百倍；別有專傳，不復贅焉（此段文字不予註解，行者自惟之）。》》（34-612~624）

如是冒充打那拉達之喇嘛，非唯醒時凡見女人有姿色者便貪，乃至於夢中亦貪此道，於畜生女亦喜臨幸之。觀其所樂，蓋淫觸爾。及至探其所謂之悟，無非淫樂中之四喜領受，然後觀淫樂之無形無色故名非有，觀淫樂之確有樂受故名非無，如是故名淫樂為「非有非無」而成就「中道觀」；又觀覺知心於其中受樂，認定樂觸乃由覺知心而生，然因覺知心與樂觸俱皆無物質形色，故說樂觸與覺知心皆是「空」性；復觀覺知心與樂觸皆不異空性（以其無形色故空，非如顯教之證得第八識空性。復誤會樂受之觸塵相分由覺知心所生，故樂觸覺受與覺知心不異），故「覺知心空性」與「樂觸空性」不二，是名空樂不二，能證此者即是已經成就密宗之究竟佛，名為即身成佛法門。

密宗喇嘛由此修證故，成為密宗之大修行者。是故彼於一切時中，但見具有姿色之女人，即興淫意而設法與之交合，修行雙身法。如是常時不離欲貪，乃至夢中亦常與女人交，妄想淫穢至此，竟不自知其謬，於人生大夢中復作夢中夢，而以此自得，假冒覺囊巴法王之名密書成文，作為口訣傳之後世。如是口訣，一石兩鳥：一則可以誣蔑「一向抵制雙身法與應成中觀、至死不渝之覺囊巴法王多羅那他」，二則可以實傳四大派之雙身法。然由是文所說，可證密宗喇嘛之貪淫無度也，云何可言密宗喇嘛之離貪者？是故密宗倡言「以貪止貪」之說，進退無據，唯是邪見及貪欲者之飾辭爾，實乃魔生人中所傳邪法，用以誤導學人步向邪道，藉以妨阻佛法正道之弘傳。

復次，三世諸佛於度聲聞人成就解脫道之後，彼諸阿羅漢必皆永離女人，必永離異性貪愛及淫欲；何況已證佛菩提圓滿之兩足尊，何有可能於成佛之後復以雙身抱女之交合受淫樂相作為其莊嚴報身？密宗行者之見邪謬至此，而竟無人自知邪謬，乃竟妄言：「釋迦佛之法身毗盧遮那佛傳授《大日經》之雙身修法與密宗，令密宗行者可以即身成佛。」如是虛言，怪誕已極，實是謗　佛之言也。

復次，「久學菩薩」自己證悟之後，次第進修般若別相智及一切種智，亦必於四威儀中漸斷人間之欲貪，云何密宗反教弟子等眾行於欲貪？乃至喇嘛上師自身夢中亦常樂於此道？余雖已第二世現居士身，然此世證悟後，即不復夢淫事，迄今十有二載；心常警覺女欲之如蛇蠍，一切女衆證悟之後，亦當如是警覺：「男欲猶如蛇蠍。」

等覺菩薩固然示現有妻女諸子，然此僅爲酬其宿緣，及爲示現眷屬圓滿、衆緣具足，亦欲示現其具足男子之金剛相─示現具足性能力，顯現其非爲黃門二根，非因喪失性能力而離欲。其實心無邪貪，乃至自妻亦無貪著，非因心有欲貪而娶妻生子也。菩薩尚且如是，何況諸佛之清淨、已至一切種子之二障隨眠皆已斷盡無餘者，何有可能再爲密宗傳此與解脫道背道而馳之法？何有可能再傳與佛菩提道完全背道而馳之淫樂修法？何有可能以交抱女人常受淫樂之雙身相爲其莊嚴報身之眞實果報？無是理也。是故密宗祖師所言「以欲止欲」之說邪謬，不可信之也。由密宗之「經、續」所言種種邪見，悉背解脫道及佛菩提道，所言與佛法完全無關，云何可以謂之爲佛法？云何印順法師可以堅稱「密宗是佛教之一支宗派」？直是「外道依附於佛教」而實傳外道法者，本質絕非佛教也。

第九章　無上瑜伽—雙身法之實修

第一節　無上瑜伽略說

「那洛六法」中說密宗有四大部—無上密、瑜伽密、行密、作密：《《密宗有四大部：一、無上密宗，二、瑜伽密宗，三、行密宗，四、作密宗是也。除無上密宗外，其餘下三部密宗，皆無抱明母之修法。》》（62-51）。無上密即是雙身修法也，抱明母者即是抱女人合修淫樂之「樂空不二」法門也。

密宗說：若人聞此男女合修之淫樂修法可以即身成佛，而不生懷疑、立即信受奉行者，即是無上瑜伽法門之「正所化機」，說如是人爲「大乘中具足最勝種性大堪能者」；是故唯有「大乘中具足最勝種性大堪能者」方能信受及修學此雙身法，是故此男女交合之無上瑜伽淫樂修法，乃是密宗等「大根性者」之修學法門。

譬如**宗喀巴**云：《《無上瑜伽**正所化機**，謂如前說已修共道淨治相續大乘種性，是大乘中具足最勝種性大堪能者，由大悲心發動意故，成就猛利欲樂、急願成佛，欲入無上瑜伽法門、速疾成佛，必須無倒了知

續義（了知密續之義理），**善學二種次第**（善學生起次第及圓滿次第）**及諸密行**（及第四灌後之與異性合修雙身法等種種隱密修行法門）。》》（21-154）

宗喀巴於《密宗道次第廣論》中，說事行部瑜伽有四：天瑜伽、空瑜伽、風瑜伽、念誦瑜伽，亦說此四法修畢者，始可修習正分之無上瑜伽。事行部瑜伽屬於生起次第之修法，由修成生起次第之法，然後方有能力與人合修無上瑜伽，故名生起次第。宗喀巴言此無上瑜伽乃**果續**之瑜伽部修法，並言修習此雙身法者，一世即能成佛：

《《…於灌頂儀軌支分中，護摩與資糧輪儀軌，及修彼時所需咒師之相、鈴、杵、大小油杓、骷髏杖等，應如何持用等，皆應了知。如是由灌頂力，成為法器。善諸三昧耶（善於了知樂空不二法門之「定境」證量），聞思教義、決擇修習。**上者現法即能成佛，中者於餘有情起中有位而得成佛，下者轉生乃能成佛**。》》（21-156）

陳履安居士於拙著《平實書箋》出版後，曾電謂我云：「密宗並無男女雙身修法，汝不應於《平實書箋》中批評密宗傳授雙身修法。」然密宗中實有此法，乃至號稱最清淨之改革派黃教宗喀巴等人，亦悉崇奉此雙身修法，並且一向有人傳授此法直至如今。

今時究有何人傳授此法？不須言之鑿鑿，但聞衆多密宗女行者被異性行者要求成就其「即身成佛之道—合修雙身法」者爲數不少，即可知之。又台灣有許多女行者及部份比丘尼曾與異性上師合修雙身法，或「如法」受第四灌頂者，即可證知密宗之雙身修法至今並未斷絕，仍在私下弘傳之中，只是因密宗所設之三昧耶戒，故不敢公開宣揚罷了。

復次，一切曾與異性上師合修雙身法之密宗行者，或曾受上師於密壇中傳第四灌頂者，皆不得向他人言說，此是密宗上師與異性同性弟子間永遠之秘密故，不許令家中配偶知悉故—特別是久修密法之女性行者與男性上師間之永久秘密；是故若非別有因緣者，皆不可能曝露此諸內情也。爲保全密宗諸久修密法女性行者之名節及家庭和樂，今時之事且置不舉；單舉古時蓮花生「大師」之開示，即足以證明之。於《亥母甚深引導》中，蓮花生上師開示云：

《《蓮師告曰：「移喜磋嘉！汝其諦聽。我於汝當許開示金剛亥母之法；其中，外計算法如擇日期等，內計算法如脈等密之氣脈明點建立法。此中當先灌頂，令成熟修馬亥母起分，然後於密修中修「氣、脈、明點淨分、自他亥母降」等四法，於空樂智上，認識俱生智（認識俱生淫樂之智慧）；凡所顯現，了知爲法身。決定正見以後，任運修持光明之身，令有漏成無漏，趨入普賢王如來位（趨入裸身抱女交合而永受淫樂第四喜之「普賢王如來」果位）。如此教授，當爲汝說。」

移喜磋嘉乃以黃帛書其教授，以赤銅爲櫝，藏於桑爽那柘。此後持密歌吉登譜取出，又藏於孟餘山，寧馬巴舉古取綱柘波請出供養。貢通王移王宮開櫝而視，則爲黃帛二張，寬約四寸，長約一尺，字爲瑣體，中即亥母甚深引導教授。

……蓮師告曰：「密中之最密者，則當依於身明點，修一切法；於無緣空性中，自成馬頭金剛：一面二臂、……三目獠牙，髮紅黃豎立，披虎象人皮，具諸莊嚴……懷中種字生亥母，頂有亥頭黑色、出聲，與佛父相抱，頂輪各有三百六十班札札格。……其手印依次：右爲金剛、寶、鉞、蓮、劍、左顱，各相抱甚親暱。……總之金剛身中皆空行父母，如芝麻夾開，彼等相抱雙運中，勸請勇士空行如是頂上金剛空行父母從雙運中降紅白甘露，樂遍於頂，融入中脈灌注喉間，乃至密處。每到一輪即轉其輪，如是全身毛孔供養週遍，復持氣從下灌上，湧出梵門外供蓮師。蓮師金剛持，復放紅白菩提，到一切有情心中；清淨後安住蓮師佛位，復化光融入蓮師心中；師復化光入任運大光明中。……此爲密法，不可宣洩。……於我蓮花頭髮悲心流出之馬頭，爲調伏眾生而變化，此即我蓮花生心修源法。爲未來眾生故，願具堪能者得早遇之。

初：自加持自身成馬頭佛父母身；如緣明顯，頂上上師蓮花生；修無自性，眷屬空行圍繞；發勝菩提心，蓮日上種字放紅光，燒盡眾生三業習氣；光返自成馬頭，身紅（色）抱亥母，杵蓮契合（馬頭男與亥頭女二本尊之下體互相契合）；頂上上師蓮花生亦如馬亥相抱（頂上之蓮花生上師亦如馬亥交合一樣而抱明妃交合，並因生樂而下注淫液灌入行者之頂），作殊勝灌頂；……。

敬禮秘密語本尊：如我所修秘密法，為秘密中之極秘密者；於屍林中或寂靜處，陳設五空行三角食子，箭上安鷲毛，繫紅綾、紅銅片、海螺等，此為空行所依物。具三節、如竹而實之籐上，以五色紅等綾莊嚴。頸上塗處女血（塗處女之經血）及黃丹，此為愛敬法所依。如（係）僧人，當備紅法衣、黑紙上以金（泥）書五部空行母咒；具相十六歲空行女血（經血）、及自（己之）明點（精液），五肉五甘露完全之阿米打（含有五肉五甘露完全具足之酒），五位五寶（五位明妃與五寶），獨片天靈蓋—為女而未壞者。此中……（如上所說而修懷法）。

自身大樂輪者（密宗喇嘛若無實體明妃可用者，即修此**自身之大樂輪**）：具力瑜伽士，為增長無漏智，當修氣脈明點，如法灌頂，拙火作已，於寂靜處坐安樂墊上，隨自欲樂想一佛母（觀想有一明妃）；此為與心相合、修智慧母法。如彼真實（如果所觀想之明妃已真實出現於眼前時），聞其語言、窺其形容、按乳、等工作，向空虛擬而行（還應當能聞其語言、窺其形貌，按摸其乳房…等工作，皆向虛空中模擬而行之）；如上以不定法（以如上所說，不一定使用某一法），令生安樂（令自己出生淫樂之觸受）。身生熱出汗，杵（下體）出牛涎，此時當觀體性本來空；頭身等抖顫，如是一剎那提馬頭佛慢，自杵觀爲五股杵，紅種字頭向下，塞杵口，以右手爲亥母而行（謂將右手作爲亥母明妃，以手淫之法而引生淫樂），顯自性頂上五輪等，如前密修而修；雖遇命難，明點勿洩（縱使遇到命危之狀況，也不可以使精液射出）。

如是意樂，當數數生起，慢慢手淫；樂如生起，上氣安住本處，中氣鼓腹，目看明空體，抖身；樂小，再淫；不忍樂、（猶）如昏迷時，身不動，中氣外張，上氣按抑，背氣提上（如貓拱背，提肛，將氣自杵根向背後督脈往上提），以長吽短吽出氣，腹貼背（縮腹貼背上提）。如上無間連行三次（如上所說不間斷地連行三次性高潮）。

復如龜而行於五輪供養（復將淫樂次第轉至上下五輪中，而繼續保持於性高潮中、細心緩長受樂，而以此供養自身），樂到頂上諸脈皆動；中氣張腹，明點（精液）自然安住不流失。此後空聲而提（提取精液之淨分），心目專注頂上，數數而提。既返本處（後又降回下體本處），行如羊抖等拳法，可散布全身；此後又漸行之（稍後再如是以手淫之法而修之。俟下體軟化，稍後再修，其能力即可較前時增進，樂亦隨之增長。此亦是密宗上師所應傳授與男性弟子之口訣之一。女性不受此限）。

氣脈未熟行者，或「見」未決定者，明點欲落時（精液即將射出時），**以第二指按大小便間**（會陰），**氣稍壓住**（以防射精），**心注頂上罕字；此後中氣漸次鎮壓，上氣吸、向下按，背氣用力提，出長短吽聲，如腸將斷；此後持瓶氣，由此淨分不漏**（由此行法可以使精液之淨分不漏洩）**；如是精進**（而引生大樂）**，淨濁可以分開**（由於大樂之故可以令淨分與濁分分開）**，並得堅固**（而不軟化，可以長久受樂）。

空行勇士任運攝持，福壽增上；身鮮明如童子，頂無白髮，額無縐紋。他身（謂合修之空行母、明妃之）**紅分不可多提**（謂不可於明妃身上採陰補陽太多）**，多**（提）**則**（將使明妃之）**身成紫黑色，故當知其量具堪能者**（應當了知彼明妃之承受能力多少），**如此要訣，當知受持。**」》》（34-529~539）

由以上所舉密宗教主**蓮花生**「大師」之《亥母甚深引導》中之開示，可以證實密宗確實有此男女合修之雙身法，陳履安對余說密宗無此法者，非誠實語，人格已失。蓮花生如是說，宗喀巴亦如是說，讀者若欲知者，可逕閱宗喀巴之《密宗道次第廣論》，便可知余言之不妄也。其餘上師作是說者，亦非少數，只是不對淺學之密宗行者舉說爾。

譬如某師云：《《丹田火熾，白菩提心化而上下之時，貪心自然生起；蓋吾人之貪心從無始以來已有之，根深蒂固不易盡除；苟善於利用，則可轉成智慧，猶如清水加以甘露，即變成甘露，頑鐵點以金藥即變成黃金。倘行者久修菩提心，則八萬四千煩惱根本之貪瞋痴慢疑五毒均可轉成菩提妙心。夫白菩提心者（男性精液），即利益眾生也：修丹田火時手抱明母，不知之人以為行淫。殊不知此中別有深意：**交而不洩**，**一心利生**，完全為消除眾生之業障也。苟能心存利生，則殺盜打罵亦無往不是「菩提妙心、眾生利益」之意也。此乃無上密宗所特有之妙義，非淺學之人所能測知者也。彼好談玄理、不尚實修者，何異數說鄰家之珍？豈如此口頭數說即可自致珍寶耶？》》（62-195）

由是略舉諸師及蓮花生上師之說，即可了知西藏密宗各派確實有此雙身修法；不但有此男女淫樂之修法，而且此一邪淫荒謬之雙身修法，其實正是密宗之最主要理論及實修之法門；若除去此樂空不二之淫樂理論及法門，密宗之道則將全盤瓦解，不復再有密宗之道也。

由此可見陳履安居士之言，非誠實言，乃是故意矇騙於余，欲令余從此以後不再舉說密宗如是邪謬之法也。由此亦可見得：陳履安居士其實亦知如是密宗之理論及修行法門，並非真正之佛法，是故恐人知之而輕視密宗，否則即不須電話中長篇大論對余妄言「密宗實無此法」也。

此外，《大日經－大毗盧遮那成佛神變加持經、一切如來現證祕密大教王經、結合經、金剛鬘經、集密根本經、理趣經－大樂金剛不空眞實三昧耶經、攝眞實經、第二觀察經、大印空點經、月密空點經、札拏經：：》等悉有是說，毳衣與羅伊跋所造之母續修法亦有是法，寂靜論師亦造《歡喜金剛雙身修法》，種比跋《無我母修法》、難勝月《歡喜金剛修法》，其餘密宗祖師所造之《金剛幕、集密、集密後續、眞實光明論、明顯雙運論、明炬論、攝行論、那洛六法、亥母甚深導引、密宗道次第廣論、摩尼樹法、打那拉達密傳、貪道論、大樂引導門、明點不漏口訣、守護三昧耶口訣、受用手印口訣、愛敬口訣、時輪金剛證分六支法要不共口訣、：：》復有無量古代密宗祖師造作密續皆說此雙身修法，乃至自稱「最清淨」之西藏密宗黃教祖師宗喀巴，亦於其《密宗道次第廣論》書中廣論其法；是故密宗無量數之密經密續中皆述說此淫樂之雙身修法，非無此法，唯有淺學之密宗行者不知爾。

密宗之即身成佛理論，完全根源於此男女合修之雙身法，而將來成佛時之莊嚴報身亦是男女坐姿交合受樂之雙身欲界「天」像。密宗白教密勒日巴亦修此法，非如陳履安所說之無也，讀者欲知其詳，請閱密勒日巴歌集等，即可知之，不須與陳履安居士互相爭辯其有無也。又密宗諸多上師於密續中，誣謂：「釋迦亦修此法而後成佛，然未於三乘經中說之，捨壽後乃示現化身說之。」

又異口同聲謂人曰：「若不修此法，不可能成法身佛、報身佛。」一有書記載爲證：《《上樂王之修持不止一樣，末而幹（馬爾巴）喇嘛、秋既喇嘛、覺洛若喇嘛所傳者，各各不同，有六十二樣之上樂王，皆有壇城。上樂王與喜金剛均注重丹田火之修持，修之以供養身內無量無數之佛。但**不得上師歡心者，修之仍無悉地**。修者視己身如壇城，以丹田火供養諸佛，此層甚爲緊要。並修壇城中一切輪子轉的道理，起分修法係**嚴獨勇、無成佛之望**。**如欲成就，必修雙身**；正分修丹田火，即是修雙身；故起分修後，必修正分（必修雙身法），始能成就。》》（62-52）

又云：《《西藏古時講經者多屬在家人，無出家人講經，故皆有家室。**密勒之師末而幹**（馬爾巴）**喇嘛即是在家人，其妻即空行母**；凡丈夫成佛，其妻即成空行母。因妻子若不得成佛，則將阻止其夫修法，蓋恐其修成棄之而去也。**佛恐無人修法，乃大開方便之門，立雙身修法，使夫婦可以合修、共同成佛**。從此爲妻者不但不阻其夫修法，且加入同修，希冀雙雙成佛也。然後**修法之人自可日增**，此乃我佛方便之意，苦

心孤詣，希人修法脫離苦海。爾等見雙身像，應仰體佛菩薩之深意密旨，不可生毀謗之念。至要至要。》》（62-63）

如是，陳履安居士言密宗無此即身成佛之雙身法者，乃是籠罩之詞，非誠實言也。又陳居士謂我言：《《密宗有許多大修行者住在台灣，他們證量很高，你應該參訪他們。他們都很謙虛，從來不說他們是佛；也不說可以即身成佛，你不應該冤枉他們。》》陳居士所言之大修行者，究竟係何人？彼既未言其名，陳居士邀之與余相見，又悉拒不見余，余則不便論之。今者卻見密宗「諸經」及密續之中，處處皆言雙身合修之淫樂法門，而言：可以觀察樂空不二，可以於淫樂之中作樂空雙運而成究竟佛。非無密宗上師作是言也。而眾生出版社所出版（揭開心智的奧秘）書中，達賴喇嘛亦言有是修法，故陳居士所言不實，非誠實語。

復次，密宗諸師以自邪見而反破斥顯教之指正其邪見者爲邪見之人，如是現象屢見不鮮。是故密宗誣指覺囊巴爲破法者之後，便消滅覺囊巴，更造種種書論而詆毀之（因覺囊巴自篤補巴法王起，多代法王皆以明弘時輪金剛爲掩護，實弘如來藏法，而破斥密宗各派「以意識心無念作爲佛地真如」之邪見，實際抵制雙身法，主張應捨棄雙身法；故密宗黃教即消滅之，並假稱覺囊巴末代法王修習雙身法，乃僞造《打那拉達密傳》，將多羅那他拖下水，言其亦認同及修雙身法以誣蔑之。

彼時黃教又銷毀覺囊巴寺院中之他空見刻版，將覺囊巴之法義另作曲解，別刻書版取代原有書版，而偷存於覺囊巴寺院之刻版中，令其留存至後代。此皆黃教掌控下所寫之密教史中故意隱瞞之歷史事實）。是故密宗栽贓誣責他派之事，屢見不鮮。

譬如：《《若以無上乘言，士夫百年、脈氣明點成爲智慧，眞實清淨，**則一生決定成佛**。彼住於密說，與般若乘不通者，此爲邪分別；境識、道識、一切智者，爲顯教所迷。若「道識」無有，不能成佛；不能成佛則無一切智，如是等諸菩薩註，諸大善巧者已廣述矣。誰對於般若乘所得功德，未得前，而謂得解脫寂靜心已，不足理。自己無功德，而能於他人前顯現，則成顚倒。如自己無食，而云佈施，豈非笑話？》》（34-477）

如是，密宗諸師自己陷於邪見中，自不知邪，而反批評顯教之修行緩慢，又責顯教菩薩修行之證量粗淺；其實是自身完全不懂佛法，墮於外道邪見之中，卻以外道法之「證量」而責備顯教菩薩「不懂密法」，說顯教菩薩之證量粗淺，有如是可笑之事者。如是可笑之事者，多至不可勝數，非唯古時極多，亦復散見於密宗今時諸師所造書中。如是事實，一般密宗行者不能知之，唯有具備佛法之正知正見者方能知之也。

第二節　密宗之佛教禪定——雙身修法

密宗有其自有之「密宗佛教禪定」，謂無上瑜伽也。無上瑜伽有二，一爲光明大手印，屬於明空雙運；二爲雙身修法，屬於事業部之樂空雙運。樂空雙運即是樂空不二之修法也，乃是第四灌頂後，與自家配偶或與密宗異性者合修之法。《《：按光明大手印屬明空雙運，事業手印則屬樂空雙運，固各有別；前者即本教授之正鵠。而五毒方便中大癡即爲大明，大貪即大樂，故本法以大癡之睡眠，而契于大印之光明，最爲快捷殊勝。》》（34-768）

光明大手印之明體修證，詳見《椎擊三要、仰兑、祝拔宗大手印、修心七要、大圓滿最勝心中心引導略要、察察堪布大手印口訣》，皆是以意識覺知心之一念不生、不起執著攀緣、不對諸法起語言思想上之分別，心中認定一切法緣起性空；說能如是長時安住者，即是證得光明大手印，如是境界謂是密宗之見道初地境界，亦有謂爲已成究竟佛道者。其實皆未證得第八識如來藏，並非眞正之見道。於拙著公案拈提諸集中，余已多所舉陳，此書中不重舉之。

樂空雙運無上瑜伽之理論，歸納而言有三：1生起次第之三身修法，2圓滿次第之樂空雙運，3圓滿次第之二諦雙運。生起次第之修法，即是中脈明點之觀想，然後加修天身瑜伽之觀想，次修寶瓶氣拙火功夫，此三者名爲無上瑜伽之生起次第；蓋此三者之修學生起，其目的皆在爲後來之樂空雙運無上瑜伽實修而作準備，故說此三者之修鍊亦在無上瑜伽之函蓋範圍之內。本章所言無上瑜伽樂空雙運者，乃專指後二：圓滿次第之樂空雙運、圓滿次第之二諦雙運。

密宗對於般若完全誤會，將禪定境界錯認爲般若，是故薩迦派中說之爲三禪定：《《三禪定：種種性相定、自性空定、體性雙運定。體性雙運定又分爲三：境現空雙運、識明空雙運、身樂空雙運。》》（61-161）

種種性相定者：謂《《於覺受相上覺見種種樂、明、實有等。》》（61-161）。謂於雙身合修法中觀察：淫樂之覺受相上，可以覺察淫樂於身上起種種部位不同之樂；淫樂之覺受相上，確有「明性」存在，故能明了覺知六塵及領受樂觸。由覺知心之覺見種種「樂」實有可觸，非是唯有想像之境界，彼身上所受之種種樂**實有**不虛；由覺知心觀察自己處於種種樂中之「明性（清楚觀察分別之性）」確實存在，非唯想像，故「明」**實有**。於雙身修法中現前觀察有此諸性相，名爲證得「種種性相定」。

自性空定者：謂《《由隱沒一切自性所現後，唯空常存。》》（61-

161）。謂於雙身修法之中，專注於明點升降及所現之樂觸，此時一念不生，不對外境生起領受之心，故一切外境悉皆隱沒不受。又於此性高潮之「大樂長樂」之際，同時觀察一切外法皆是無常、終必毀壞，唯有此無妄念之覺知心與淫樂「長存不壞」；如是觀察已，住於覺知心與淫樂之自性中，而觀察此覺知心與淫樂皆無形無色，眞是「空」性。如是於淫樂現前觀察者，即是證得自性空定。

體性雙運定分三：《《境現空雙運：主要於外境上生，體性無分別生。識明空雙運：秘密心上生，體性光明生。身樂空雙運：內身上生，體性大樂生。》》（61-161~162）

體性雙運定之「境現空雙運」者，不是在於覺知心自身及淫樂上觀察，主要是在外境上觀察：外境一切法皆是形色物質，是故將來皆必毀壞，皆是緣起性空。將如是「緣起性空觀」與「覺知心、淫樂空」性，同時並行雙運，即是證得「體性雙運定之境現空雙運」。

體性雙運定之「識明空雙運」者，謂雙身合修之中，有秘密心明點出生；此秘密心明點有光明輝發，迥脫塵勞，不受染污；此明點心與覺知心意識同存於雙身法之淫樂中，並行不悖，皆是無形無色之「空性」。如是觀察了知已，即是證得「體性雙運定之識明空雙運」。

體性雙運定之「身樂空雙運」者謂：於雙身合修之中，藉身樂而引生心樂四喜；此心樂四喜，乃由內身所生，非由外身－人間粗色身－所生，此乃是自心（無妄念之覺知心）之本體自性所生，非從外身而生。如此領受身上種種淫樂，並同時領受覺知心之四喜大樂，即是證得「體性雙運定之身樂空雙運」。

如是所證之三禪定，皆在意識層次之中，未曾證得第八識如來藏，亦未證得第七識心末那識，所修所證皆與般若無關。般若之修證乃是證得自己之眞實心，依此眞實心之體性而作中道之觀行，依此眞實心之體性而說中道之法；如是證、如是觀、如是言，方是般若也。

今者密宗中法道最嚴謹縝密之薩迦派所說之「三禪定」般若現觀，尚不能知般若智中最粗淺之總相智，何況能知般若之別相智及種智？等而下之，其餘各派之「般若修證」，亦可知矣！

無上瑜伽之修證雖然如是不能及於第一義諦，但欲修學樂空雙運之無上瑜伽者，卻須有明點觀想、天身觀想、氣功提降之功夫成就，方可修學：《《抱明母者即爲眾生利益，大道之妙無有逾於此者；此法能將貪心轉成智慧，常人不明，以爲行淫，不知其與平常男女之事不同也。**若明點下降至密處門上而能不洩，則同生智慧已到，正真之道已得，**否則猶未得其道也。抱明母而不洩，則得身寂靜與意寂靜焉。**其合也，一心利生**（誠心令異性獲得快樂及了知「空性」而利益之），非圖淫樂，則脈氣點之力自然皆來矣。彼能氣入中脈、明點上下者，始是正分瑜伽之人也。此種明母（明妃）意思，顯教辯論經八大部中之第二部亦有之，蓋為自利利他而抱明母，非為貪圖淫樂也。且欲引眾生入正道，必先樂其所樂，得其**歡心**，然後隨機利導，方易奏效。》》（62-198~199）

因有此功夫而能在與異性交合時，永遠不洩而常受樂，即屬不觸犯密宗之三昧耶戒；故密宗上師若已證此功夫者，即可隨時受用一切女人，而於性愛過程中教導對方了知：淫樂覺受空無形相、受樂之覺知心亦空無形相，故名「空性」，如是令眾生證得空性，如是利益眾生。

乃至雖交合之時為受淫樂而射精者，若有洩後能再吸回身中之功夫者，只須於洩後再予吸回腹中，亦屬不犯三昧耶戒：

《《是以彼之交合並非貪淫，實是利生也，但**必須交而不洩爾**。**迨功夫到家，則洩亦不妨；蓋到時洩後仍能收回也**。蒙古愛倫姆山之洞內有一喇嘛，人皆不知其姓氏，故即以山之名名之曰：「愛倫姆的媽爾的」。彼居洞中修法，有不少當地婦女與之同居共寢處。因之其地男子群起不服，訴諸於官；官畏其能，不敢受理。其地男子乃逕投熱河都統衙門上控，都統閱狀，密遣衙役前往察訪；使者抵其地，伏處洞旁林中暗中窺探，果見婦女入洞，遂接踵趨入，冀出其不意、人贓兩獲。詎料入洞搜索一無所得，蓋已預知使者將到，故婦女入洞之後，即由他徑遣之使去，是以衙役來時搜索不得也。使者既不得女，愛乃故問來意，使者據實告之，並邀其同返衙中。愛允可，隨使者同回都統衙。都統登堂審問曰：「爾為喇嘛，何以洞中暗藏婦女共寢處？知犯罪否？」愛曰：「是乃修道之法，不知其為不可也。」都統大怒，罰跪鐵鏈，愛亦不抗，自跪鏈上而其身離地三尺，滿堂上下皆大驚異。都統知不可屈，復問曰：「何以致此？」愛對曰：「本領爾。」官曰：「能人豈犯法耶？」愛曰：「因守法故隨役來，否則非爾所能招致也。」……都統服，遂拜之為師，隨之學法焉。嗣後都統始知愛納婦女非為淫樂，實為利生；於是佈告各處：「喇嘛與婦女同宿不為犯法，地方官長不得攔阻、擅加拘捕。」而愛則留婦女同居如故。愛之弟子見師納女，遂亦群起仿效，各招婦女同寢。愛知而問之，僉曰：「吾儕效師所為也。」愛曰：「善哉善哉，爾等隨我來。」弟子從之至庭前，取沸水一盆置胯下，去小衣，將身下蹬，以熱氣蒸密處；未幾精出如線，盤於盆中，長逾數丈而不斷；旋復收入腹內，不留些許。既畢，問其徒曰：「爾等能

之否？」至是，眾徒皆目瞪口呆，搖首不能答。愛乃曰：「爾等若無此能，則不可御女以自害。」》》（62-198~200）

此意乃謂修成收放自如之功夫者，雖是出家之身，亦可與女人合修淫樂之法也。若已修成能收放自如之功夫者，乃至可爲貪受性高潮之樂故而射精，只需洩後再收回腹中即不算犯戒，是故密宗內之喇嘛，若修成明點及寶瓶氣成就者，亦可與女人同宿行淫。若與女人同淫樂，而能爲女人說彼樂空不二之四喜境界修證者，即屬於利生，而不屬於行淫，此乃西藏密宗各大派一致之主張也；是故密宗如是主張：

《《一切氣上下等道理必須完全明白，否則無上密宗之不共法不可得而聞也。故此法之修持甚爲緊要，如不修一切氣上下之法，是猶不培其根而求葉茂，烏可得哉？》》（62-295）。**宗喀巴**亦作是說，讀者欲知其詳，請閱西密黃教奉爲至寶，而不輕傳與初學密宗行者之宗喀巴所著《密宗道次第廣論》廣說，自可知矣。

此樂空不二之無上瑜伽，乃第四灌頂與上師合修、由上師當場指導（黃教則是如前章所說，於第四灌頂時，由上師在與九明共行時指導弟子，及於其後弟子與九明共行時，由上師於細節上指導之），然後自己與其餘明妃合修之法也。女性密宗行者，則是於第四灌頂之後，別覓男性行者（稱爲勇父）合修之，名爲「樂空不二、樂空雙運」之無上瑜伽—即身成佛法門之精進修行也。其中較詳細之修法舉例，**於後第六節中始廣說之**，此處暫略不述。

第三節　藉無上瑜伽修成虹光身

虹光身之修法概略如下：《《…但是這個肉身因爲遺留，所以你還是要荼毗，這個就不對了，這個就不叫做是即身成佛，不叫做「即身即生」。即身有兩個作用：又即生，並且即身；不光是即生，而且是要即身。如果光是即生成佛，好比你如果是「死有」成法身佛，他還是即生嘛！還是這一生嘛！或者「中有」成報身佛啊！也還是這一生嘛！但是呢，不是即身。爲什麼不是即身呢？因爲他這個色身還沒有「了」，這個色身還是要火化，這就不對了，那就不是即身啦！那只有即生而不是即身（成佛）。…所以這個三昧耶身一定要交代清楚啊！他們就有好多沒有交待清楚，只說成佛！成佛！所以很多人對於密勒日巴是不是成了佛、都發生問題啊！釋迦牟尼佛是不是成佛都發生問題啊！你照密宗的道理來、你是不應該荼毗的，你應該是這個肉身要放光明。除了蓮花生大士是這樣的成佛，其餘其實也還有很多這樣成就的。如果照普通那樣不追究這個三昧耶身，那末就很多人都成了佛。仔細追究、其實都是中陰成佛，因爲他們需要火化。蓮花生大士沒有荼毗，成就無死瑜伽的都沒有荼毗的，例如盪通借波也沒有。密勒日巴雖然他有三昧眞火燒啊！然而呢，他非燒了還是不行啦，他是中有成佛，不是即身成佛，不是即身即生成佛。要把這個三昧耶身統統化成光明了才是，理論是這個樣子，實際上成就的例子，則包括蓮花生大士、盪通借波祖師，蓮師的兩位太太們：都那哇、移喜磋嘉也都成就了。他們都是飛起去的，都沒有死啊！都沒有荼毗啊。所以我們只要努力修，也是可能成就的。麻巴（馬爾巴）也沒有荼毗，並且他的九位太太呀，就一個化光進入另一個，直到最後一位化光進入麻巴，他自己再化光。》》（32-232）

然而密宗對於成佛之道，其實完全不知不解，妄自以爲修成虹光身就是究竟成佛。然而此種密宗之佛，於「究竟成佛」之後，竟完全不知自己身中之第八識如來藏何在，竟完全誤會般若及一切種智。如是而言究竟成佛，豈非猶如自大之小學生嘲笑大學教授不會加減乘除，而自言其數學之成就、更勝於大學中傳授微積分之數學教授？

一切佛皆能以自身功德，由內將色身火化，非不能也。譬如一般未學道術之西洋人中，偶有報得之三昧眞火，能於捨壽時自行將色身由內生起火熱而自行火化其色身者；道家傳說之中，亦復不乏其人。自生三昧眞火而荼毗屍身者，於世間法中古今皆有如是異能者，絕非唯有密宗某師方能有之，亦非極爲稀奇之事，是故此事絕非即是成佛之證據也。

復次，馬爾巴是否未經荼毗、而由肉體逕化爲虹光身者，應係猶如古今密宗諸師之以訛傳訛多世之後，加以確認，其實並非眞有其事，所以者何？謂馬爾巴並未修得任何四禪八定功夫，生時亦無其他神異證量可言，云何死時而有如是異能？

如是，密宗內若有某師眞具如是異能，縱有虹光身之修證，然皆同於外道之同有如是異能者，虹光身亦與佛地報身完全不同，不可同日而語也。如是密宗諸師，皆不知不證其身中之第八識如來藏，故皆不通般若總相智及一切種智；不知不證般若總相智及一切種智之人，尚非七住位菩薩，云何可以自言已成佛道？無是理也。

佛經三大阿僧祇劫之修行，通達五明至於究極，豈有不能如是者？觀我　世尊於捨壽時，多人欲燃香薪而不能起火，爲俟大迦葉尊者之臨場參與故；後來時至，　佛自由內起火而燃，故意遺留碎身舍利與衆多遺法弟子，而稍解弟子思念之情。又所留碎身舍利，其量達八斛四斗之鉅，遠超色身之量，此豈密宗之「佛」所能爲之？

復次，世尊所留碎身舍利，若遇有緣之人，輒續生舍利，此乃衆人熟知之事，余亦親承之，此非密宗之「佛」所能偶一爲之者。

如是世間無漏之有爲法，密宗之「佛」尙不能爲之，何況出世間之解脫智，云何能證？故皆墮於意識境界，以意識爲佛地眞如。小乘阿羅漢所不能知不能證之般若，彼密宗諸師更云何能知能證？般若總相智尙不能證，何況別相智，焉能證之？般若之別相智旣不能證，何況無漏無爲、究竟涅槃、世間出世間之般若一切種智？更無論矣！如是凡夫地之密宗上師，竟敢貶抑 釋迦世尊爲非究竟成佛，狂妄乃爾！

又云：《《修大圓滿成就也是可以自己發虹光，不經過雙運也可以。不過這要大智慧的人才辦得到。他的身體內自有陰陽：他借用日光就是陽啊，借用月光就是陰啊，在體內一齊解決。那是要等妥噶修好了，才辦得到（32-236）。……且卻就是大圓滿次第的大圓滿見。妥噶就是大圓滿光。我說你們沒有得到金剛鍊是甚麼道理呢？我可以畫個東西給你們看啊，金剛鍊的光圈有時候這個樣子：一個一個小圈、零零碎碎的，有時候是連起來的，有時候連成一個雙條子，有時候大的連小的，這樣連的、謂之金剛鍊啊！它是白的、透亮的，這個線呢，也是本色的，沒有他色，謂之金剛鍊。我們隨時朝著有光的地方看都有的。金剛鍊是一種光啊，由智慧上開出來的光啊，所以它是無定形的。但是它的基本定形總歸是小圈啊！是本性發出來的光，並不是哪個創造出來的。要有這個呢，他要懂且卻見，同時又要得過師父的加持，脈裡頭已經變化了。至於妥噶光呢，慢慢由眼睛引帶，就把這個在身體外的光引到體內，直到看到這個光在體內顯啊。如果有了這個力量，就可以修大圓滿的七日成佛法了。你眞正有那個力量，依法修它，七天以內就可以把身體所有物質的東西化成光明。如果你觀慣了勝樂金剛，它那個金剛鍊就會組合起來，也像勝樂金剛的樣子（男女交合受樂的樣子）；有時候組合起來像杵（金剛杵）一樣的，那就比較進一步了。慢慢裡頭就現五方佛啊。不是單單一個圈，至少一群群；很明顯、發光的，並且是本色的光，是沒有顏色的光。如果有金剛鍊，有且卻見，就慢慢有大圓滿修持的可能性了。……這個白關呢，就是通常你們自己坐的關，就謂之白關，是可見天日的。紅關就是把窗子窗簾關起來，搞得黑黑的，但是點一盞燈；就是只有一個燈，對著這個燈光修妥噶，就謂之紅關。因爲這個燈是紅的，慢慢在紅光裡可以把紅光的光引進身內了，就非要閉黑關不可。黑關呢，它是好多重數牆啊，牆與牆的布置，它有一個方法通這個風；把空氣通進來了，光是一點不透的，因此叫黑關。起這個黑關的房子啊，就有一定的方法，使它通風而不透光；但是有時它又開一個洞，對著東方就看太陽，對著西方就看月亮；看月亮落下來，看太陽升起來。再由那些光又把它引到身體裡頭來：它就硬是用光化，所以內光外光一起在裡面就化了，所以這個身子就成爲光身，這個就不要荼毗了（32-267、268）。……蓮花生大師做了一些什麼樣的修持呢？首先，我們也要接受佛法的開示，你必須完成的第一個儀式是佛身。佛身裡面空無所有，就像一個水泡，其中沒有血肉。因此第一步的修法是（觀想）將肉身化爲水泡。我們不談大悟，祇說這個修法的第一階段。試如此想：只要我的肉身變得像水泡一般透明，像水泡一般輕靈，它就可以毫無阻礙地飄浮上來。……你只要認眞依照這個儀軌所定的標準精勤修習，就可以將堅實的色身化爲一種十分透明、十分漂亮、十分圓滿的東西，如此便距離虹身不遠了。……這個儀式一旦修畢之後，你就可以接受初級灌頂，進而觀想佛身—而不是觀想水泡了。佛身裡面空如水泡，外面則是佛的五色和紋飾。亦可觀想一位本尊，儀軌裡說他像什麼，你就將他觀成那個樣子。一切的一切，皆須確切此觀成本尊之身的樣子，一毫也不差。如此，我們便從一個名符其實的凡夫身，進而觀成裡面如空一般透明，而外面則有佛的一切莊嚴、以及三十二相的本尊之身。此觀一旦完成，那你與無死虹身的距離也就不遠了。在這個本尊之身中，你必須有一個智慧之身──一種由智慧、而不是由血肉構成的色身。你既已完成了水泡觀，堅實的色身就已結束了。是以，爲了再度轉變這個水泡，你必須要有甚深的智慧，才能使它化爲智慧之光。你必須在心輪裡面觀想蓮花，一旦你將蓮花眞正觀想成功，這朵蓮花的本身，就可以護持你，而使你不致落入任何胎門之中而投生了。……蓮花象徵母胎，因此，你一旦將蓮花觀成了，胎生就可避免，也就不必再到一位母親的子宮去跑一趟了。若要避免化生，你必須觀想蓮花上面的月，並加以確證。此月圓滿而又明亮，發出一種白光。此月一旦觀成，你就不必接受化生了—就像蠶化爲蛹，蛹化爲蛾一樣。如要避免濕生，我們必須觀想自己站在月輪上面，唸誦一道眞言，讓唸出的眞言發光而回，而使此光變成我們的本尊。……就被宿業所遷的投生而言，我們的第八識正是這種種子，但是我們只要觀成一個叫做種子的字輪，例如「吽」或「紇哩」，此種投生即可避開。你只要觀成這個代表佛教性空之理的種字輪，不但不會跟著第八識（原註：亦稱種識）隨處投胎去，反而成就一種智慧之身──而不是獲得一種粗重色身。如此，你便可以改變心識的投生，而在欲界與色界天上面的無色界中生而爲佛。如此，你亦可以避免意生的投生。這個種子字輪具有空性之智，因此，你只要專心觀想它，就可以使你的心識隨處受生，而必定生而爲佛。……這個名爲智慧身的身體，是修行第二灌所得的果，第一灌包括從外面觀想佛身。在第二灌當中，你在脈輪裡面觀想一位名叫智慧本尊的本尊，其身非常微妙。此種觀法分爲三層：一個人的身體原是血肉之身，而這個血肉之身變成水泡之身，而這種水泡之身又成了一種佛身。其次，經由深層的呼吸與拙火，這個名爲智身的本身即可形成，而此身則有遮斷其他生法的功能。這在第二灌中完成。此種智慧之身係由紅白菩提所構成，所含脈氣、呼吸、以及智慧，沒有一樣屬於粗重的物質。因此之故，使此種智慧之身轉化而成一種虹霓之身，可說易如反掌，毫無障礙，無可置疑，以上是第二階段。下面是第三階段：在這種智慧身中，習者仍然保有著細小的「吽、紇哩」，或者「懈」。當你修習時，不但整個宇宙都在放光，就是一切山河大地以及所有森羅萬象、也都化而爲光。此光進入粗重的血肉之身，而血肉之身則化爲智慧之身，而此智慧之身又化爲三昧之身。智慧之身的種子字輪，必須變得細如毫毛，乃至完全消溶於法性之身中。如此，你便證得所謂的法身了，法身是空。虹身是在空中，因此必先進入空中，才能變得像虹霓一樣、而發出你的虹身之光。這就是「行」。首先，開展通常的水泡之身，接著是名叫「三昧耶身」的血肉之身，而次是智慧之身，其四爲三昧之身，只要你能逐一證得此等之身，也就不難證得虹霓之身了。……佛身之中，首先需有一道中脈。……在中脈之中，你在下面觀想拙火，而在上面觀想「吽」字、白菩提。……以拙火使它轉化……此在男性，是托姆少而甘露多，而在女性則托姆多而甘露少。這就是何以要有第三灌的道理，因爲在此灌中，男女可以彼此互助，交換拙火和甘露，以使變化成爲可能。……如欲使凡夫之身轉化爲虹霓之身，不但需要智慧，而且需做多種觀修才行。第一個脈輪相當於大腦神經系統。你修「吽」字觀，運用拙火轉化這整個神經系統，以使它溶入這個頂輪之中。第二個脈輪相當於肺等呼吸系統，你以拙火使呼吸系統化入這個位於喉部的喉輪之中。如此做時，必須控制呼吸，加以觀想，並以拙火轉化這個系統。循環系統與血液和心臟相關，因此我們應以拙火使呼吸這個系統化入心輪之中。如此一來，血液與心臟便完了，肺臟也完了，大腦也完了。接著使消化器官化入臍輪之中，將所有大小腸等消化器官皆予轉變，以火焚化。所有一切的生殖器官皆在生殖輪中焚而化之，使之化爲這個脈輪。如此，我們有的便是這五個脈輪，而不再是凡夫的五大器官和系統。各種粗重器官一經轉化而成五大脈輪之後，我們便有虹霓之身了。前面四輪的變化發生於第二灌之間，而生殖器官的轉變則是第三灌的事情。第三灌（原註：與異性共修）的旨趣在於加強轉化或（成？）拙火的力量，但不可洩，否則的話便又轉而生爲凡夫之身了。精須上提，使其化而爲火，而後才能以此火力消融任何血肉之物。唯有如此，才能眞正化成虹霓之身。蓮花生上師依照這種修法而有所成，而此修法亦傳了下來，好讓我們亦可依法修行，而我們亦有修成的可能。……虹身之果與佛的第五身相關。佛有五身：變化身、應化身、法性身、俱生身、以及大樂智慧身，而其中的大樂智慧身就是此種虹身。因爲他處身於大樂之中，才能像肉身一樣受用此種大樂，並且他已證得與法身相關的無上智慧，因爲智慧就是般若，而所謂證得大樂的成就，就是所生的血肉之身已經化成最高形色的虹霓之身了。虹光就是此種無上的智慧，而虹彩則是最高的形色——兩者皆融合於這個大樂智慧之身之中了。我們所說的大徹大悟——最高的智慧，就是這種光明。……虹霓反映在無雲晴空之中的形態與色彩，是爲有形的一面，而其光明即是智慧。血肉之身成爲虹霓之身的形色，而其光明即是智慧——大樂智慧。從外形上來看，他既是一種虹霓，那就無死了；既然無死，度生也就無限了；度生無限，他就可以永無窮盡地行使大悲了。……這就是蓮花生之所以不死的原因，……假如你善用增加菩提的益處，你的菩提就會帶你上昇。因此，托姆必須強固，就像一道內在之火一樣，可以燒化每一樣東西而使此種色身完全化為光明。末了，我們如能求得四種灌頂並了悟空性之理，即可證得法身；不悟空性就不能證得法身，而不證法身就不能成虹身。因為虹身是在虛空之中，若無虛空，虹霓就無從出現了。這話的意思是說：我們的大樂智慧之身要在虛空之中的一道虹霓而得成就，而此虛空即象徵法身。觀修法身，必須修習大手印空理（442~454）。》》

如上長文，一一辨明如下：一、佛身與虹光無關，亦與日月光無關，亦無關於陰陽，乃是由斷除煩惱障一切種子隨眠、及斷除所知障中一切無明隨眠，加以三大阿僧祇劫之財物利益眾生、及正知正見弘傳以利眾生，如是修集福德之所成就。絕非經由修學密宗之且卻及妥噶等外道法、而不知不證第八識法身，並以外道邪見誤導眾生者所能成就也。是故密宗所言修證「明空雙運大手印、樂空雙運大手印」，而能成就虹光身者，皆與佛法無關，本質乃是外道法也。

二、金剛鍊等觀想，既與解脫道之斷除煩惱障種子習氣無關，亦與斷除所知障之無明隨眠無關，則其觀想之成就，便與佛智之一切智及一切種智無關；既與佛智無關，則知金剛鍊之觀想完全與佛身之成就無關，佛地莊嚴報身之成就由一切種智所成就故。

三、不論日光、月光、紅光、餘光，引入身中而變化身中之器官者，乃是虛妄想；其妄想同於觀想天身一樣虛妄，永遠不可能修成；依之而「修成」者，唯是自己之虛妄想爾，雖有其相分可以在自己覺知心中看見，實則同於夢境五塵之帶質境，並無實法；於佛法之修行法門中，並無實義，不能成就任何佛法之證量故，唯是外道之虛妄想故。

是故白關、黑關之設，及其修行方法，於佛法之正修行而言，皆無實義。心想引入種種光明，並不能令人成就佛法法義上之任何智慧，亦不能將身中肉質器官轉化成光身；至於色界頂之色究竟天中，彼諸菩薩之光身，乃是經由無生法忍之修證，再因往生彼天而報得之報身，乃是其正報，非因觀想與禪定所能得之。

復次，色究竟天中之佛身，之所以高大於地上菩薩之緣故，乃因其一切種智之圓滿、及廣大福德所致之報身，如是報身及其莊嚴，非因觀想而得成就。是故密宗之觀想引入外光，而欲轉化肉質色身成爲純光之五色虹光身者，乃是妄想也。

四、觀想心中出現一尊佛身，又觀想佛身內空無一物，猶如水泡內空無一物，再觀想彼身如水泡一般輕靈而可以任意飄浮，其實與佛之莊嚴報身無關，此法與解脱智及佛菩提智完全無關故。蓮花及月與光之觀想亦復如是，完全與佛地之莊嚴報身無關，非佛法正修行故。唸誦眞言亦無助於證得莊嚴報身，亦非屬於佛法之正修行故。

五、欲離投胎受生而免輪迴生死者，應從遠離淫樂貪著而離欲界生死、捨壽能生色界天，作爲下手之第一目標；而非以淫樂中作樂空雙運之體會樂空不二者所能成功，若於淫樂有一絲一毫之樂受，而言於其淫行中不生貪心者，如是之行正與佛地之莊嚴報身之取證背道而馳，絕無可能經由空樂大手印之修習而成就佛地之莊嚴報身，是故密宗藉由明空或樂空大手印之修習而欲成就佛地之莊嚴報身者，乃是妄想也。

六、意生身從來不因投胎而有，是故密宗之說邪謬。三種意生身之中，不論何類，皆由禪定（非密宗所言之雙身法等至禪定）及無生法忍慧而生，非因投胎而有。密宗中人尚不能知最淺之般若總相智，何況能證無生法忍而起道種智？如是於般若完全無知者，云何可能證得意生身？而竟以誤會意生身之邪見，轉而嫌棄勝妙之意生身，眞乃無智之人也。九地菩薩具足三種意生身，而未圓滿，須至佛地方才圓滿。此乃三大無數劫之福慧所成就者，成佛之後永存不滅，是一切菩薩所當精進虔求者，非如密宗所說之應棄捨者。密宗諸師不懂佛法，亂解一氣，誤導衆生極爲嚴重，捨壽後之果報不可思議也。

七、種字之觀想，不能成就任何佛法之證量，唯能藉與其有緣之護法神或諸佛菩薩之神力加持而免除立即之災難，令行者可以安心修行爾。欲成就佛法上之證量者，須於解脫智及佛菩提智上用心求證，方可證得，密宗一切行者皆應知之。若不信余言，修至三十、五十年後，仍將不能解知小乘解脫道及大乘佛菩提道之眞實義理也，余今善意先言，以利密宗內之有智行者深思。

八、中脈明點、天身、寶瓶氣、拙火之觀想修練，以及種字、水泡、身空等觀想，皆不可能轉變肉質色身爲光身而成就虹光身。「猶如水泡之身」，所述類似初禪證得時之天身，然與初禪天身不同。余於早年（破參後不久）即已成就初禪天身，身中如雲如霧（較白霧濃、較晴時高空白雲淡），而無五臟六腑及淫根，皮膚猶如極薄之保鮮膜，而有毛細孔；毛細孔內外相通，一一孔皆有樂觸。此皆由心眼見之，非由肉眼見之。此後隨時隨地皆有樂觸現於胸腔，自得其樂。其後樂觸隨禪定之轉進而漸改變之，亦是自然發展演變而與時增進，不須加以故意運作之。

學人當知：色界天身之證得，乃由遠離欲界淫觸之貪，加以色界定之證得而成就，非因觀想而能成其功也。佛地莊嚴報身之成就，乃由三界中一切禪定三昧之成就，及無生法忍之具足圓滿，加以修集無量福德而成其功，非由觀想之所能成；是故欲證莊嚴報身者，當由般若中觀、一切種智、無量禪定三昧（非密宗所言之三昧耶），及修集無量福德而成就之。如是修學佛法，方是修證莊嚴報身之正途也，捨此而作密宗之觀想者，皆名「妄想者所想」，非是佛法正修也。

九、虹霓之身則是七彩或五色之身，非是佛身也。佛之報身皆是金光明身，非是七彩之身也。余依自己之證量而觀，即知虹光之身乃是鬼神妄想所樂之光也。謂余證得般若智時，金光開始顯發；後因證得禪定之故，於金光之中夾雜強烈之白光；隨於般若之與時俱進故、令金光漸強，隨於煩惱之日消而致禪定日進故、白光亦日漸增長，然無七彩五彩雜色之光夾雜而有。

此乃自身所經歷之過程，漸知佛道之次第與內涵；由一切種智之修證而得道種智故，漸能知之。復由禪定之修證，而漸知色界天身證得之正理，由是而知密宗修證虹光身之說乃是虛妄想也。有智之學人，宜細審思，莫墮密宗邪見之中，浪費生命光陰而誤入外道法中，一世無成，乃至成就大妄語之地獄業，得不償失，萬勿輕忽爲要。

十、依密宗所言之修法，其實不能成就虹光身，所言虹光身之修行法門乃是妄想故。縱令有法能使密宗行者眞正修得虹光身者，仍是外道法，虹光身非是佛地之莊嚴報身故，非是菩薩之意生身故。如是虛妄之想，而言蓮花生之「不死瑜伽、不死虹光身」等法爲佛法者，乃是妄語之言也，於佛法修行而言，絕無實義。

十一、復次，若蓮花生於死前已眞證得虹光身者，復依密宗所言：「證得虹光身者乃是將其肉質器官轉化爲光身，而成爲非物質身」，非如顯教菩薩證得色界天身時之同有欲界粗色身，則應蓮花生捨報之前已無肉身，肉身已轉化爲光身故。而現見文獻記載：蓮花生至晚年時仍在受用女人而行雙身淫樂之法。若是眞正之虹光身者，必無肉質之身；若無肉質之身者，則不能與欲界人間女人共行雙身合修之淫樂法門。

蓮花生一生既常與女人合修雙身法而「利益女人」，則知其交合之時仍有肉質之身，非是虹光之身也。如是而言蓮花生之早已修成虹光身者，所說前後矛盾，不符事實及與正理。若言蓮花生保有其肉身，唯至死時方變化其肉身爲虹光之身；則上舉修行虹光身之說法，顯違蓮花生死時方變肉身爲光身之理，自語相違。

復次，凡有肉質之色身，欲滅其肉身物質者，必須以火化之，離火則不能化之；此是物質之定律，無有任何一物能違此理，是故必須依外火或內火始能化去肉身，無有任何人能外於此理也；乃至成佛已，亦復不能外於此理，須以自身神通力所現內火而化之，肉身是欲界之粗重色法故。由諸正理，可知密宗所言蓮花生之不死虹身，乃是時日漸久之後，以訛傳訛之渲染附會傳說，以之籠罩衆生而起其信爾，並無實質之虹光身可言也。

十二、密宗之蓮花生…等人，於初禪之色界天身尚不能證得，而奢言能得佛地之莊嚴報身、以虹光身爲佛地之莊嚴報身者，所言必定虛妄，不可信受。所以者何？謂諸佛皆必具足證得四禪八定，無一不得，此是成就佛道前之基本修證，外道之中雖有多人證得四禪八定，而悉爲佛所否定、說彼境界非是涅槃故。

而今現見蓮花生之一生，從來不斷淫行，教人應以手淫之法而一生精進修之；乃至猴育**幼女**亦臨御之，則知其死前仍未能證得初禪也；欲得初禪者，必須斷除心中對於欲界男女欲之貪行，而後方可證得故。蓮花生既未斷欲界貪，一世勤求至高無上之淫樂—第四喜—則不可能證得初禪，於其傳記及其自身所造修行法門之文句中，亦顯見其未斷欲界貪，亦顯見其未證初禪也。

如是，未證三界中最粗淺之禪定，而言已知已證一切三昧禪定者，無有是處；如是，未證得初禪三昧而言已得初禪天身者，無有是處；未證得初禪天身，而言能證得某法—譬如虹光身—更勝於初禪天身者，無有是處；未能證得初禪天身，而言所證虹光身更勝於顯教佛之應化身、莊嚴報身、法身者，無有是處。是故密宗上師所言蓮花生之已證得虹光身、及其已經成佛之言，皆是編造故事子虛烏有之迷信傳說爾，無可稍信之處也。

十三、密宗諸師每言已證得法身，皆屬妄語。謂法身者，乃是第八識；因地法身爲第八識阿賴耶，解脫道之無學位法身爲第八識異熟識，究竟果地之佛位法身爲第八識無垢識，改名爲眞如，仍是第八識。雖於解脫道之無學位第八識方便說名第九識，仍是原來之第八識體，唯改其名，不改其體；雖於究竟佛地之第八識亦得名爲第十識，仍是第八識，唯改其名爲第十識，不改其體，仍是第八識體，非謂佛有十識也。

然今現觀密宗諸師，上自天竺密宗之梅紀巴、月稱、畢瓦巴……等人，中至西藏之阿底峽、蓮花生、移喜磋嘉、宗喀巴、克主杰、馬爾巴、密勒日巴、岡波巴……等人，下至今時之達賴喇嘛、印順、諸大法王、陳健民、卡盧、宗薩……等一切人，皆未見有人已證得第八識心者。既皆未證第八識身，則是皆未證得法身之凡夫人；如是而空言法身之修證，而以虹光身爲法身，錯會佛法至此嚴重之地步，云何可說密宗所傳諸法爲佛法耶？乃竟以諸與佛法完全無關之外道法，而代替佛法，說爲更勝於顯教正法之佛法？顛倒至此地步，令人不禁感慨嘆息！

密宗以其所修之虹光身，與道家作比較，自言更勝於道家：《《密法與之（原註：道家）截然不同。蓋由幻身修喻光明、與義光明，經雙運後，即能幻身成就。其性質固不須要出神，更無陰神、陽神之分。其幻化身之成就也，自成本尊身，連三昧耶身也成本尊身了，但不脫離肉身。其下品者，觀成本尊身，自己能看見，別人不能看見，且祇於定中、夢中能顯現，若散亂中，則不現矣。中品則自己與別人都能看見。若無緣與智慧者，仍不能看見其本尊身。但其自身仍是有體質的。若上品成就，則無論何人、有緣無緣、有無智慧，均看見其爲本尊身，且身如虹光，手通達而無礙，若蓮師焉（此係妄語。謂密宗所言上師種種觀想之修證，凡倡言能令他人觀見者，悉皆是已故之人；自古至今，從來不曾舉出一位當代現存者，言其觀想之天身虹光身能令他人觀見而加以驗證，是故密宗所說古來已證虹光身而能令人觀見者，悉是附會渲染之說，無可爲憑）。故幻化身之成就也，連同外之三昧耶身，同時成就。》》（32-469）

又云：《《蓮花生大士何以能示現即生成佛？且經藏王以手摸觸其

身、通過全身，如通過虹身然。》》（34-247）。然而蓮花生之虹光身並非事實，有智之人應知其所謂之虹光身，唯是傳說附會之辭爾，如前所說完全違背三界色法之理故，蓮花生彼時尚能與女人行淫而修雙身法故。

復次，所觀想之虹光身成就時，他人若有天眼通者雖可觀見，只是如宿命通者之知他人心想爾，被知心想者並無異能，虹光身之理亦同於此，無有差別。至於陳健民所言之人人皆可看見之虹光身，迄今爲止，仍未見有任何一人成就－不論由文獻或事實而觀，皆是如此。密宗古今諸師既皆如是，即可斷言密宗所言之虹光身者，乃是虛妄想像所得之法，非有眞實可證之事實存在；又復違教悖理，是故有智之人不應迷信，應當理智深思，以免誤入岐途猶不自知。

學子當知：觀想運氣「所得」之虹光身，非眞實身，乃是自己觀想所成之內相分也，與天身無關，亦與佛身無關，密宗所言藉由觀想而成就之虹光身及佛身，皆是妄想也。

虹光身修證之依據，來自《大日經》之建立。而《大日經》所言不及第一義諦，卻妄言已得第一義諦，完全異於三乘諸經佛語，已可知其爲天竺晚期佛教之密宗祖師所編造者，非是佛語也。《大日經》中如是建立虹光身之修行依據：《《咒術網所惑，同於帝釋網，如乾達婆城，所有諸人民，身秘密如是，非身亦非識。**又如於睡夢，而遊諸天宮，不捨於此身，亦不至於彼；如是瑜伽夢，住真言行者，所生功德身，身相猶虹霓。**》》（《大正藏》18冊33頁中欄）

於此一段密宗之「佛」所開示語中，已可證知所謂虹霓之身者，唯是內相分所成爾，非有實質色身或光相之能爲他人所見也；此「經」中自言如睡夢中之遊天宮故，自言於瑜伽夢中修眞言行而「成就」者故。復次，五色七彩虹光非是清淨光，雜諸世間光相故，由修雙身法之貪欲所成就故，一切行者勿欣求之。

今者佛教受密宗邪知邪見之引導，而建立五色旗爲代表佛教之標誌，其實乃是從「密宗對一切法皆分五大、五色、五佛、五佛母、五度母、五智、五菩薩…」等邪見施設而來，是故密宗之佛有五色、菩薩有五色、虹光身有五色……有五色；一切法至密宗已，皆分五色，乃至佛地之四智，至密宗內，亦加上菩薩修證最低層次之初見道所得「法界體性智」，冠於佛智之上，而分爲五，妄名爲密宗「佛」獨有之第五智，妄說爲顯教之佛所無者。

依如是邪見施設，而建立佛教之標誌旗號亦爲五色，實是密宗之邪知見所生之妄想爾，非是佛法也。佛光從來非五色光，菩薩從來非五色光，而密宗之佛有五色，菩薩亦分五色，故「文殊菩薩」在密宗內便有黑文殊、紅文殊……等，皆是鬼神冒名化現之法也，與佛教正法從來無關，學人於此普應知之也。

又如**宗喀巴**云：《《如「集密」云：「從眞際起已，當得無二智。」說**雙運位如虹之身與入光明**之意，自體不可分之爲二，於入光明智前，三相皆淨故無二取，然於爾時非無身相。若不爾者，說空色爲有得，不變樂爲無得，不應道理。要有種種相現，乃名有得，在得聖者不變樂前，亦要有種種相現故。**以是當知：爾時雖有，然於無分別智之前爲無，義不相違。**》》（21-573）

宗喀巴所云「雙運位如虹之身與入光明」，乃是妄想，謂男女合修樂空不二法門時，觀想自己入於光明之中，必是妄想假想也。此謂光明乃是覺知心自己所想像之境界，因覺知心之觀想而出現；而此光明境界存在於覺知心中，並非存在於覺知心外，云何覺知心可以觀想之法令自己融入於所觀想之光明境中？故知覺知心觀想如是入光明者，乃是假想觀：似已入於光明境界之中，而實覺知心並未入於光明境中。唯是同於夢境之中，似有境界使人入之，而其境界唯是第八識所現之內相分境爾，同於夢境之帶質境，非有三界中之眞實境界可於夢外實現而有其性用也。佛門學人應知此理，而後可免如諸密宗古今諸師之**於人生大夢之中再做夢中夢**也。

復次，依**宗喀巴**此段文意所說者，虹光身乃是藉由修習雙身法之男女淫樂第四喜之至樂中、樂空雙運之所得證者，則知虹光身之本質乃是觀想及淫樂所共同成就者。由此可知此虹光身之法，其本質乃是欲界之法，尚不能超出於欲界人間，亦不能超出欲界六天，欲界六天之淫欲悉皆淡於人間衆生故。如是，虹光身之「證得」者，其境界尚不能到達初禪天，何況能超越色界、無色界？不能超越欲界之法，尚不能稍知聲聞阿羅漢之解脫果證，而言「證得」虹光身者能超越顯教諸佛之境界，豈眞同於小學生之自言「算術境界超越大學諸數學系教授」之無智者耶？有智之人，聞此分析已，當自簡擇正邪異趣之所在，由此簡擇而生世俗智，亦是建立佛法正知見之途也。

第四節　雙身淫樂之法絕非華嚴經所說之法

密宗古今諸師常說：男女合修之雙身法，是顯教《華嚴經》中所說之法，佛入滅前未曾言說，故由後來出世之「佛」蓮花生而開示之。如是建立密教之「合法」地位。然而此說有違事實。顯教經中並無此法，此乃第八、九世紀起方有者；陳玉蛟教授（後來出家爲釋如石法師）云：

《《印度的無上瑜伽密，興起於第八世紀前後，在此以前的大乘顯教論典相當純粹，幾乎看不出有全面結合密教修行體系的趨勢。第七世紀、以實踐著名的寂天，在他的名著《學處集要》中，也只是引用了一些眞言而已，不涉及密教的修法的全體。到了第九世紀達磨波羅王時，興建超戒寺，顯密並弘。自此以後，密教日益興盛。不過，一般（密教的）學者寫作顯密論著時，大都分別處理，各成體系，很少把顯密之學貫通成一個道次第，即：以菩提心貫通顯密，先三歸、三學；由戒得定，由定得通，（再）雙運智慧與方便；最後昇進密乘，以不共修法（男女合修之雙身法）疾速圓滿福慧資糧，成就正覺。如此顯密一貫的修道次第，除了《菩提道燈》與《難處釋》以外，（在此之前）恐怕很難再找到同樣性質的論著了。》》（6-53）

是故密教之雙身修法，確屬後來由印度教內之性力派學說收納入密宗「佛教」，經過長期之演變結集及綜合整理，先有《金剛頂經》之密咒儀軌等祈求之法，方有後來之《大日經》所說男女合修即身成佛之雙身修法。爲取信於人，更創造《蓮花生應化史略》一書，於書中將蓮花生高推爲阿彌陀佛**蓮花化生**於人間之化身佛，以邀大衆生信。然而關於蓮花生化生之事，卻是漏洞百出，不能取信於有智之人；此容後敘。

由密續出現人間之時間及次第而觀，由密續所說諸法之處處嚴重違背三乘法義而觀，由密宗古今諸大修行者之語錄而觀，**可以確定密宗之道確實是外道法**。亦可由如是事實確定：密宗早期確實無此雙身合修之法門，乃是後來從印度教及婆羅門教內之分支教派中，吸取其分支教派之性力派學說而混入佛教中，成爲今日之密宗即身成佛「無上密」法門。由天竺密宗種種密續之內涵，及出現於人間之前後次第以觀，如是事實已可確定，密宗行者無法推翻之，但亦不願承認之。

密宗學人及諸上師每言《華嚴經》中早已有說雙身合修淫樂法門，所以認定密宗之男女雙身合修法必定是佛法、必定可以令人即身成佛。然而華嚴記載婆須蜜多菩薩所傳授者，乃是藉衆生貪於絕美女色之心理，而引入佛道。婆須蜜多所傳授者乃是第八識如來藏—阿賴耶識，非如密宗諸師所傳授之意識覺知心，非如密宗諸師所說之樂空雙運、樂空不二也。此容於後（本章第十一節中）再敘，此處暫表不述。

亦有學人責余爲誣謗密宗，謂彼學密多年，未聞上師曾說此雙身修法。此乃上師觀察其因緣未熟，故於因灌及第一二灌頂時不爲之宣說，以防其道心未極堅固前，因不信此法而生懷疑、乃至洩漏此法，以免日後妨礙密宗道之弘揚，此是密宗諸上師間之默契。是故若有人責我誹謗密宗者，乃是其人學淺，不知密宗之根本道理與修行法門也。所以者何？若余所言眞是無根誹謗密宗者，則西藏密宗四大派諸法王、及諸喇嘛上師豈能坐視不理？任由余於諸書中大肆誹謗之？而竟無人願出面澄清及制止余之「惡行」耶？無是理也。

然今現見陳履安居士所言「密宗在台灣弘法之諸大修行者」皆默然以對，無人能出面否定余之所說，無人能如陳履安居士所說而出面否定：倡言密宗確無男女合修淫樂之雙身法。乃至見余共論法義之勇氣亦無，只能默認其有，不能公開否認爲無。

若密宗諸師確定密宗實無此法，則應公開出面否認之，維護密宗之顏面，以免世人見密宗喇嘛時悉皆投以怪異眼光。若確認雙身修法確實眞能利益眾生—確能令人證得解脫果及佛菩提果，則應以其道德勇氣，出而維護密宗之「無上密」即身成佛法，密宗諸師皆認爲雙身法能眞實利益眾生故。若已見密宗確實無此雙身合修之法，而遭平實無根誹謗爲有此邪見邪行，則應共同俱簽眞名、合力對平實群起而攻—公開聯合具書眞名要求辨正，不應個別以化名而在網際網路上對余作種種人身攻擊、無根誹謗。

若已見密宗雙身合修法確是**能真實利益眾生之無上密法**、被平實如此嚴厲指責破壞，而竟無勇氣公開出面爲密宗之無上大法辨正眞僞，則此密宗諸大修行者皆無資格學密、修密、弘密，皆是自私自利之人故，不能爲法而捨棄自身之利害考量故。若已確認密宗之**貪道成佛**理論確屬邪道，則應幡然悔悟，改絃更張，以自利利他，方能不違**學密時廣利眾生之本誓**也，豈可默然以觀、坐視不管？如是瑟縮之作風，與密宗諸師弘法時一向強勢、一向擺高姿態之作風大異，非是密宗道者之風格也。

密宗之學風，一向對於學密之人有嚴格之要求；乃至入門之後，尚須殷勤事師、事事請教：《《然投得明師之後，亦必不時求教，方能有獲；蓋有道之師必待其徒詢問，方始教之，否則決不自動傳授。此乃密教之定規。》》（62-292）。是故一般學密之人若未能博取上師之歡心，而欲求得上師傳授「如法」之密灌者，迨無可能。

「如法」之密灌尚無可能，何況第四灌之雙身合修眞刀實槍指導、與隨後之雙身合修即身成佛無上密耶？只有自身具有絕美姿色（包括男色）或某一特殊之氣質，引起密宗喇嘛或女上師之覬覦姿色氣質者，方能不依博取歡心之法而得其傳授雙身修法；上師喇嘛欲藉機一親芳澤、乃至再三故。而密宗上師因看中男女色，故而主動欲傳無上雙身密法與弟子者，所在多有，於今台灣仍然隨處可以舉之，非是絕無僅有之事也（出家喇嘛與在家上師悉有。為免造成二度傷害，及顧慮隱私權故，暫不公佈之。唯除彼等人繼續為密宗邪道張眼）。

如是之事，常有所聞，非從間接之人而聞，絕非危言聳聽也。是故，一般學密之人，不容易聞此雙身修法；若有學密之人未聞此雙身法者，當知彼人乃是淺學之人，或是未得上師歡心之人。如是淺學及未得上師歡心之密宗行者，甫聞余之辨正雙身法時，便謂余為誹謗密宗，便責余「須下地獄受報」；殊不知密宗諸師方是眞正破壞佛教法義者，方是眞正須下地獄受長劫果報者（尤以黃教之應成派中觀師達賴等人為最）。

而諸密宗淺學之人不知密宗之眞正本質，反而因於不如實了知密宗嚴重破壞佛教正法之本質，而出面為西藏密宗力爭；表面以觀，似在護持佛法，其實卻在幫助密宗破壞眞正之佛法；如是「護佛正法」之作為，其實卻是在為自己繕寫「入住地獄申請書」，以供捨壽後之長時居住受報，可憐之至。

密宗上師如是開示云：《《「秘密經」中有云：「世有四物不可離棄，即一、花，二、酒，三、媾合，四、寶之物（上師與明妃淫合後之淫液）

是也。」前三項粗視之，似乎不甚良好；但有力者可加持之，以成供佛之無上妙品，所謂功到自然成也。花有內花外花之別，外花即是花卉之花，內花女子有之（此謂女陰，以蓮花隱喻之）；此女子之花苟善於用之，則有莫大利益；苟不善用之，則貽害無窮焉。此中秘密，爾等將來工夫到家之時自會知之，茲且不談。……此處所云之媾合，非平常男女行房可比，其中別有密意，他日自知。》》（62-290~291）

如是之言，廣載於密宗典籍中，云何密宗淺學之人竟未知之，而言余說密宗有此法門爲誹謗密宗之法耶？豈唯紅白花敎如是，號稱最清淨之改革派黃敎，亦復如是；於宗喀巴之《密宗道次第廣論》中，亦如是倡言男女合修之「雙身成佛」法。密宗淺學之人尚未眞正入門，不知密宗之藏污納垢、理論邪謬，而反因余之破邪顯正以救彼之誤入魔道，翻謗余爲破壞佛法之邪魔外道，顚倒至此。

始從天竺之「晚期佛敎」－波羅王朝之密宗佛敎，已是如此；傳入西藏後之噶當派，以及後來分裂爲紅白花黃之四大敎派，一向皆然（乃至後來以如來藏之他空見破斥雙身法、而不能見容於四大派之覺囊巴，亦不得不以如是雙身修法爲表相，表面弘傳「時輪金剛」作爲掩護，而密傳他空見之如來藏正法）。傳至後來之西藏密宗，一向如是以雙身法爲主修，一向如是以雙身法作爲修練

「觀想、寶瓶氣、拙火」等法之鵠的；乃至今時廣弘於全球之西藏密宗黃教「佛法」，悉皆如是，無一能免。

然而今時台灣之密宗上師，亦非全數無條件贊同雙身合修之法，譬如鄭蓮生上師如是言：《《密宗雙身法講即身成佛，但在末法時期，幾乎無人敢傳，無人能修（其實仍有不少人私下在傳、在修），因爲條件太嚴格、辦不到。比如男方氣脈要能將無爲眞氣由生殖器吸上至頂再下，再由下而上，達到完全自控而不漏（洩精液），並在特殊閉關的地點生起明點，在極冷、極熱之下皆能不漏（洩精液）。而女性之明點－紅菩提，起碼要氣化了，能上下昇降，放出、收回，受刺激亦不動心，並且能以自己之明點運入男性體內、幫彼修行，且能收回；如此功夫，等於是空行母，非是一般凡夫之身夢想所可企及的。》》（62-348）

可見密宗內之上師，亦非一切人皆贊成廣傳雙身法。姑不論其見解正確與否，但憑如是功夫之規定，已可料知密宗今時極難覓得如是具足功夫之人，何況弘傳之？縱使現今密宗之內眞有如是能人，而能將自己眞氣藉由雙身法，而由下體之密合，運行明點入異性身中，以助其證得樂空雙運境界，並能教導其樂空不二之理者，仍然是外道法，與二乘解脫道及大乘佛菩提道完全無關，仍不可言是佛教之修行法門也。

綜而言之，密宗之雙身合修法門所傳授者，乃是意識覺知心爲主之樂空雙運、樂空不二，與般若智完全無關，亦與二乘法之解脫智完全無關。於佛菩提智中，說之爲「意識相應地」之外道法。至於《華嚴經》中之婆須蜜多菩薩所傳者，則是第八識如來藏之法，迥異密宗如是法道，是故說密宗以錯會之知見，而攀緣雙身法於顯教之《華嚴經》，乃是牽強附會之說法，絕非眞正之佛法也。

第五節　修雙身法者須先選擇具相之女

密宗男性行者欲修此法者，須先選擇具相之女，此女謂「明妃」；若是已經完成生起次第、並已完成第四灌，及已合修過雙身法之樂空雙運、樂空不二之女人，即是佛母、空行母。

如何選擇具相之女人爲明妃？薩迦派如是說：《《寅一、具獸女……。寅二、具螺女……。寅三、具象女……。寅四、具紋女……。寅五、眾相女……。此外亦有謂具蓮女種性者……。》》此諸明妃之種種別異，詳前第八章第三節道灌頂之第三目中說明，此勿重舉。

亦如宗喀巴所云：《《明妃顏殊妙，年可十五六，香花善莊嚴，欲樂於壇中。德帶摩摩格，慧者加持彼，放寂靜莊嚴，佛住虛空界。》》（21-303）。亦須選擇「**顏殊妙，年可十五六**」者，加以「香及花」而莊嚴彼女，然後方與彼女共行淫欲之樂於壇城佛像之前，故**宗喀巴**作如是言：「明妃顏殊妙……欲樂於壇中」。

亦如陳健民所說：《《理論上爲什麼要五個？因爲五個就是表五方佛母、五智，要這樣配合啊！因此要選體性不一樣的空行女，有金剛部的空行母，有蓮花部的空行母等等。》》（32-238）

此是選擇女性之不同個性、及不同性器官者，以體會諸女人在樂空雙運時之種性不同，及體會過程中所產生之差異，因而體會種種不同女人之反應所導致之樂空雙運有何不同，由此而具足雙身法之**智慧**差別。

一般而言，明妃或空行母皆須美麗大方，宗喀巴亦如是主張；然那洛六法則不擇美醜，唯視性器是否符合條件：《《夫丹田火與氣相合上下，各四歡喜心次第生起，乃因緣之理也。至若外因緣之理，先將上述各法修好，迫力量已大後，乃**雲遊四海訪尋奇女，必須具有特別性力，始稱合格**。訪得之後，先領其灌頂，善守各戒。但不知儀軌，修亦不成，故又必洞悉儀軌之意，然後**一日四次好好修習**（雙身法）。菩提心修習甚好，**修時一心安樂**（一心受樂），**其他皆不念**。倘儀軌明悉，則歡喜之道甚樂；蓋具特別性力之女子，能有六十四種動人之力，平日不露，到交合之時能完全顯出。此時空觀之心定來，四歡喜心亦一一而來。……彼有六十四種性力之女子，與平常女子不同，其到交合之時，六十四種之性力能一一顯出。且一一皆明白知悉，若不知悉，定是假者。知道正分之人，如與假者交合，定墮地獄無疑。故行者非明正起分不可，並須不時自察自己對不對？起分正分之道有來否？再與經（密經）上之言細細校對，如此方可。修法之時，行者能自己知自己已修到如何程度者方妙。上樂王之修道經（此是密續之經）中云：「倘無瑜伽，而自謂已得瑜伽；無智慧而自謂已得智慧，（如此不具正分功德而）與女子交合而自稱是大功德、大瑜伽，如此之人必墮地獄無疑也。」故交合之時，必先察看對手方之陰户、是魔女？抑是空行母？如不確知其爲空行母，則萬萬不可含糊合之，自造莫大之惡業也。訪尋之時，不論女子容貌之美醜，衹求其是否爲空行母。》》（62-205、206）

眞正之明妃或空行母，須具條件，簡而言之：必須已完成生起次第及正分次第之修法證量，並能運氣而入對方身中，助其完成明點或寶瓶氣之功夫，乃至助對方完成雙身修法之樂空雙運、樂空不二之修證，方可勝任空行母之職，鄭蓮生上師亦作是說（詳見62-348。此不舉之）。

然今密宗上師之與異性弟子合修雙身法者，已經浮濫至極，根本不觀察合修之異性是否具備空行母之功夫，只要是美麗英俊之異性即可共修之，悉皆不符密續所說之條件；如是而言即身成佛法門者，皆是貪圖他人之男女色，而以即身成佛之雙身法作爲藉口而已。

蓮花生於《亥母甚深引導》之「觀察手印母相」中，作如是主張：《《指示觀察手印母相者，從蓮花本續中云：「外內密相當完備，具勝慧深信佛法，對瑜伽者生敬仰，於大安樂無厭倦，云云。」（子）、外相者，顏色端麗、妙年悦意，身具香氣，顏若桃花，冶艷細腰，身量大小適宜，眼細長而黑白分明，眼圈微紅，髮黑光滑猶如青絲，齒白無縫，目善斜視，具足貪容，一見令人不捨。腰帶右旋，行時左足先開，具蓮花種性佛母，唇若蓮瓣、肉色帶紅。暫時從後觀之，如低頭然；從前視之，如昂頭然；側觀之如偏腰，然腰甚細；腰下稍寬，行時如在地下畫蓮花，此爲具蓮花種性者。從外相所顯而推之內相者，額際現痣者，爲身金剛母相；喉現痣者，爲語金剛母相；胸現痣者，意金剛母相；眉與臍現痣者，爲功德與事業母相；以及諸處各現三直紋，此爲由外相所顯而推測之內相也。（丑）、內相者，明母心量寬，口謹、少嫉妒，心能容受密法，信心堅固，對瑜伽者節用，對其財寶不起慳貪心，能委婉順從，格外體貼，不爲他人所誘。（寅）、密相者，蓮花（陰道）極緊，具煖相；蓮宮（子宮頸）豐盈而凸出，善知啣金剛杵（善知含住陽具者）。臀小、盤廣、肉內捲，蓮宮肉緊貼；花胚豐盈，以杵觸之（即）作不能忍狀，而出嬌聲；稍加抽送，身怯體顫、蓮生煖濕。（卯）、眞實相者，對瑜伽者，具大信解，智慧廣大，能分別法與非法；心量寬廣，能容受密行；語守秘密，對瑜伽者（對於合修雙身法者）不生毀謗而恭敬之，能依教奉行。善能事業（善知房中術）能令瑜伽者安樂增上（能令修證雙身法之男人快樂增上）；凡見與觸，俱生安樂；稍相偎傍，身覺安樂，令瑜伽者易趨樂空，心亦易契本來不染污之體性（此以「覺知心及淫樂覺受」皆無形色故無物質上之染污，名爲「本來不染污之體性」）。即持正念時，亦甚眷念、同行無生（彼女即使是在大樂之中一念不生時，亦甚眷念對方，而同時修行此「無生」之法）。安樂心甚貼切，具慚愧精進，爲瑜伽者供役使，隨說即行。吐辭悅意，行動作事皆具嫻雅相，諸佛事（此佛事謂密宗之種種佛事及雙身合修之法）有志精進。》》（34-540~542）

有些宗派甚至可將母、姊、女，作爲瑜伽母，而共同合修雙身法：

《《其中有些密本的章節（原註：頗著名的）偶爾被引用到，如允許使用任何女人—母親、姊妹或女兒—做爲瑜伽母便是；其有斷章取義，或是

不懂其密義之處，這些刊物對正法會構成大威脅。》》（38-430）

雖責他人斷章取義，卻又作如是事：《《**母女互觀：**親娘少小似村姑，老去村姑反不符；顛倒互觀成底事，明珠掌上豈常乎。》》（34-306）。此乃母女共修雙身法也。

爲修樂空無上瑜伽，乃至畜生女亦可用之：《《成佛者必須以大樂配合大空，其配法有直配與橫配二種：直配爲上下四喜，初喜爲斷過去世空，二喜斷現在世空，三喜斷未來世空，四喜斷三世一如空。既斷三世，證無死虹身。故密法中才有長生之法。橫配則能集合十方諸佛大樂（集合十方「諸佛」淫觸四喜之樂）於一身，成就最高最大。但不在陰陽，不用龍虎，全在止觀雙運之力，外用各種貪法、貪念、貪行及一切貪煩惱，愈多愈好。樂（觸）愈大，則空愈大，而成就亦愈大。虎多固好，龍來亦好。**古大德傳記，有用畜生者，能生大樂都應用也。**》》（32-470）

爲求其樂之現行，以便修樂空不二、樂空雙運，乃至女屍與鬼女亦可用之：《《密義不變槪者，當知「自己勇父空行各別」非也，實爲法身一體，心意識與空行無別；脈爲勇父，一切念分別爲勇母，此等皆法身流出。了知此要，**即屍林、鬼女修之**（即使是屍林中之女屍或鬼女而合修之），**亦可成勝共二德。**》》（34-537）

遇見明妃時，若欲求其與自己共修雙身法，則須以各種暗語而表示自己之意願，徵求對方之同意，則須知「對於明妃之鉤召法」：《《善知相應（確定對方是可以和自己相應之明妃者），當唸下咒：「哈惹尼沙悉地趴拉啥」，以咒吹（自己之）食指，向己點三下以表示之。若是具相明母，（彼若）手摩自頂，表「汝可為我上師」；（彼若）若摸五佛冠處，表「汝可為我之莊嚴」；（彼若）摸眼，表「汝可為我眼」；（彼若）摸喉、乳房、心等處，則許為勇父之表示（此乃男性行者同意當女性行者之勇父）。摸臍與三脈會合處，為「可給安樂（願與對方共修雙身法而給與快樂）」之表示；摸飲食，為「我可佈施，汝可受用」之表示。》》（34-542）

若以鉤召咒向對方表示後，對方有如下之表示者，亦應知之：《《經指點後，以後腦向我者，為「背棄」之表示；若扯下頭髮與汗毛，為「剎那離汝」之表示；摸唇舌，為「與汝當有口舌（當有諍論）」之表示；摸齒為「當噉汝」，摸指甲與齒，表示「剝汝皮」；若手折樹枝或草，表示「當斷汝命」；摸臀與足，表示「鎮伏汝」。以上或好或惡，應知。好者為空行母，依止之。惡者，捨之。》》（34-542~543）

欲鉤召明妃時，應先善知「相違相」；若彼有相違之相，則不可請求對方作為明妃，否則於後將有大難：《《從羅剎食肉、熾然、奪精母，續部中云：「食肉、飲血、吸髓母、奪精鬼女等七種」。食肉母之性格者：身極黑色，吐男音，眼睫甚長、眉毛粗、皮膚粗糙；陰水盛、淫蕩，喜說粗穢語，語言妄誕；且慳貪。若依，能壞；二成就不增，定力反減（原註：若瑜伽之者（若與之合修雙身法者），五十日死）。

飲血紅母性相者：身色紅黑如血，睫毛紅黑，常乾眼，其腹甚大，脅下多毛，貪飲酒，羅刹雀足，吐火燄，依彼奪自在成就（原註：行者若瑜伽之，二十三日死，墮無間獄）。

吸髓嚙骨母性相者：身色藍黑，具黑斑，髮粗黑豎立，眼猛如雀眼，自云夢見火或鬼行時右足先，喜兇暴、善鬥爭，壞成就（原註：行者二十日死）。

奪精母之性相者：身面灰色，喜垢穢，與男交、不忍捨；雖然齒美，氣如糞；兩眼露神，睜而大。依之促壽，且多病，損行者身力，生子駿啞。

勉爾母之性相者：心極靈巧，步甚重，肉粗糙，面黑龐突，是魔女種，應捨。羅刹種母：肉藍，眼小，顴大，皮無細紋，喜妄語，應捨。食人羅刹母：左脅下有麻點，事業（交合時）淫蕩，種齒甚鋒利，眼鼻紅，應捨。

鬼子藥叉母：足跟平坦，妄想多，應捨。餓鬼母：淫蕩多掉，多嫉，多貪，應棄。邪障母：於顚倒事（於交合之事）極靈巧，能行邪障，應棄。以上諸母，行者依之減壽命、財寶、福德，故應捨棄。

故凡觀察事業手印母，須察有無過失爲要。上根瑜伽者，由過去願力善根感召，自然遇合具足諸相手印母，若福薄則難。縱然遇合，種相亦不完具：如好下等行爲，年老、身軀、肉粗、喜食、貪惡作，不信佛法，多灰色、藍灰色者。故修甚深金剛乘諸瑜伽行人，於事業手印性相，應愼觀察。總之：（明妃）當（選）端麗，年少悅意，希求心小，不重瑜伽者財物（不貪求男性行者給予財物補償），精進佛事、具大信心，無有慳貪嫉妒，身口意作業精細。

年取十三至二十五歲，具足精華者（應當選取年紀在十三歲至二十五歲，尚能具足淫液之精華者）；倘自身蘊界分（之）明點無損失，自然能遇明母歡喜聚合之緣。且內脈與菩提（內脈與精液）原爲勇父母之自性，菩提（精液）不損失，則內空行母自然遇合，外明母亦得相値，密空樂亦能生起，現世飲食財寶亦得受用，眞實本性亦能攝持，如是以不損菩提（不損失精液）爲要。》》（34-543~545）

密宗諸師依此無上瑜伽之理論及行門而精進修行者，於其一生所修此法過程中，所用之女人雖然不少，雖然精進而修，其實並不能成佛，實乃以此邪見而藉口邪淫也。有書爲證：

《《**神烏變化女身密供二首：**出離方得沐恩光，佛祖慈悲澤被長，具種鄰姑陪密供，神烏轉世近壇場（34-305）。　既是花容大半開，又聞清香似玫瑰，十三荳蔻年華妙，況奪先標早占魁（34-305）。

自喜全無執著心，隨緣遇合不追尋，鄰姑昨夜求雙運，萬里今朝報好音。（34-309）　飯烏經歷廿餘年，轉化人身又結緣，誰識鄰家賢淑女，垂髫解供未開蓮。（34-310）　紅豆何期早剖開，時偕姊妹俏然來，含羞且自多推就，卻勸同行弄幾回。（34-312）　**丹麥女來：**夢中曾見小蜻蜓，點到禪床又飄零，今日欣逢丹麥女，居然大似水中萍（嫌丹麥女之下體寬鬆也）。（34-312）　何期老運屬桃花，四處空行降我家，幾度和風開荳蔻，化身鄰女是烏鴉。（34-315）　喚我何人聲最揚？從窗射入硨磲光，空行降駕非常事，雙運樂空定未央。金剛得伴力尤充，寶杵完成不倒翁，徹夜蓮宮多醉意，圓明月色現身中。鷗翔馬躍勢多遷，只爲蓮宮脈未聯，一旦相纏人自醉，對方無力似酥綿。（34-314）　**記壇城聖地、女滾促密脈正中：**何期聖脈正當中，緊抱金剛薩埵胸，不用抽添伊自醉，神迷目閉契眞空。（34-314）》》

如是密宗一行者，於一生之中御女甚多，未及紀錄之者尚未可知，當復多於此數也。如是之行，尚犯十重戒之邪淫戒，云何而可成究竟佛？而言樂空雙運、樂空不二耶？

爲求樂觸而成就樂空雙運，有時乃至九歲童女亦用之：《《情竇如今喜早開，鄰姑九歲似新梅，卻能領納春風意，無染蓮花供幾回。（34-315-8）》》如是之行，蓮花生上師亦不免焉，具載於《蓮花生大師應化史略…》等書，今猶可稽。密宗中人如陳之品德者不多，而陳尚且御女如是之多，何況其餘品性不端而假借密宗即身成佛法門之人？密宗行者自惟可知也。是故密宗內之有識之士，應多注意及之，以免更多女性受害，以免未成年之女童亦受此害而抱憾終生。

復次，修此雙身法之男性必須食肉，以增強其性能力及精液，否則即恐不能符合樂空雙運無上密之要求，不能長保堅挺不洩也：《《若必進修無上瑜伽，而實行明妃事業手印（與實體明妃合修雙身法），則必食肉。良以肉類中之賀爾蒙素、較蔬菜中之維他命更能增加明點，此亦緣起秘密，極合科學。》》（34-221）

由於密宗之無上瑜伽即身成佛法門之修行，自始至終悉皆圍繞於性愛之樂觸上而作文章，是故男性行者於圓滿次第之無上密法修行中，必須藉食肉來增強其性能力，以免早洩而不能令與其合修之女性行者達到性高潮。由食用特別之食物，故男上師之性能力增強，便可以延長其交合之時間，維持於長久不洩之狀態中，而多享受其樂觸，並令女方同樣可以達到高潮，因此而在交合之過程中，使雙方都獲得較高之「悟境」——第四喜。由此緣故，達賴喇嘛等人來台之時雖有衆多聞名於世之精美素食可以選擇，而尚不能捨棄紅肉（牛肉）等肉食之貪，其故亦可知矣！有智之人鑑之。

第六節　樂空雙運實修法略說

樂空雙運乃密宗各大派皆有之思想，亦是密宗一切宗派之根本思想；東密雖已不外傳此法，然其根本經典亦仍具載此法。西藏密宗一切宗派之修行理論，及實修之法門，悉皆以此男女雙身合修之法門爲最後標的，無一宗派能自外於此雙身修法；若欲一一舉之，誠恐讀者厭煩，且舉其中較大宗派之說而言之，餘悉可知之矣，皆同此理故，唯於細節稍有差異故。今於此節中略舉諸家所說，綜合言之。先引宗喀巴之言：

《《⋯如鬘論云：「由慧合吉祥，正表示眞實，從金剛跏趺，心入摩尼中。」……謂四喜中立俱生智爲此慧智。生起之時，謂菩提心至金剛摩尼未出之際（謂精液已因性高潮而出至龜頭，將出而未出之際）。金剛跏趺，謂住摩尼、二鼻孔內停息之時（所謂金剛跏趺者，是說樂觸極大、令精液出至龜頭而以氣功令不射出，使樂觸極強而不中斷，幾至不能忍受故令鼻息停止之時，即名金剛跏趺）。毳衣大師說生時與體性同前，四歡喜中，說於勝喜、離喜、中間而生。薩惹哈師亦說俱生智爲第三灌頂。若傳女子灌頂，「於金剛處（於男性陽具之處）」當知爲蓮（應當了知於女性而言即是陰戶）。此如妙吉祥口授論第三灌頂時云：「由虛空界金剛合，具正眼者生大樂；若於正喜離欲喜，見二中間遠離堅。蓮空（蓮花內空無一物故名蓮空）金剛（陽具堅挺故名金剛）摩尼（勃起時之龜頭泛光猶如寶珠）寶（此句謂：女性之蓮花空性與男性之金剛摩尼寶貝），蓮藏二合金剛趺（蓮花與金剛摩尼二者相合而至極樂、鼻息暫停之時），若時見心入摩尼（若於彼時能親見菩提心精液進入龜頭而不射精，永住其大樂境界之中），知彼安樂即爲智（此時了知彼樂及空者，即是證得佛法之智慧）；此是圓滿次第道（此是圓滿佛法次第之修行法門），最勝師長共宣說（佛教中最殊勝之師長皆共同宣說這個勝妙法門）。「貪、離貪」中皆無得（住於大樂中而觀察：於此樂生起貪或離貪之中，其實皆是無所得法，樂觸亦無形色故），剎那妙智於彼顯（於到達第四喜之大樂生起之剎那中，妙智就於大樂之中顯現），八時一日或一月（學密宗佛法之人應於每日之八個時辰中，或整日、整整一個月中），年劫千劫受此智（乃至整整一年、一劫、千劫而正受此大樂與智慧）。」正灌頂時受須臾頃（正受秘密灌頂之時，所受此種快樂只有在舌嚐「甘露」之刹那領受之），正修習時、長時領受經八時等（真正付諸實行而與異性合修時，則應長時間領受此樂，必須長至連續八個時辰。等者，乃謂應於整日、整月、整年、整劫、千劫而領受此樂）。》》（21-383~384）

此謂**宗喀巴主張**：成佛之「般若智慧」之證得者，須將菩提心（明點精液）在雙身和合時，正處於「金剛跏趺」之際，運入摩尼（運入陽具之尖端龜頭），由運入此處故能受於大樂，復以氣功之法持住，令精液永保將出不出之狀態而不外洩，如是長時而住，能生第四喜之大樂；此大樂之智名爲俱生智，又名慧智。

宗喀巴此段文中所謂「金剛跏趺」，是指精液將出未出而生大樂之際，被氣功拙火攝住於摩尼（龜頭）**而不漏洩、正受極强烈之大樂而導致鼻息暫停之時，名爲「金剛跏趺」，非謂禪坐之坐姿也**。

若所傳者是女子之秘密灌頂，則上師對彼受灌之女子開示時，應表明：「**於金剛處**四字所說乃是指蓮花（女性之下體）。**心入摩尼中**之摩尼，係指蓮花之陰蒂。」此謂女行者於此秘密灌頂時，男上師應指示女徒弟：「將明點及性高潮集中於陰蒂而領受之，則能生起最大之樂觸；於此境界中領受其淫樂之體性為空無色質，故名空性；於此淫樂中之覺知心亦非物質色法，故亦是空性；而此淫樂之觸覺快樂，及受此快樂之覺知心，其實並非二者，乃是同一覺知心所成就者，故名樂空不二。」

如是，男上師於與女弟子交合之過程中，以諸方便而令女弟子於長時間中保持性高潮；復於連綿不斷之性高潮中，指示女弟子「如何保持淫樂不斷之方法」、及體會此種「空性」之覺受不斷，即是樂空雙運。如是，男性上師於實際履踐之過程中而為女弟子作如是指導，即是第四灌頂之內容也。

女弟子受此灌頂之後，或男弟子受女上師作此第四灌頂之後，**依宗喀巴所說**：尚須於其他時間加以履踐。履踐之時，則非如與上師作第四灌頂時之唯有一二小時便結束之；而須於正修習此法時，長時間保持於淫樂之覺受中，而生起「淫樂之覺受是空性」及「樂受中之覺知心是空性」；維持此二「空性見」不壞後，隨即生起「覺知心與空性不二、淫樂與空性不二」，安住「樂空不二」之境界中而繼續保持性高潮於極長之時間。如是住於第四喜之樂空雙運境界中，即是樂空不二、樂空雙運之正修；能如是安住於性高潮第四喜及此「空性正見」中長時不退失者，若能繼續精進用功，令樂觸遍身、五輪具足大樂者，即名「成就正遍知覺」，已成究竟佛道；密宗之「佛」由有此樂作爲果報故，說其所證之「佛果」爲「報身佛、法身佛」，有此**大樂之果報**故。此法門即是密宗一切宗派共有之無上瑜伽即身成佛法門也。

密宗弟子受第四灌頂後，必須另擇時地，再與明妃（女性則與勇父—身強而能令女性長受淫樂而不洩精軟化之男人）合作，或與異性上師再度合修雙身法，而長時間領受樂空雙運之境界，即是無上瑜伽之「正修行」也。正修無上瑜伽而領受樂空雙運之時間，每天至少須經歷八個時辰（一個時辰爲二小時），是故**宗喀巴**云：「正修習時，**長時領受經八時等**。」等字之意爲：整日、整月、整年、整劫、整整千劫。此是黃教至尊**宗喀巴所說**之無上瑜伽正修行也。

宗喀巴認為如是欲貪不應捨離，此是「成佛之道」故。爲求第四灌頂之親受上師指導，亦應全身頂禮上師，然後以己色身供養上師（與上師合修雙身法）：《《⋯答曰迦跋師說：「次於東門全身著地頂禮，**俯首不起，以身供養師長**。」⋯⋯由入彼中（由入彼樂空雙運境界之中），故從今後乃至未證菩提，於人天中得歡喜住。如鬘論云：「由定不造罪業、脫惡趣故，說決定受善趣安樂。由入彼而見故，汝等以後定無有死，以汝已入此大解脫自性大樂金剛乘故。」》》（21-410）。

云何受第四灌頂者必須以自己色身供養師長？謂其中有許多難以言傳之細節，若不於合修之際當場一一說明者，唯憑上師之回憶想像而言說之者，絕難確實而詳細體會，是故須以色身供養上師。若不與上師合修者，則難一一描述其中細節，亦可能有疏漏不全之處，行者即無法具足領受上師所說無上瑜伽雙身法之眞正密意，故須以身供養上師。密宗上師往往亦藉此理由，而要求色相俊美之異性弟子以自身供養上師；弟子若不信此言，則以宗喀巴如是論意而示之，令弟子信受而供養之。

宗喀巴說如是入壇受第四灌之後，「即離一切殺生等罪」，然實未曾絲毫遠離以往殺生之罪，殺生之罪非以第四灌頂而能消除之故。殺生之罪有二罪：一者戒罪，二者性罪。戒罪要須日日於佛前懺悔而見好相方滅，性罪要須後世受報方滅，非因入第四灌之灌頂壇者所能滅之也。

復次，學佛者若入此灌頂壇而與上師合修第四灌頂法者，師徒二人俱破邪淫重戒，必下地獄受無量世尤重純苦。復次，於世間法而言，如是行爲亦爲**亂倫之行**，師徒共行邪淫，違背三綱五常，人倫之所不容焉。尚不能合乎人倫，云何而有資格修學第一義諦甚深般若及無上種智？無斯理也。是故密宗「無上瑜伽」能成佛道之說，乃是自欺欺人之談也。

如是修行邪行之密宗上師及受第四灌頂者，絕無可能如宗喀巴所說之「由入彼中，故從今後乃至未證菩提，於人天中得歡喜住。」所以者何？由入此壇而與上師共行邪淫之故，必入地獄正受苦報，然後展轉於餓鬼道及畜生道受餘報之後，方能重回人間故；重回人間之「前五百世」復有花報：生於邊地，五根不具，盲聾瘖啞。如是果報具載於大乘經中，宗喀巴云何視而不見、繼續以此狂密行門貽害密宗行者？密宗行者因何不讀經典佛語？而信受宗喀巴之謬言？

如是由入彼第四灌頂壇之邪行與邪見故，由受灌頂後之與配偶以外之密宗異性行者或上師合修「無上瑜伽」故，已成毀破重戒之地獄種性，不入地獄受長劫之苦者實難，宗喀巴云何可以欺瞞眾生曰：「決定受善趣安樂」？如是邪淫及破壞佛教法義之邪行，宗喀巴云何可以欺瞞眾生曰：「由入彼而見故，汝等以後定無有死，以汝已入此大解脫自性大樂金剛乘故」？此說眞實是顚倒之說，完全違佛旨意，破壞佛法特甚，尚不能保住來世人身，云何而能入大解脫？云何而可言之爲「大樂金剛乘」？唯依邪見邪行而修此雙身法者，乃是「欲求後世之解脫及此世之安樂，而造成未來無量世之極重純苦惡業者」，愚痴之至極，無出其上者。

陳健民上師之師—貢噶金剛上師—所傳授與陳上師之樂空雙運修法如下：《《金剛亥母甚深引導第九章、他身事業手印：敬禮薄伽梵嚇魯噶尊前：

以密宗最殊勝之修持，爲增長金剛心要緣起，身當轉成無轉之金剛，此之教授從金剛亥母。甚深耳傳如此之修持，具堪能子願得此口訣，于三昧耶中當祕祕祕。

金剛乘行者，爲增長智慧見故，爲氣脈明點增力故，對于明點無退失之堪能者而指示之：于具相事業手印，應精進修持，安樂於彼。總說分爲五項：最初、觀察手印，二、勾召，三、成熟，四、修持，五、指示功德與證果。

一、初觀察者：從蓮花旋續中云：相外內密當完全，時別心大信佛者，對瑜伽者生信心，于大安樂無厭倦云。云外相者：色端正、年幼悅意、有香氣、顏色白中帶紅、腰細、身小大相稱，眼長且黑白分明、眼下宜帶紅，髮光滑如青絲，齒白無縫，眼善斜視、具足貪容、若不敢視人者，腰帶右旋、行時先開左足，於地上如蓮花旋轉，足步自然，畫五種手印莊嚴，心重愛染、見之令人安樂，此爲總相。

別者有蓮花種性佛母，唇如蓮瓣，指雪白，髮黑潤，肉色帶紅，從後見之，如低頭然；從前見之，如昂頭然；從側見之，如側身然；腰細、其下稍寬，行時如在地畫蓮花，此為具蓮花種性者。從外相所顯之內相者：額前有明點者，是身金剛；喉有明點者，語金剛；心有明點者，為意金剛；眉間或臍間有明點者，此為功德母、事業母；或於彼五處有三直紋者亦然。內相者：心廣寬，不多說，少嫉妒心，能容受密法、信心堅固，對行者財用少貪心，所受勸告不為他人引誘。

密相者：蓮花甚緊、有暖氣、肥而突出，復能緊啣其杵，盤骨廣、臀小、肉向內長，蓮花口與肉緊貼、花胚豐盈，以杵觸之、蓮不能忍而出羞恥音。稍加抽擲，其身活躍，蓮中暖且潤。眞實觀察者：對密宗具信心，特于行者具信心；智慧廣大，能知法與非；心量廣大，能容納密法；言語謹慎，對瑜伽不起毀謗，且恭敬之，隨其所說而承辦，侍奉甚善，能令安樂增長。

見與觸能生安樂者：以其內身滋潤，稍相偎傍、身甚安樂，心亦易顯本來不染污之體性；即未持正見，亦甚安定，同行亦生安樂，心甚貼切，且具大慚愧，精進供事，隨說奉行。吐詞悅意，行路作事皆安嫻雅，對于佛事極為精進。

二、勾召：（此段與蓮花生所說部份，並無差異，此處略之。）

三、成熟：得事業手印（覓得明妃）後，與灌甚深密頂，令其成熟，開示解脱甚深道，能說第三灌頂修道次第之利益，切不可與世間法邪見相合，使其時轉入于佛法。心量小者當令廣大，生決定知解事業，說甚深方便貪道（爲彼明妃解說雙身法之甚深方便大貪之道），並用物質（並用物質明點—自身之精液）與咒力令成事業手印法器（使彼明妃成爲可以合修雙身法之事業手印）。此後當知聖凡一切法皆由明點無退失而出生。此不退失而增長之口訣者，于寂靜茅蓬啓請勇父母，以士夫不能窺破，引「具相事母」洗身莊嚴（引領具相之事業空行母洗滌身體及作種種莊嚴）、塗香、佩香囊，于其光腿上伸自足，相抱而吻；以腕抱女頭，以手撫摸，摳其唇舌，按乳、看密處，令女持杵、盡力示現生樂方便（令彼女手持男性密宗行者之陽具，盡力作諸行爲，以種種方便引生男性行者之快樂）。如作業時生貪欲分別，當知貪無實在體性，是法爾之任運。即此未斷貪上認識本來面，而安住根本定。普通貪欲當即摧毀無餘，精進修持顯現安樂方便。

此後自他加持者初發殊勝菩提心，觀一切法空，空上現臥具、即蓮日輪，輪上自成本尊，一面、二臂，現前觀想生起，于自密處觀無緣，無緣中現密杵（顯現男性之陽具），杵上現吽（陽具上出現吽字），吽轉五股杵，其空中現藍吽、頭向內，尖口有啞字，紅黃色向外；佛母一剎那成亥母（此觀完成時，明妃於此一剎那間即已成爲亥母），一面、二臂，具足莊嚴，極安樂喜悅，乳突出，密蓮豐盈，安樂不可支。

現密處無緣，無緣中再現四葉蓮花，中現花胚，以阿字莊嚴；身脈輪各想成勇父勇母（於明妃之中脈五輪中觀想皆有勇父與明妃交合），如密法相同（所觀想者與前段所說密法觀想者相同）。此後蓮胚阿上，以佛父杵擊下（然後於陰蒂之阿字上，以自己之陽具衝下）。稍做一時（這樣稍微做一會兒），定于離戲本來清淨之根本定上（定於「離戲」之本來清淨之「根本定」上，然後）如羊撒身扭動（令樂觸達於最高潮），由是安樂如由瀑流下（由此大樂故令精液猶如瀑流而下）；應如種田農夫以鋤挖溝引水，不使外流（此時應以陽物猶如農夫之以鋤挖溝引水一般，不令精液及明妃之淫液外流），唯入溝中降于各輪獻四空行（只可以引入溝中而降于各輪中，奉獻四空行勇父佛母）。密修如此于各輪皆須擺動，明點不洩爲要（密修之法如此，于各輪皆須擺動，而以淫液不外流爲要）。此後安樂降於密處時，觀察如前，供密輪空行（最後將樂觸降於下體之中，再引生大樂，亦如前觀察而供養密輪中之勇父空行母）。

持善巧者，如塞池中水溝之口；最好者，持之於離一切戲論網之本來見體之上；中等者以氣持之：持上行氣，如瓶有漏孔；持下行氣，則下出者可以提昇；持中住氣，即於臍輪，向外稍張。觀想者，利根觀一切本來清淨見；中等觀頂上有罕字，如栓馬樁；下等則想頂上上師勇父如水晶光瑩。

初修行人，可能立即洩下，則應知脈要，以三指如梯按之（健按：按前後二陰之間，即會陰處、或鼻尖。又此所謂鼻尖即指杵尖，杵爲下鼻）。逆行善巧者如水車車水，杵中觀吽字，以其鉤勾蓮中阿之清淨者，念長吽吸入杵中，供密處諸本尊（口念長吽之音，而將女陰中之精液與淫液，藉氣功再吸回自己下體之內而觀想供養自己下體中之本尊）。次吸此吽，緣中脈傳入頂上上師，供蓮花生大士、父母，如金剛持而供獻。

此處身要者：四洲收于須彌（健按：四洲即四肢，收于須彌者、縮至背部也）。如龍撞須彌、日月朝天（健按：即兩目上翻也）。舌捲抵上顎，地閣（下頷）壓喉結。（於交合時若）一切身分如未能生安樂，則當擺動，可使生樂。

口要者：念長吽、與氣不斷而出，于彼每輪「身要、氣要」觀想各別修，若修持甚難時，每輪三要同時修之。後當如狐坐勢，修提點拳法（修「提取明點」之拳法），即以足隨安樂而坐，手握拳置前面臥具上，修中住暖和氣，緣頂上上師蓮花生大士，作虛空動搖觀想，持長暖氣後，放出氣盡，而吸短氣，隨力放出。作如是四五次，身分自然擺動安樂。此名自然提引散布法，是無功用氣要。

最後回向，發廣大心、盡力多修瓶氣，心定于本來體性上，此與五部空行密修相合。此爲與生起、圓滿次第相順，依明母手印令勇父勇母歡喜之道次第。……貢噶打縷空行母及至尊仁親天女之開示曰：「初著色，二聽聲，三聞香，四觸肉，五領納勝味（以口領納淫液之味道），六交抱，七吻口，八入蓮。入蓮之前，他本亦說先觸蓮之八瓣，爲供八空行母；次觸其肛門外，爲供守方母；如此之後方入蓮中，是緩行之法。男人易出精，女人則不易生樂，故宜從緩舉行，一則可免早洩，二則可候女人樂到。」

又按：提上之法爲六支：一曰腹緊貼背，二曰肛門上提，三曰頸壓喉結，四曰舌抵上顎，五曰目向上翻，六曰上氣外出，或指按會陰。如此六法在洩精前舉行，必不致漏。……尤有進者，此上緩進路線配有五塵；當其已觸後，又有祕密五塵；女經久後（女方經長久之交合以後），面色轉紅，更爲美麗，笑聲驚訝，其聲轉雅，而蓮宮經觸、滋潤發響。

亦有太乾者，則可依拙著《光明法藏》塗以香蕉肉，必可成聲。蓮中有香如麝香，此爲稀有；然種性佳者，亦有異香，不必如麝香味者。

觸後，女人舌本有津；又蓮宮水到，亦可餐之；由是觸中五塵更為深樂，不可不配合空性為之。所以必從緩寧行，則時間從容，易自反省。如觀色時，樂起之後，空性存在否？必自反省。如其不存，必予配合。如此則色空不二、聲空不二、香空不二、味空不二、觸空不二，然後方可完成「樂空不二」。**此即事業手印之目標，不可不知也。**

再者六十四雙跏法，……此六十四中，基本者八，八各有八，故成此數。一曰近狎，二曰吻合，三曰指弄，四曰齒玩，五曰蓮戲，六曰聲韻，七曰肉感，八曰顛鸞。

初近狎者，一曰竊玉，覰女之面，同行偎傍，按摩其乳；二曰推就，柔語挑情；三曰情牽，貼近按撫，唇舌互囓；四曰意惹，手抱女頸，狂吻出聲；五曰藤纏，一足踏女足背，一足抱女腰；六曰摘櫻，手舉其頸而咻其唇；七曰契入，同睡貼腹，腿互抱腰；八曰水乳，杵入蓮宮。

吻合者：即于口、喉、乳、脅、腰、鼻、顴骨、蓮花，八處吻之。

指弄者：于唇、乳等處以指輕細畫之，微現細紋一痕，此名藕絲；指爪略深，入于乳喉，令現彎弓紋，此名半月；當伊身癢動搖，則以五指齊按之，此名壇城；于臍孔尾脊處，以長紋畫之，此名纏綿；如前等斜欹畫之，此名輕紗；乳背及地閣下，以十字杵畫之，此名羯摩；乳等處以五指爪甲印之，此名梅花；乳等處以蓮花形畫之，名曰小蓮。

齒玩者：貪色生起，面色極紅，此名春色；從伊唇上，以齒輕印，此名點絳；于彼朵頤，以齒唇相合而吻，此珊瑚；如獠牙然，以門牙相咬，此名明點；于腰、肩、喉、眉間，以齒連印，名曰珠鬘；如虛空雲，原無定處，隨意散印齒痕，名曰燦雲；脅以下以齒印之，此曰連珠；于易癢處，如耳下等，令其發癢，此曰風騷。

蓮戲者：腹貼其身，杵弄蓮旁，此曰吐浪；手握杵根，上半納蓮，此曰輕挑；女伸足仰臥，男杵如插蒲巴（如插普巴杵）直下，此曰深契；女喜則加抽擲，復深入不動，此曰半就；突出突入，此名啼笑；數淺一深，互換而行，此曰醉酒；上下互動，此曰嘿契；初漸入一半，次忽突入全杵，此曰滿願。

聲韻者：如泣、如嘆、如怨、如息、如吟、如阿哇打、如哇那阿打、如小解脫、如阿哇爵哇（原註：此上名稱，貢噶上師答稱不知），依次如鴿、如杜鵑、如哈里打、如鷺鷥、如蜜蜂、如鵝、如春鳥、如巴哇嫁，皆從腹中出生。

肉感者：與前吻合相同（原註：處所相同），特于拳、掌、肘、腰、面等，以手按摩，如前八種聲音出生，則是貪相，必生大樂；如其口氣甚冷，當久按之。

顛鸞者：男身肥大，女不能受壓，則顛倒行之。女當如男、如下而行：騰挪快行曰跑，久住慢出曰按，腿相糾纏曰交，女如轉輪曰轉轉；女腿相纏，男從下略動曰篩；男人休息曰坦；男人不動，女慢行，曰梭；男人手足直伸，曰醉；女背向我而坐行，曰嬌。此上六十四種工作，隨欲而行、以契空樂。

如上略言以契空樂，實則當從此緩緩而行，**一面生樂、一面契空**。如其初行「近狎」而不能空，則立即停止，懺悔，然後再試。如前二有一次第不空，則後之所有次第當止。**務必着着生樂，而時時成空**，則可按部就班，依次增加其樂，隨分皆契合其空。諸鈔本目的，只抄存得樂方法，至若樂上生空，空上修樂，乃行人應知之道，則少淳淳教誡。本人不得不爲古德補足之。當知寧可不樂，不可不空。樂則易墮凡夫，空則必證菩提，不可不謹愼爲之也。

至若書中多引「出女之祕密脈藥物」，余曾隨侍親尊仁波切赴大藥店，逐一查對，始知北平所出之中文藥物與藏文藥物，有物同而名不同者；所譯之鈔本，多有錯誤，不可採用。用之必無效力。故欲脈與脈相合，當採用各種不同姿勢，以分別試用。女脈既短，且位置各不相同，必使雙方（之中脈下端—男女陰）有相交不可脫離、如彼犬然（如犬交合後不能分離之狀：詳如此段引文之末**附註**）。有此感受不必眞不脫離，則爲二脈已相銜接之保證，此本人與吾妻實修之經驗。

然苟易女而行，則又不同，貢師所許剎上女與余同修，其脈則與吾妻不同，由此可知。當其脈已相啣，女方則易流出紅菩提，此亦考驗之一也。諸本或無姿勢，或雖有之，亦少說明。何種姿勢對何種女人、方易引出，全憑行者本人于每次修雙運時，換一姿勢以遇合之，並須與女相約：何時何處得樂，請即讚歎；使行者探知其方向，並確定此姿勢，而常行之。

行者必了知：凡已相啣之時其樂必大，而易出精，當愼重提上。《下門大樂引導鈔本》中載有下列四式：一曰男抱女頸，女抱男腰，杵上下穿梭，脈在花左方出；二曰女仰睡，高枕其頭，女足置伊肩上，男從下抱而行，脈從上下方出現；女足置男手灣，男抱其腰下而行，脈從蓮花左右而來；女足在男乳上伸，男一足灣女腰，一足伸，手抱女下部，脈在中央出現。

此四女者：初爲金剛種，二爲蓮花種，三爲獸種，四爲大象種。本人對此認爲各種性女皆有特色，不必能遇。如何向有緣同修之女探得其脈，不可限於此四種姿勢。且其或曰左右，或曰上下，並未指定，亦有問題；當以「杵蓮相順、八方皆由」姿勢探之，直至有相啣之覺受爲止。各房中術書多具有三十種以上不同姿勢，近來且多照相者，不妨就其本人與同修者實際行之，方可爲憑。所謂盡信書，不如無書也。

尤有進者：各祕鈔本亦多有祕密咒語、祕密藥物、祕密符籙、以引誘空行女者。本人不敢說「無有靈驗」，然本人認爲此等作法既不易辦到，亦未必全驗。最好之法，必守護戒律，以招感「護密法之護法」爲行者導引而來。余在德格，即曾奏此效。其導引之女，來也有光，且有護法通知：空行已至。無須觀察何相，未見面時，早已見光；既見面後，不用引誘，自然結合；當其去也，更無糾纏及其他一切世俗麻煩。此蓋護法守護之道也。

其上者，則以能修空行女而得相應，守護明點具足菩提心。女則如其誓句，而自來供養。其修習之時感應更大，或見日、月，或住正定，或與大印契合，去後更無其他一切世俗麻煩。既不用藥物引誘，亦不用金錢飲食引誘，此空行女自來之特效也。

最上焉者，能修空樂不二各種觀想，大印明體自然現前，具足各種大悲事業力，能引生本尊成就之功德。既是本尊，自有佛母；當其未遇，先有預告；及其到來，一見如故。或遠道相訪，或忽然集合，行時既無障礙，專有空樂；行後無人發覺，而覺受證悟驟然生長。此則由行者本人戒律具足、定力深契、智慧增上、一切功德所出生者也。總之因果不壞、明點充盈、氣功充足、智慧與密法四喜四空相契，必有空行女助之也。》》（34-279~303）。**附註**：《《當其二脈相含時，玉女猛搖似犬雌，大樂酥融床上滾，杵蓮緊纏不能離。》》（34-306）

復次，密宗行者欲修此法者，必須先通達五輪脈氣，而後方可修之：《《所以要用雙身法的道理，就是用氣功把密輪外層的脈就解開了，然後遍行氣就把心輪外層的脈就打開了。心輪外層的脈打開了，氣就容易進中脈。然後下面用火衝（原註：拙火），上面用水洗（原註：頂輪滴明點），這樣子心輪就一層一層的打開了；所以開五輪，就要心輪先開；但是修則要從密處起修啊，所以修雙運的重要性就在此。你不修雙運，密處外圍的脈就很不容易打開。所以人家都說這個睪丸是總精啊！一切精都組織在這個地方。**要在這裡天天修**，用空性三摩地的力，用氣功，用雙運，慢慢把這裡解開。》》（32-235）

若不修五輪脈氣之通達，於雙身合修之過程中，便不能將氣住於摩尼之際而不漏洩，便不能保持性高潮之持久而必洩精，如此便不能如宗喀巴所說之「正修習時、長時領受經八時等」，則「如何能保持如是樂觸之大且久之智慧」便不可能生起，則是未得大樂者，則永不能成「密宗之佛」。是故欲修此雙身法者，必須先完成生起次第之修行成就，而後方可受第四灌頂及與他人合修雙身法。故云：

《《命之於心，宛如蓮花中之蕊；修者外面心堅，則裡邊「心間一切佛」不能走矣。**請來之佛、裡邊皆有，堅固留住，永不得出**。俗語有云：「無孔不漏水。」行者倘能堅固修習，則抱明母時，即使精將外洩，只要拍剌一聲，即可將精閉住，使不得出。**如能與明母交而不洩，則成佛可必**；其人身內佛永不能離，此時瑜伽心始來：一毛孔成一世界，一世界爲一佛壇城，自己變成文殊菩薩，身大無比；每一世界中自己、在與眾生講經，一一度之。如此修觀、功德無量。夫人之精液一出精關，萬難收回。故修歡喜心、化而下降之時，不可過下；過下恐不能忍住，有外洩之虞。至於由下往上回到頂上大安樂輪生和合歡喜心時，不妨稍久；因精在彼處，無孔外洩，最爲堅固也。……紅白融合（男方之精液白菩提心，與女方之淫液紅菩提心融合），**於是和合歡喜心生，生時一切莫想，一心只想一切法空、我與明母亦皆空。**》》（62-188、189）

欲修此無上瑜伽者，先修生起次第之中脈明點及寶瓶氣與拙火之後，男性密宗行者次須講究改善性器官，名爲鑄劍：《《收來放縱喜椒薑，卑溼花岩出處強；藥物安排循妙理，雙梅影閣記蛇床。（原註：椒能收，密法中亦用以塗蓮令收縮。薑能發散除寒溼。蛇床洗杵能除濕、並令強大。載葉德輝著《雙梅影閣》。）》》（34-313）

又如：《《過乾恰似劍初磨，濕則何如渡大河，唯是欲乾還濕好，無弦合譜春王歌。（原註：過乾者內納香蕉少許，見拙著《光明法藏》）。》》（34-306）

薩迦派關於此實修法之口訣，於《道果—本頌金剛句偈註》（61-280~292）中，皆隱而未說，須逕由上師口傳，略述如下：

《《口訣要攝，分五：降、持、迴、遍（散）、護。

降：先必熟習四喜，能生起四喜之因、爲四剎那，其以時間之不同而分四。於其所生之四喜果者，係以四種不同覺受而分。又，四剎那爲能區分之覺受，四喜爲所區分之層次。其第一剎那即「眾相剎那」，與見色等種種事相屬，於其時中，一切所生覺受謂「喜智」。第二「異熟剎那」，以波拉（種子字）及益智二味等分相配，樂如前更增且轉更勝，於其時中，一切所生覺受謂「勝喜智」。第三「揉觸剎那」，由攪等揉觸手印，外離色貌繫屬之分別，內而生喜，於其時中，一切所生覺受謂「離喜智」。第四「離相刹那」，表相九界淨分、性相喜樂二者之不分別，或分別尋思之不別者，於其時中，一切所生覺受爲樂與無猶疑雙泯之俱生智。

持：現廣釋此分者：所依完全清淨之實體智慧之明妃，其於遠近相適之處時；學其「色」者，以粗重貪火點燃而明點降，行移於諸細微脈中。修樂時不可退失，須守護其開張之際：（原註：實修法略之）。如彼學於「聲」者：（原註：實修法略之）。復次學於「香」者：（原註：實修法略之）。復次學於「味」者：（原註：實修法略之）。復次學於「觸」者：（原註：實修法略之）。如彼，所謂明點降而增、增而持、持而次第提遮；此三者相屬而生者，以其作多樂少，故謂「第一刹那喜智」。復次「波拉」、「益智」二味等分相配，貪火燃明點降、修樂、護孔開之際、忍密杵，謂「第二刹那勝喜智」。此二者爲明點降且樂力大，「明點燃煖」者，甚難持之。復次，若少分抽送，生無分別樂，如前明點降而修樂與無分別、忍密杵、珍悝第二忍密者，謂「第三刹那離喜」之喜明點行移之煖。

迴：若明點難持時，上氣回逆，由下而生之「六勢變」等守護明點，易守護時即守護四剎那。於第三剎那以上，不提遮明點者，以樂易消失故：（原註：實修法略之）：則明點難持。如若明點增長之驗相，爲羅剎之道麻麻然、沈沈然、澀澀然，大小香等時出時不出、時盡時不盡。若感髮稀鬆（原註：豎立），呵欠睡淚漣生時，爲明點攝持之兆。至若由下具蓮女之時如實生，於所依完全清淨之明妃，須作身語等勻、加持等勻、所欲等勻之三加行，加持於脈。以其杵蓮相合：（原註：實修法略之）：生離持樂之定，亦保認此定，守護孔開之際等。若於彼以「六勢變」之護者：一、海枯須彌，即縮腹貼脊；二、攝集四洲，即縮屈四肢之指；三、舌安本位，即舌抵上顎；四、勝根仰返，即眼上翻。此四者爲身變。……。

遍：束氣之腰帶，雙手束腰如繫腰帶，如旋木輪，往覆轉旋於腰間。又身跏趺，雙手插腰、搖擺上身，如孩童戲耍，向四方來回搖擺。謂「第四剎那俱生喜明點堅固之煖」者，其無須用功守護。

護者：於守護明點下漏時方釋，此處暫略（讀者可詳前舉蓮花生及貢噶上師所說）。大略之方便道分三：1、前行：身具前行行止，右手日左手月，交蓋覆於雙膝，面前長短吽九次，左右各清淨三次，共三回。訣云：「出三與入三，輪等爲淨治，若日等第三，隱入秘處孔。」其義爲：初以食物精粹善調補界，捨宅登高，跏趺固握，右手心日輪壇城，左手心月輪壇城，交叉置蓋二膝，此爲身要。心要者，下身或密處之一切淨分，如空管引水由中脈內逆引而上。語要者，如實修長吽、短吽，三次於中脈、次右三次、次中三次、次左三次、次中三次等，以一切總計於中脈九次，左右二脈六次，共十五次。又由二鼻孔引息，出息三次、入息三次、共六次，如即述之式，如實了知。於彼等界（種子，即精液也）之能量，守護三日等，即淨治輪；如彼若行之三日，則能隱入密處孔道中，於下行氣得自在。大調伏氣極上品者，亦有半日即如彼而修成。如此而行，若有頭痛、噁心、心口鬱熱時，當略延緩，善調滋補（身）界。若大小便閉及痛等，行倒立法即可袪除，此是大要也。

2、正行：由行加持等事，略縮羅刹道，猛力吮吸二中指，雙眼上翻，以此能攝明點。又猛力喘息而語，行其他身之還罪法，如此亦能攝明點。其所說之義爲：於加持杵蓮等等，由行身語等勻，及所欲等勻，賜予觀清淨明妃之色等之次第，其利少。復於「波拉」及「益智」等分相配，則**此搖彼磨，婉轉伸陳，即以貪火令明點降，其樂不可支**，然護明點故，則：（原註：實修法略之。平實註：請詳前文舉述）：身心鬆緩寬坦而住，於此時攝明點矣。又於語猛力喘息而言，身之其他還罪爲遮止上氣。如彼而行，若樂少，則應抽送；若不可支時，則應持，此謂之爲明點降復持，持復增。

3、後行：其後明點不轉故，謂後行：爲能同時「迴」與「遍」明點者，如象鳴、虎嘯、獸嘔、狐嗅、於臍、心、喉、頂等次第引導，以解脱印平攤身體。其所説義爲：於等入之後行時，身跏趺，思維明點由密處引提至臍處，意注於臍。語之「象鳴」者，即謂以象鳴之「嘻」聲引導，復專注由臍至心。語之「虎嘯」者，即謂以虎嘯聲之「嗚呼」而引導，專注由心至。語之「獸嘔」者，即謂以嘔聲之「哈哈」而引導，識專注喉至頂。語之「狐嗅」者，即謂以狐嗅聲之「哈嘻」而引導，解脱印者即於如實修，抖頭攤身。

其廣略二方便道中之共法爲：於離明點口訣要中四不善巧——一、降不善巧、點迅失；二、持不善巧、樂短促；三、迴不善巧、水漣漣；四、遍不善巧、病滋焉。

其四對治善巧者：一、降善巧爲如龜步者四喜次第生，二、持善巧爲身三變及語一變；三、迴善巧爲旁生四變，即象鳴等；四、遍善巧爲獅子解脱印。身三變者即：：（原註：實修法略之）。語一變者即，猛力喘息而言語。又氣之束腰等爲如廣道。》》（61-280~289）

如上《道果－本頌金剛句偈註》中所言，讀者若能以此書前來所述之說明中所得之知見，細加思維，即知文中之密意，不須再一一加以細述。復次，於蓮花生所作《亥母甚深引導》中已有細說，於貢噶上師傳與陳健民之實修口訣中亦有細說，逕行參考即可知之，不須別行解說。於此僅舉其一，讀者逕自反三即可知也：譬如此文中所言「於色聲香味觸」中修「持」者，陳健民上師作如是言：

《《見空行母（於合修雙身法中）的姿色時，修色空不二。聽到空行母（於合修雙身法中）的妙音時，修聲空不二。聞到空行母蓮宮（的淫水）麝香時，修香空不二。唧吻時，啜取空行母的甘露（口水及淫水），修味空不二。交抱、親吻、擦觸及摸擠空行母全身時，修觸空不二。若在空三摩地上有少許的失落，即應避免雙運—樂空必須不二。》》（38-678）。由此舉一反三，自惟可知也。

密宗之男女行者合修此法時，應起如是觀行，以證明光：《《抱明母時，一心空安無二無別，則見道自來。天天空安修習，一心不變者甚好。每次修習時，最少得修一刻鐘；入後逐漸增加（按：宗喀巴主張每日應修八時）。如空安不能俱來，而只安樂心來，一心入定亦甚好。空安兩者合起來，始成空安無二無別之智慧。安樂來時第二個分別乃「一切法空」，空中幻化修；幻化中突然現一種子字，此字之生起猶如大海之中突見一魚躍起；此字旋即變爲平日所修之本尊，此即明光也。》》（62-207）

密宗之見道者，非如顯教之以證得第八識如來藏而發起般若慧作爲見道，而是以雙身修法之淫觸及意識覺受作爲見道；如是觀行皆依雙身修法之境界作爲中心內容。觀行完成後，則須運氣提降明點於下體中與明妃會合，此名「金剛跏趺坐」。金剛跏趺坐共有四種：《《1、脈金剛跏趺坐：以自指數數探出業印（事業手印，謂明妃）之拔阿嘎（陰戶）內中脈下尖，如小麥桿狀伸出（子宮口之突出物，又名海螺脈）；入於自己金剛（原註：按即杵）空內，自金剛則入業印之拔阿嘎（自己之金剛杵則伸入明妃之陰戶內），相啣而作。 2、氣金剛跏趺坐：自己與業印（自己與明妃）二者之都帝（中脈）內氣出如長香青煙，二脈交接處（於陰戶內相啣接），二氣亦相交，濃厚旋轉而住。 3、明點金剛跏趺坐：明妃（業印）都帝（中脈）內，氣出如長香藍煙，上行入自己都帝內，至頂上脈輪內；自己都帝內亦有氣如長香藍煙（下行至金剛杵端）而出，（於下端啣接處）復入於明妃都帝內，上行至明妃頂上脈輪。於自頂上降下白明點，如芥子大；明妃頂上降下紅明點，亦如芥子大。紅白（明點）會合於健順（即父母一合修之男女雙方）都帝下尖二氣交接處，如紅白二合狀，和合而住。4、空安金剛跏趺坐：自己意識與中脈降下眞水之安樂自性，由此自性微塵不可得，變爲法身自性，一心定之。》》（34-136~137）

合修此雙身法者，先應了解尋脈之理：《《**隨方驗脈**：密脈海螺各異方，試探先可向中央；宜知倒鳳顛鸞意，只爲交纏二脈香。》》（34-307）

又云：《《空行母的大樂智脈稱爲智慧海螺脈，住在蓮宮中，這是她中脈的下端。其尾端細而短，但是可用各種藥物將它延長，直至嵌插入杵道爲止。當佛父佛母兩中脈交合時，shakta 及 shakti **兩氣透過蓮杵，明點交換，而四空四喜在不二大三摩地中一味和合，可以促成佛果**。圓滿次第瑜伽可謂更圓滿地整合了佛身。》》（38-678）

延長海螺脈之法：《《先從蓮外供諸方，次叩肛門禮守娘；博得群妃歡樂後，海螺奇脈自延長。》》（34-307）

密宗行者由修此淫樂之空樂不二故，得成「金剛道」；故說應盡其一生修習「空樂雙運」，以求「見道」；乃至能令「悟境更深入增長」，但以能持久而不洩精者方能有成：《《故精不外洩則力量斯大，當精點自頂下降之時，其力甚大，故行至臍間即應修起不願意之心（起不願意受樂洩精之心），使精疾速上回，此乃上回之法也。初修之人欲精上回，異常艱難，往往外洩，故萬萬不可近女，近則必洩。久修之後，迨精能上回，力量來後，始可御女。因心已修成，能收放自如也。精上回之後，再要將其散往各脈方可；如只回而不散，則大病立至，不可不知也。氣轉識後，融入中脈之時，萬萬不可御女，御女則已矣，不御則氣自融入中脈焉。心中莫起願意之心（心中莫起願意射精之心），而只想明點逐漸上升至頂；如此修想，則精自上回矣。只是心中修想，不可眞去親近女人。如此修習既久，則明點自能上回四散，能收能散，始可近女。

若不近女人，如何能下降上回耶？散精之法，乃自觀爲佛，兩足金剛跏趺坐，兩手作期克印（原註：即握拳而伸食小兩指也），交叉於胸前，左內右外；目上望，看頂上之吽字明顯清楚，口念吽字二十一遍。念時手足全身皆甚用力，如此則一切寶瓶氣上升，定入近腰處之中脈內去。此後兩手作拳一同下斜，向左右擺三次；擺畢兩手仍作拳，在兩腿上用力撐三次；撐畢兩手仍作拳，置腿上，上身左右扭轉三次，若向左右兩旁問訊然。扭畢，精皆散往全身各脈矣，此時汗出如瀋。苟能日練三四次，則身體強健，疾病全除矣。至於修智慧之道，乃上往下，生四歡喜心；下往上，亦生四歡喜心。苟明點到密處門上而不外洩，則心生莫大歡喜焉；歡喜之時，想「我死無常、一切法空」，此即空安無二之智慧也。**抱明母時，心甚歡喜，此歡喜即是安樂；「我死無常、一切法空」，即是空明；安中空，空中安，此之謂「空安無二無別」也**（原註：空安無二無別，又稱樂明不二）。得空安無二無別，此後見道始來。》》（62-201~203）

密宗所獨有之「空安二諦、樂空二諦雙運而成佛道」之修法，此中有四要點須知：《《**無實**：降時，當觀大樂無實。**廣大**：持時，當觀大樂空如天。**獨一**：提時，當觀空樂合一無二。**任運**：散後，定于法性任運上。》》（34-172）

所謂「無實」者，謂密宗行者於雙身交合時，令明點及氣與對方在下體中交合，再上升至對方中脈五輪皆到，亦會合而到自身之中脈五輪皆到，然後下降至杵端（或子宮頸、陰蒂），而引生淫樂時（不論密宗行者說之爲四喜中之任何一喜），尚須作如下之觀行：「四喜之任何淫樂，於下降至杵端時，雖能運用氣功任持不洩而至極樂之境界。然而此淫樂之境界其實無實，終是無常必壞必斷之法，由此觀行故，於淫樂不生貪著。」

所謂「廣大」者，謂於正受淫樂之最樂境界時，應於彼一心受樂之境界中起觀：觀察其樂受之心境猶如虛空一般廣大，無邊無際，故說此中之樂無邊廣大，名為任持。

所謂「獨一」者，謂於下降明點至杵端而受極樂時，當觀此樂乃世間獨一無二之至樂；當觀此樂乃由觀想明點之覺知心所引發，故此淫樂與覺知心空性其實無二；而此覺知心一心不亂久住於大樂境界之中，無有分別，不生二想，故「空性覺知心」與大樂無二，是名空樂無二，故是獨一。

所謂「任運」者，謂密宗行者於雙身修法久受大樂之後，將氣散於全身，不再聚於中脈下端，暫離淫觸之樂，而保持俱生喜，將覺知心安住於雙身修法中所「證悟」之「法性」之中，任運安住而不移動——一念不生，是名任運。

然而如是「無實」之觀行，與宗喀巴所說之「常住不變大樂」之語，自相矛盾。既言無實，則非「常住不變大樂」故。

如是「無實」之觀行，並不能令人證得解脫果，只似世俗人之體會世間人生無常而已；欲證解脫果者，必須由斷除我見入手。今者密宗古今一切師徒由淫樂之中觀行，設使能如實觀察淫樂之空幻無常者，仍然未脫我見，並未斷除「意識覺知心常而不壞」之見故，意識覺知心於三乘佛法中皆說是五陰所攝之變易法故，大乘法中更說意識覺知心是依他起性之法故，四阿含中說如是「意識覺知心常而不壞」之見是常見外道之邪見故，說之爲凡夫衆生之「我見」故。

如是「獨一」之樂，並非眞正獨一之樂，彼諸印度教、婆羅門教等外道中，部份教派亦有如是修法，亦有如是淫樂之大樂故，密宗之如是大樂亦是從彼外道中索求而納入佛教中故；此外，中國《黃帝素女經、洞玄子、玉房秘訣：：》等法之流傳，亦皆有此淫樂之大樂修法，至今不絕；既皆同有如是淫樂之大樂，是故西藏密宗所傳如是淫樂之大樂，並非眞正「獨一」之大樂，印度教、婆羅門教等外道法亦自有之故。

復次，如是淫樂正是衆生輪迴欲界生死之根本，若不斷除此淫樂之貪，尚且不能解脫於欲界之繫縛，終必生生世世繼續輪迴於欲界之中，何況能出離三界之生死？如此之「樂」，不可謂是「獨一」之樂也，爲保此樂則必永遠伴隨欲界中之種種痛苦故，欲求保持此樂者必須常時輪迴於欲界人間而後能受此樂故，人間永遠不能離於種種無常苦故；此樂亦非能常樂故，必定有時離此樂故，是無常法，伴隨無常而有此樂，故非獨一也。

唯有佛法解脫道能滅除三界生死輪迴之痛苦，非密宗諸古今「大修行者」之所能證，如是出離生死之樂唯佛教中有，故名獨一；唯有佛法中之大菩提道，能令人發起世間出世間之大智慧，不唯能證二乘所證之解脫道，亦能令人證得諸不迴心阿羅漢所不能證得之一切種智，能出世間而乘願再留世間以度衆生，如是解脫智及佛菩提智，唯大乘有，非諸外道及密宗師徒有之，亦非諸不迴心阿羅漢有之，故名獨一，故說三界之中「唯我獨尊」－唯此「第八識我」獨尊。非如密宗之以淫樂之修證者所說之獨一也，淫樂之觸證者，欲界衆生人皆有之；明點降至杵端而受大樂不洩者，外道亦能有之；淫樂之「大樂」中之覺知心，彼諸外道亦能証之，非唯西藏密宗所獨能証，是故不可謂爲獨一也。

大乘佛法中之「任運」者，謂菩薩親證第八識如來藏已，隨時隨地現前觀察有情悉有第八識如來藏，而此如來藏隨緣任運，於一切世間衆緣之中任運相應於一切法而運行其自己之心數法，此隨緣任運自身心數法之性，爲禪宗古今諸眞悟者所能証知。於各各衆生身中，對應於各自之七識心時亦復如是隨緣任運，無有絲毫勉強之處，無有絲毫錯亂之處；乃至衆生眠熟、悶絕、正死位中，亦復如是隨緣任運而不錯亂。

於世間六塵紛擾之中，亦不受任何干擾，永遠皆是隨緣任運；如是永遠隨緣任運者，方是眞正之任運者，絕非密宗諸師之以淫樂中之觀行所得「邪淫智慧」而可言爲任運也，此「淫智」於意識斷滅時必定隨之而滅故—於眠熟等五位必定斷滅故。有起有滅之法，絕不可說之爲任運者，不能遍一切時不斷故。

能覺知苦樂受之覺知心，絕不可說之爲任運者，必受六塵諸法之苦樂受故，唯有不受六塵苦樂受者方能隨緣任運故；凡受苦樂受者，必於苦樂受境界起貪愛或厭憎之情，則必定於苦樂受中起「繼續觸受、遠離觸受」之情，則必於六塵起思量決定之情，則必暫斷其隨緣任運之性，則非是遍一切時隨緣任運者。

由如是正理，說西藏密宗所傳「樂空雙運」男女合修之雙身法，並非佛法中所說之隨緣任運之法，不能於「一切法」任運而行，絕非眞正之佛法也。

如是邪淫荒謬之法，西藏密宗實無必要自矜「獨備於己」、而輕蔑顯教諸宗之「獨缺此法」爲非究竟，所以者何？謂此法實與三乘菩提完全無關，於淫觸中所觀行之「無實、廣大、獨一、任運」者，皆與佛法無關，只是藉用佛法名相，而眞傳婆羅門教支派性力派之修法爾。

假饒如是努力「修行」三大無量數劫之後，仍舊不能與眞正三乘菩提相應，仍將墮於外道見及外道邪証之中，仍將錯以外道法爲佛法之修証也。密宗中人，於此務必理智、深入研討之，莫以身心資財精進修學佛法、卻墮於外道法，成爲破壞佛法之大罪人。

密宗所說法義，之所以邪謬者，咎在初始已邪；所施設之觀想、天瑜伽、寶瓶氣、結緣灌頂、瓶灌頂、秘密灌頂、第四灌，及最後依第四灌之口訣而付諸於實修者，皆是以雙身法之理論而前後貫串之，一氣呵成，不離雙身修法之本質；生起次第之修証，其目的亦完全是爲將來實修雙身法而作準備。

既於初始即錯，隨後而修之種種法，當知必與眞正佛法完全無關；然後卻以佛教經中之修証果位名相，編入雙身法及秘密灌頂法之外道境界中，作爲佛法上之証量，動輒以初地十地自居，乃至亦有以佛自居者，以之輕蔑顯教中諸如實修行者証量粗淺。

若究其實，密宗諸師完全不解佛法眞義，於三乘佛法俱生誤會；卻以誤會之邪見而貶抑顯教，高抬自宗爲「果地修行」法門，貶抑顯宗爲「因地修行」法門。此娑婆世間之邪見顚倒、復又強詞奪理者，無過於密宗之秘密經續，無過於密宗諸師之所說者，一切密宗修行者，皆應理智探討之，眞實了解密宗法義之邪謬，早返正道。

往世余在覺囊派中任法王時，雖亦曾傳時輪金剛，乃是爲遮掩他空見弘傳如來藏之實質，以之作爲掩護；乃是觀察時局形勢，**不得不然**之作法，實以他空見中觀之第八識如來藏法爲主，暗中破斥密宗各大派之雙身法，故不肯實修之。然因時久月深，密宗漸知余等所爲與目的，故不能見容於黃敎，以政治勢力假藉薩迦與達布之手而消滅余法。

今已時移勢易，西藏密宗之政教勢力已經式微，藏人不應再迷信密宗之法，不應再認同政教合一之舊規，應隨順時代潮流，改依　佛說「政教分離」之觀念，來看待西藏流亡「政府」、看待達賴喇嘛。應從密宗法義之本質來決定是否應再隨順密宗而學佛法？是否應再尊崇弘傳密法之達賴？探討是否應再信受達賴之「佛法」開示？探討是否應回歸顯教三乘經典所說而捨棄西密之密續所說外道法？是故今時之覺囊派諸師，不應再傳時輪金剛之修法，現今已不須以時輪金剛作爲掩護之故，已可直接弘傳他空見之如來藏法故。應當改絃易轍，專傳「他空見中觀」之如來藏法。

只是覺囊巴之「他空見中觀」如來藏法，歷經黃敎達賴五世時起之多世篡改，曲解法義，以黃敎誤會後之觀點而改易之，今時欲再尋覓覺囊派正確之他空見中觀如來藏法，已難可得也。

時輪金剛之修法，概略如次：《《雖然下述教材我們已經學過，並且也熟悉了，但再聽一次仍有法益，這些內容會在我們的相續印下心理的印記。1及2因爲「個別的集」中（別攝支）是修觀出有空色本尊抱佛母在中脈的前額開口上，「個別的穩固」（靜慮支）是修增長穩定度。六支中的上述兩支能使不同的活動氣適合用來修法。3第三階段是：生命力阻塞住左右兩脈，使得氣安住於中脈，所以「生命力支瑜伽」（中善支）的主要內容是要引導下除氣和命氣在一起。這種修法就是金剛誦（嗡啊吽）及瓶氣，前面已提過這兩種修法了。4第四階段是「認持支」，在你能引氣入中脈，並使氣能幾分安住於中脈後，就修「認持支」。認持支要修的是穩固氣的保持於中脈的中心—使氣非常穩定地安住在那裏。5第五支是「隨念支」，行者和三種體性的明妃之中的一種明妃交合，（明妃）嚴謹的稱呼是「（事業）手印」，事業手印是活生生實體的人，由行者宿世業緣感召而來；智慧手印是行者心中觀想出來的景像—在觀想時和明妃交合；偉大的手印，時輪金剛的明妃是那錯由姆，她的身體是空色。下根的行者與實體明妃交合，中根的行者和智慧手印交合，上根的行者和偉大手印那錯由姆交合（此主張與蓮花生及宗喀巴之主張「實體明妃交合爲勝」相違）。修隨念支的行者和上述三種明妃之一作交合，頂輪的白菩提就融化落下，降到龜頭尖端，就在這裡提住，就是這樣、行者經驗到**不變的大樂**。然而如果你要修事業手印而不是修智慧手印，你必須具足下面的條件：a先要調練普通道。b要接受圓滿的灌頂。c必須守護誓語和戒律。d男女雙方的精神體悟要一致；這一方的體悟不應該比另一方的體悟要來得高。比方說：如果男行者証到圓滿次第的心解脫，那麼他的明妃也應該是証到心解脫才適當；當雙方的証悟相當時，**修這種雙身法，男行者能增長女行者的証悟、女行者能增長男行者的証悟，雙方很快都能成佛**。你務必要理解這種雙修法門的目的，也就是說男女交合。這是從金剛持那裏傳下來的甚深法門。密勒日巴曾提示重點：『當雙運時，你觀修用脈、氣、明點，行者應該在恰當時機和事業手印（人間的女人或勇父）共修，然而你必須完全具足各種條件，如果你不具足條件而冒濫進修，就會墮入地獄。』據說這樣冒濫雙修的果報是虛空尚存、即無出期。以上隨念支說明了許多，事實上，我可以花許許多多天來詳細解析，因為其內容眞的是很廣泛。這種修法的一種面向是注視時輪金剛的佛母那錯由姆：藉著這方法，使行者經驗到俱生大樂及生起拙火，拙火再融化頂輪的白菩提，然後白菩提再流經各種輪，就在那些輪上，行者經驗到四喜：喜、勝喜、超喜、俱生喜。以上是前五支的描述，前五支到量，行者就能成就三摩地支—時輪金剛六支瑜伽的第六支瑜伽。6萬象與心的空性的專一圓融，是體悟到空性，這就是時輪的第六支—三摩地支。要理解三摩地支，還有第二種方法：一切萬象的空性的圓融、以佛母那錯由姆的本尊身顯現，佛母的本性是智慧，而無上不變的大樂以時輪金剛的本尊身顯現。所以由佛母來象徵的空智圓融及由時輪金剛代表的**無上不變大樂心**，也被稱為時輪三摩地支。你必須謹記於心：本尊（與）佛母的交合並不像一般世俗的性交；它是象徵智慧與方便的結合；時輪金剛是代表方便、佛母那錯由姆代表智慧。由於行者和三種明妃的其中一種交合，因此而生起不變大樂，然後大樂增長無盡。以上是簡介時輪的六支瑜伽，說明已畢……》》（74-220~222）

然而如是修行之法，本質上仍是外道性力派之修法，於婆羅門教中，仍有許多教派反對如是修法，認為如是修法永遠不能與解脫相應，反而被淫欲所繫縛了。密宗諸師反而不如婆羅門教中之部份外道，不知如是修法必墮欲界輪迴，而且因於「邪淫」乃至「亂倫」之故，必墮魔道，久後必墮地獄。若因維護密教邪法而謗佛教眞正法義，及謗眞實証悟之賢聖，捨壽後必定立墮地獄受苦無間，長劫難離，是故一切密宗行者皆應正視之，莫隨密宗邪見而趨入邪道，以免未來無量世中成魔眷屬，難以脫離。

宗喀巴認為修持雙身法而證得樂空不二時，應再進修細相觀：

《《……後於細相之內，具修曼陀羅法，四百五十論云：「又修自細相，住明妃鼻端（觀想自心住於明妃下體之陰蒂），自証能仁輪。」謂於明妃鼻端觀想主尊標幟量如麥許，於中具修曼陀羅法。祥米金剛說於父母隨一秘處鼻端（下體尖端，謂陰蒂或龜頭）。藥足金剛論師說於金剛摩尼瓶中標幟之內修曼陀羅。若心沉沒，應於上鼻端修，是爲教授。若於明妃蓮花（下體）標幟中修、心生沉沒，想自五股金剛中股，變成鉤形，鉤至明妃鼻端而修。是故修處無定。此中藥足論師，說由自心種子放光，鉤召諸佛，溶化成菩提心降至秘處（下體）變成標幟，於中而修。教授穗論亦說彼義，及前所說臍間細點降至秘處（下體），於中修曼陀羅。彼二細相瑜伽處所，說金剛（男性下體）與蓮花（女性下體）鼻端（龜頭或陰蒂），隨一即可。明炬論文雖明顯說於細點修，及於明妃蓮華（女性下體）中修，然彼二者秘處（二者下體）相同。》》（21-482）。如是之修細相觀者，乃是黃敎至尊宗喀巴所說者。

次須依五方佛之觀想，配合無上瑜伽而一一觀想，將五大金剛觀成佛身：《《密法裡頭最重要的是五方佛，五方佛要修成即身成佛呢，就要先變五大金剛，所以我講的修勝樂金剛，要配合這五大金剛，分配在五輪來修。》》（32-246）

然而成佛之道，實與五方佛無關；欲藉五方佛之觀想修行，而成就究竟佛道者，乃是密宗古今諸師之自意施設，並非眞正佛法，何以故？謂世尊未曾如是開示故；謂如是觀修者，完全不能與般若之總相智、別相智、一切種智相應故，而成佛之道實乃在於般若之智慧，絕非在於觀修五方佛，絕非在於將所觀之五方佛變爲五金剛者所能成就也；五金剛唯是自心所現之內相分故，五金剛之觀想、與修行者自心本體之修證體驗無關故。

復次，五大金剛配置於五輪，亦是密宗行者之虛妄想，由五輪加以觀修，其實不能變生五大金剛也，所觀成之五方佛其實只是行者自己之內相分爾，並非觀成五方佛時便能實有五方佛故；五方佛既唯是自心所想而非實有者，則將所觀成之五方佛再觀成五大金剛者，亦同是自己覺知心之「想像」爾。是故欲觀想五方佛變爲五金剛，欲藉此成就五金剛者，乃是虛妄之想，於佛法修證上絕無實義。

設若所觀成之五方佛、五大金剛，眞有外相分而能爲一切人所觀見者，亦與成佛無關，成佛非因「觀想之相」而得成其功故，成佛乃因般若慧而成就故，般若慧要因証得第八識、而體驗諸法法界根本法之第八識體性，因此出生實相智，方名般若慧故；是故密宗所授觀修之法，其實並不能令人成佛，乃至最粗淺之見道位般若智亦不能証得，是故密宗行者應當有智慧加以簡擇，知所趣向。

時輪金剛亦說修此能成究竟佛，非如陳履安居士所言『密宗內實無男女合修之雙身法，亦未曾言即身成佛。』舉証如下：

《《以下是過去這些星期中，我所傳授的課程內容的綱要：首先是基礎【ⅠA和B】，接著是討論誓語、戒律【ⅡA和B】，然後是正修之道：生起次第【ⅢA】及圓滿次第【ⅢB】，現在我要說明：『顯現果德』：時輪法門成正覺。首先是普通道的調練：長養出離心、菩提心、中觀正見，然後行者要接受灌頂；然後行者修生起次第：首先是粗（原註：瑜伽）次第，再來是細（原註：瑜伽）次第；在修到生起次第到量後，行者就修圓滿次第—內容爲六支瑜伽，在圓滿次第修法中，行者要專注於六輪：生殖輪、臍輪等等。在這過程中，行者逐漸建立起白菩提，同時也使得紅菩提依序經過這些輪而降下，在這些過程中，菩提心不准射失（原註：走漏），其結果就是活動氣和構成身體的物質逐漸消失，最後紅、白菩提也消失了，這種修法的結果，行者証到了空色之身，這種身體就像彩虹的顏色。金剛佛非常仁慈地對有情眾生揭示了這種甚深的密續修行，它真的就像點石成金的藥劑，能將銅和賤價的金屬轉變成貴重的黃金。用這種修法，行者能將還具粗的、被疾病、痛苦所主宰的物質色身，藉著化掉身體的各種物質組件（原註：成分），及轉化『本初心』與『本初身』成爲本尊、佛母（原註：的本質）。在這物質的色身中，活動氣能使心理的扭曲生起，如忿怒、執著等等。而在轉化的過程中，這些活動氣都會消融。了解『本初心』、『本初身』的意義是很重要的：本初心（原註：或識流）是一種最微細心，這種心一直和我們在一起。本初身是最微細的命氣，它伴隨著本初心，同樣地也是一直和我們在一起。這就是轉化成本尊的東西，本尊的身體只有心和氣（原註：心或作識）。爲了要使你理解這道理，請你試想有人一向住在西雅圖，你可以說他們就像原住民，或西雅圖的土著；另外有人只是來到西雅圖，就像是過客，你可以說他們是西雅圖的偶然居民；同樣，我們每個人都有心識及命氣一直都和我們在一起，它們是本初、原來的；我們身體大部份的成分，如感官、大部分構成心識的因素、粗身等等，不過是短暫生命過程中暫時的聚合罷了。但如前所述，這些會在死亡過程中脫落、各種不同的感官會潛藏，在死亡過程的黑暗時期之後，最微細的本初心、本初氣顯現。**就是最細心氣從此生到彼生**，而不是其他的諸蘊。當到達密宗道的最高峰時，你証到本尊、佛母的空色身，並得到當下直接體悟**一切萬象的本質是不變的大樂的心識，就這樣行者成了圓滿正覺**，証到『七支圓融』或更正式的說法是『七支之吻』，它是指本尊和佛母的交合。此外，行者証到佛陀的四重身：化身、報身、智慧法身、本性法身。成了佛，行者就有無限的力量來利益眾生，在一剎那中，行者能化身無數遍周世界，來救度眾生。》》（74-226）

如是說言於此一生即身成佛—而且是究竟佛者，非唯時輪金剛中作如是說，而是西藏密宗一切宗派皆作如是說，非陳履安居士所可否認者。蓮花生亦如是傳授雙身修法，詳本章第一節所引，非未傳授雙身修法，而彼自身亦如是反復而修，詳彼蓮花生傳記可知，此勿重述。

蓮花生所說之正修持法如下：《《爾時當思凡聖一切法因，皆由明點圓滿而出生，故應修持明點增長口授法；於不令人窺見之寂靜茅蓬中行之，令其洗身莊嚴，塗以香油，佩以香囊，始啓請勇父空行母眾。次**於具相明母腿上伸置自足，互抱吻、以手摸撫口唇舌，揉雙乳；或蓮杵互觀**（或互相觀賞對方之性器），**杵置彼手**（將陽具置於明妃手中），**盡力表示生樂之方便**（令明妃知曉男性下體生起樂觸之各種方法）；**正作業時**（正作行淫之業時），**若生貪欲**（若生貪求性高潮之心），**應了達其自性即法身法之妙用**（應了達此貪求射精高潮之心，其自性即是法身之法所生妙用），**故於貪上認識自性、**

本來面目（所以就在貪心上面認識心之自性），而定於本面上（而認定受樂時之覺知心即是本來面目、本體自性），普通貪欲自能摧壞（這樣就能將普通之貪欲摧壞）；是爲由貪欲顯大樂之方便（這就是由貪欲顯示大樂之方便法門），故應精勤修持。復次，自他加持者，初發最勝菩提心，觀一切法空，空中現臥具，即蓮日輪。輪上自成馬頭金剛，一面二臂，如生起次第所說。次、自密處現吽字（由自己之下體出現吽字），由吽轉成五股杵，空隙中現藍色吽字，頭向內，杵尖口有黃紅啞字向外、佛母一剎那轉成金剛亥母一面二臂，具足莊嚴，極安樂喜悅，雙乳突凸，嘎嘎豐盈（原註：乳頭突出狀）樂不可支；觀密處無緣、見四瓣蓮花，花中現花胚字（梵字，略之）莊嚴；自佛父母諸脈輪中，想一切勇父勇母同時密修相同（觀想一切佛父佛母皆作同一種交合之密修）。此後蓮胚（梵字，略之）上，以杵擊下（以陽具衝入而猛烈行淫）；稍定（至樂生時稍微緩慢而安定下來），於離戲論本來根本定上（於淫樂高潮之一念不生境界上），繼續如羊抖身，周身顫動（令淫樂更增），想明點如瀑流下（於射精時應觀想猶如瀑流之雄壯流下）；應如農夫以鋤挖溝引水，不使（淫液）外流，而散布全身，降於各輪（復應以陽具如農夫以鋤挖溝引水一般，不使淫液外流，而觀想提升淫液之淨分—提升淫液之氣分—而散布於全身，再降於中脈五輪），如密修法修持。但降於各輪，身應擺動，事業令明點不漏為要（淫行中之各種動作以不使精液漏失為要）。此後明點降密處時，想供獻密處佛父空行母，如前而行（此後觀想明點降至下體中時，亦應觀想以此樂受供養下體中之「佛父佛母」，供養之法亦如自己與明妃合修時之受樂過程一般）。爾時於持之善巧，如塞池中出水之口；上根持時，住於離一切戲論網邊際之如來體上（住於淫樂高潮一念不生境界之覺知心體上）；中根持時，以氣為主，須持上氣，而下氣如惹比雞瓶，有風不漏，如是持下氣，則下氣自然盤旋；及持中氣（原註：即不男不女氣）則臍稍外張，可以穩持。更以持善巧觀想法論之，亦分上、中、下三根，上根持時，則緣『離一切戲論網邊際』本來清淨見。中根、觀想上杭字如拴馬樁。下根，觀自頂上現上師勇父勇母如水晶光，內外瑩澈。初修業者（初修學雙身法之事業手印者），若立刻洩下（若剛開始交合便射精者），則應以三指如梯、按會陰處而持之（令精液不外射）。逆提善巧者，如提水於井，想杵中以吽字之心，有如鐵鉤，鉤事業手印母蓮宮中之紅字（梵字，略之）淨分，即長聲念吽字，吸入杵中（原註：盡死心上提），供密處諸本尊（將上提之淫液供養下體中之本尊父母）。次由中脈道相續吸入臍、心、喉、頂；於諸本尊供養後，由梵穴出，供頂上金剛持上師、蓮花生師、佛父母眾。爾時身要，應齊四洲（四洲謂四肢）收於頂彌（原註：如蛇纏須彌），翻目上視，如抵上顎，地角（下顎）壓喉結；全身顫動，語要長聲念吽字，盡氣量不斷而提之，提時於各輪身要、氣要、觀要，三要同時動作，直往上提。如行提甚難，則於各輪，三要同行三次。次、離手印母後（身體離開明妃後），應行狐子坐勢，提上散（提上而散布於全身各處），此法身要：足隨安樂而坐，……》》（34-545~547）

蓮花生又開示雙身修法之口訣云：《《雙運遊戲基本爲八，八中各八，成六十四式。初基本八者：一、近狎，二、吻合，三、指弄，四、齒玩，五、蓮戲，六、聲韻，七、肉感，八、顛鸞。

一、近狎者，分八：1始覷其面，生歡喜心，二人同行，身分偶觸，此名竊玉。2按摩其乳，此名推就。3柔語偎傍，此名牽性。4貼近按撫，唇舌互啃，此名意惹。5以手勾緊其頸，狂吻出聲，此名籐纏。6起立以足踏其足背二足，鈎抱其腰，手攀其頸，而咂其唇，此名摘櫻。7同眠互親互抱腰，此名契入。8杵入蓮宮，此名水乳。

二、吻合者，於八處相吻：口、喉、乳、脅、腰、鼻、顴骨、蓮花，八處也。

三、指弄者，八種爲令淫盛而豎其毛孔故：1唇乳等處輕細畫之，唯現細紋一痕，此名藕絲。2用指略深入乳喉等處令現曲形紋，此名半月。3彼身發癢，羞態搖動不定，以五指齊按之，此名壇城。4於臍孔、尾脊骨處以手畫之，此名纏綿。5於前等處斜欹畫紋，此名輕紗。6乳背及地角下，以十字杵畫紋，此名羯摩。7乳等處，以五指甲印之，名曰梅花。8乳等處蓮花瓣形而畫紋，此名小蓮。

四、齒玩者：1貪心生起，面色極鮮紅，此名春色。2從彼唇以齒輕印，此名點絳。3於彼頤上以唇與齒相合而嚙，此名珊瑚。4面頰齒鬘顯現，名曰笑靨。5僅如獠牙，以一、二齒相咬，此名明點。6於腰間、喉、眉、面以齒連印痕，名曰珠鬘。7如虛空雲，無有定處，於乳、背等處散印齒痕，此名燦雲。8脅下以指甲畫後，以齒印之，此名蓮珠；總之，爲起如雀如騾貪心歡樂，於其易發癢處，如耳下、頸間、脅下、乳上、密蓮中、腰背間，以齒及指畫印並行爲妙。

五、蓮戲分八：1腹貼近杵，斜彈蓮面諸瓣，此名吐浪。2手握杵根，以另半納蓮宮，此名輕挑。3女伸足仰睡，男杵如插蒲巴，直下而住，此名深契。4女歡喜、稍爲抽擲，復深入不動，此名半就。5突入突出，此名啼笑。6數淺一深，互換而行，此名醉酒。7上下互動，此名默契。8初漸入一半，次一半突然深入，此名滿願。

六、聲韻（明妃叫床之聲）分八：如泣、如嘆、如息、如吟、如阿娃打、如哇拉阿打、如小解脫、如阿哇爵哇，依次（依順序爲）如鴿、如杜鵑、如哈里打、如鷺鷥、如蜜蜂、如鵝、如春鳥、如巴哇嫁，皆從腹中出聲（皆是從腹中直接出聲，而非造作之由口表演出聲）。

七、肉感分八：與吻合相同，特於拳、掌、肘、腰、面等處，以手按摩如前，八種聲韻任何一種生起，即是貪相，必生大樂，如其口所生氣甚冷，當久按之，必能生樂。

八、顛鸞：男身肥大，女不能受重壓，則顛倒以御，女當如男，如下而行：1騰挪快行名曰跑。2久住慢出名曰按。3腿相糾纏，女腹如轉輪，名曰輾。4男腿踵相纏，男從下略動，名曰篩。5男人休息名曰坦。6男全不動，女慢慢行，名曰梭。7男手足伸直名曰醉。8女背向我而坐，上行，名曰嬌。此上六十四式隨欲而行，以契空樂（以上六十四種姿勢，隨自己之喜好而行之，藉以契合空樂）。……

大樂引導門摘錄十六式：蓮中脈種性不同，當知各式方便；大要爲四，支分十六：1金剛種者，父抱母頸，母抱父腰，杵上下穿插，脈在左方出現。2蓮花種者，女仰臥，高枕其頸，女足置女肩，父從下抱緊而行，脈或上方、或下方出現。3具獸種者，母足置父手彎內，父抱其腰下而行，脈從左右而來。4大象種者，母足在父乳上伸，父一足彎抱母，一足伸，手抱母下部，脈在蓮花中心出現。特別以杵在女上行秘密拳法者，則以杵於蓮面上（於陰戶表面上）輕輕彈打，其後插入，隨在何處皆可得脈；得已，承辦事業者，脈細長爲上品，短粗當未開口，後紅色花（原註：藏名烏取者），□□（藏文植物名，意不詳）之根，紅蜂糖、牛乳冷塊、白狗杵（白狗之陽具）、當歸、□□□（藏文植物名，意不詳）、管仲、花椒、硃京、羊乳，塗杵（塗於陰莖而後交合）可開其口（可打開明妃之海螺脈口）。》》（34-596~600）

蓮花生上師又開示口訣云：《《天坐法四，能生樂明無念；非天四，能生明；人坐法四，能生樂；獸坐法四，能生無念。一、天坐法四者：1名美姿態，女仰足置其腦後，手抱自上腿，父膝跪其上。2名無作爲，女仰臥，手從自足彎而抱足上豎、支踵上，父抱母頭而行。3名仰然住，與前相同，唯不支踵而支趾，父抱其腰而行。4名一切見，女仰臥，上身略低，父手置女左右耳邊而行，枕高其頸，女手從足彎出、抱父腰，父膝開張，跪而行。此上四種，四肢當用力，母臀皆當用枕墊高，母上氣向下旋轉壓按，父在上慢慢而行。

二、非天四者：1母仰二足，直豎朝天，兩手抱自腿，父俯二足伸。2母仰亦可，側亦可，母左足置父右肩上，右足抱父腰，母以左手支持右足，右手抱父；父上身，向上抬動而行；父足伸，手抱母頸，蓮花大埡，可如此行。3父膝張跪地，母坐父腿上，抱父腿足，左右張開而行。4儀母或跪或側臥母左足到右脅，父二手抱其臀，母二手從大腿外向內抱父臀，父足伸而行。此上四者，母下門提攝，父杵左旋而下蓮。

三、人坐法者分四：1佛母仰，足彎依父肩，父膝張跪，母坐父懷中，父二手抱母頸，母二手抱父膝灣內，仰俯皆可。2女仰，足在父腰，父足下雙跏，抱女脅；女持男足踝骨，仰俯皆可。3女側，左臂支地，二足屈後膝張，男女二手互抱，或右或左皆可。4女仰足上踡，足心在父腰，父二手抱抱母腰，又母膝張跪地，父手抱母臀，或側或臥。此上四者，佛母提左方，父提右方而行。

四、畜生法者分四：1名金翅鳥。女足立，身駝、臀後仰。女二手從內支住大腿，豐盈處作張開勢，父跪其後，二手抱女肩，身向前仰，頸向上伸。2獅子式。女右俱、臀向外，父於其背後行，抱女腰下，女叉抬起、足伸，女上身與男上身側離開。3大象式。女四肢支地，腰彎下，男從背後抱女臀而行。4龜式者，母俯臥，父膝張跪地，女臀入父腿中，父二手抱女大腿（原註：按：母俯臥者，當如龜縮足，屈其大腿，而高枕其臀，然後可抱母大腿）。此上四者，女子下氣外出，父向前仰，而後始用力。

五、獸坐法四式者：1名昂然姿。男蓮花坐，抱女腰，女足置男腰後，二手抱父頸。2熾盛行。男仰臥，女騎上，父手抱女臀骨，由下而上行，母稍俯，以手支地，母下身左右轉。3具威猛枇。女臀仰臥、頸低，張豎其膝，女手從外抱其腿，父足伸，二手金剛外叉，即按女頭上。4如龍游戲。父母二上身，各向外分，二手互抱臀，前後俯仰如敬禮而游戲（原註：此當如蓮花坐式，非仰臥也）。以上四者，男向上推，母旋轉。坐式雖多，要以觀想爲要。》》（34-600~602）

如是，密宗將佛法名相套用於雙身法之淫樂姿勢中，而謂此法能令人即身即生成就究竟佛道，故高推自己宗派爲『果地修行法門』。由有此種雙身修法，能令密宗行者於一世中修成『究竟佛果』，所以輕蔑顯宗諸派之修行者，將顯宗諸派之修行法門，定位爲『因地修行法門』；若有顯宗菩薩祖師開悟而証得七住位般若、三賢位般若，乃至初地…等般若証量者，便故意於言語之中暗示顯宗悟者之証量是「因地修行、證量粗淺」，便開示徒衆、謂密宗之修行法門是「果地修証」—可以即身証得究竟佛果。

然究其實，連顯宗初悟者所証之第七住位般若慧亦無，而以雙身法中之淫樂境界所了知境，次第套用佛法般若名相及証果名相，向諸佛子誑謂已經証得初地八地乃至佛地智慧。如是密宗，本質絕非佛教，所見、所說、所修、所証之內涵，皆非佛教經法所說之修証故，皆是外道性力派中之淫樂貪著境界「修証」故。

顯宗諸証悟者老實修行，不敢未悟言悟，不敢未証謂証，老實本份就法言法、就証言証，不敢妄以所未証之証量而籠罩他人，不敢以外道法取代佛法而籠罩他人。然而密宗古今諸師竟以諸外道法之証量取代佛法，用來貶抑顯宗眞悟者之佛法証量粗淺，以妄語而凌駕顯宗眞悟菩薩之上，籠罩一切顯密學人；言語之不足，繼之以密續著作而流傳四方及後世，廣泛誤導四方及後世之學人，同入大妄語業中，共成破壞佛教正法之大惡業，同造多劫尤重純苦之地獄業。以一世之名聞利養及他人之恭敬，而換得未來無量世之長劫尤重純苦——活不如死之長劫地獄尤重純苦——一切人皆不能偶一觸受之極大痛苦，歷無量世，眞乃愚不可及之人也，尚在密宗內修學之人，**於此務必特別留意**。

復次，密宗女行者，若遇上師要求合修此法，以成就其『道業』者；或欲請求上師傳授第四灌者，當請求上師先證明是否已經完成生起次第之修行（中脈明點觀想、寶瓶氣、精液升降放出收回之功夫），一切密宗喇嘛與男女上師若拒絕如是「證明已完成生起次第修行」之請求，則絕不可應喇嘛上師之請求而接受明妃勇父之職－提供色身讓上師修樂空雙運之法。若欲請求上師傳第四灌者亦然，以免上當。若上師不能當場証實其已修成生起次第（如將液體吸回下體身中…等），則絕不應接受上師合修雙身法之請求，彼尚無資格請求他人提供色身與其合修故；彼若對弟子作合修雙身法之請求者，乃是貪著對方之姿色故。此是對仍然篤信密宗法義者，而作如是之言，密宗之法義必定如是故。

若對未學密宗諸人，則應據實以告：即使有人已經完成生起次第之修行，仍不可與其合作而修雙身法；如是『修行』法門與佛法之修証完全無關故，所証得之『般若、智慧』絕非佛法中之般若智慧故；所証得之果位乃是密宗自己之冒稱故，與佛教中之修証果位完全無關故，純是外道法故。依之而修者，生時之所宣揚者乃是外道法－乃是以外道法代替佛法，名爲破壞佛教正法者；如是之人死已，必須承擔破壞佛教正法之重罪，此乃無智之人所樂爲之，有智之人所不當爲。

雙身修法中所說四喜之証得內涵者：《《所以「石、潘、驢、小、間，五字色魔關」，具足這五個字，大概是個魔。是世間法的愛啊。出世間法他就要有四喜，搞法不同啊！進出都是快樂。但是這個初喜與勝喜不同，勝喜與差別喜不同，差別喜與俱生喜又不同。初喜就是像凡夫一樣地，普通人就只有初喜。勝喜就與空相應了，他就覺得他的人寬坦，他不是他一個身子在那裡搞那事情；他覺得：哦！非常之寬坦。那個就是勝喜啊！差別喜就是在勝喜之後，他發生「妙觀察智」啊！所以那個時候「各種理」會都發生起來了。所以一個人啊，只有這個東西就開智慧啊！著名的《東萊博議》的作者，就是在結婚蜜月的時候，寫成這本書啊！他就是在那個時期得到差別喜，然後可以寫出那種文章出來。俱生喜就更不是凡夫所能証得的。俱生喜是什麼東西呢？它是過去生中由無始以來它就有的。那又如何証明是過去生中的呢？我記得我母親因爲忙，所以有時候把我交給我的舅母；（那時）我只有個把月大，我就在她身上、就像「搞」一樣地在那裡做啊！我舅母說：『這小孩子，他還剛出來，還沒個把月大，他就曉得搞這一套。』什麼道理啊？這一種是俱生來的。所以俱生喜就更不容易証啊！俱生喜証得的時候，就可以得最高的眞，那個時候是個天眞啊！天眞流露啊！爲什麼小孩子睡了以後，他的雞巴硬起來了呢？那個是俱生喜啊！也沒得人惹他，他又沒有自瀆，又沒得人引誘他，那個是俱生喜啊！所以啊！所以復還於孩童，就是要復還到那個程度啊！小孩的只是睡鄉中顯出來，那個（雙身法中的第四喜）何止是睡鄉中來了，那個就眞是童子的喜啊！童子喜就是俱生喜。現在四喜能夠照這樣解釋的人，根本連書上也沒有，人家的也沒有啊！都是自己的經驗，自己悟啊！這個不是普通的常態啊！『居空豈等閑？』初喜就配初空，勝喜就配廣空，差別喜就配大空，俱生喜就配全體空。要到了全體空，然後再証到法身佛。》》（32-342）

密宗之修法若實如此，則一切人於新婚時皆已証得初喜，配初空；依密宗之法義及修証果位而言，則是一切人只須結婚受淫樂，並了知淫樂與覺知心實是一體不二，如是保持樂受與此知見並存，即是已証初地之聖人也。今觀街上行人，七成以上是已婚者，只要將此知見印成文字而普遍贈之，則彼諸已結婚者皆成已得初喜之人，正可言是『初地聖人滿街走』也。可喜可賀！佛教大盛也！密宗上師從此不須出世弘法了也，只須將此理印製成書，廣爲流通、令衆週知，於新婚之夜留意之，細細體會之，次日個個皆是初地聖人也。從此以後，佛教再也不須有出家人住持正法也。密宗眞是偉大，竟能發明此法，令人「感佩之至」。

密宗《扎莫囊敦－甚深內義》中說：《《氣脈明點清淨，於勝喜後、交到離喜時，生起安樂無二智，離貪等心，如水中月，離虛妄及眞實見，無漏不變殊勝樂，一刹那中滅除千、八百業氣，而**登初地**。此義

與解析，可與三菩薩論相合。》》（34-330~331）

如是貪著世樂、欲界淫樂，不離欲界淫樂又可得証初地之法，無乃世間最妙之『佛法』乎？無怪乎西藏密宗佛教大部份老修行者，及一切大法王等，悉皆樂此不疲，個個皆樂於遵照宗喀巴之咐囑：『每日八時精進行之』，個個皆樂於遵照蓮花生、畢瓦巴、讓蔣多傑……等人之咐囑：『盡未來世精勤行之』，既可享受人間欲樂，又可証得初地果位；依之日日夜夜享受淫樂，即可迅速成佛，無怪乎歐美洋人及「西藏密宗」行者趨之若鶩。

然而有智之人甫聞即知：此是欲界繫縛之法，尚不能解脫於欲界縛，何況能成就初地果証？何況能成就解脫果？又與佛教諸經所說般若智慧完全無涉，云何能成初地…乃至佛地之果証？是故密宗諸大修行者，迄今未有一人敢覓平實居士私下辨正法義，何況公開之辨正？余作是言者，意欲警覺密宗行者：莫再沈迷，速速回頭轉入佛教正法。亦藉此言警覺即將進入密宗之人，以免誤入歧途。人財兩失事小，成就破戒破法之地獄業事大，萬勿等閑視之。

（第二輯完。全部四輯，於公元 2002/1/5 完稿，2002/2/9 凌晨 3.30 潤飾完竣。）

參　考　書　目

本書舉證文詞之出處示意：例一：（230-3）爲第 230 冊之第三頁。

例二：（62-55-9）爲第 62 冊之 55 頁第九行。

例三：（1-24-B）爲第一冊之 24 頁 B 面。

編號說明：依取得之先後順序加以編號。

1、蓮花生大師應化史略（諾那活佛譯述，新文豐出版公司 1983.1.再版）

2、土觀宗派源流（土觀羅桑卻季尼瑪著，劉立千譯，佛教慈慧服務中心 1993.7.出版）

3、入菩薩行（寂天著，陳玉蛟譯註，藏海出版社 1992.1.初版）

4、密勒日巴全集（共三冊，張澄基譯，慧炬出版社 1980.6.初版）

5、岡波巴大師全集（張澄基譯，法爾出版社 1985.9.初版）

6、阿底峽與菩提道燈釋（陳玉蛟著，東初出版社 1991.4.再版）

7、阿底峽尊者傳（法尊法師譯，佛教出版社 1986.1.出版）

8、入中論善顯密意疏（宗喀巴著，法尊法師譯，世界佛學院漢藏教理院 1942.3.30.出版）

9、入中論釋（宗喀巴著，法尊法師譯，方廣文化出版公司 1998.6.初版再刷）

10、佛家經論導讀叢書—密續部總建立廣釋

（克主杰造論，談錫永譯及導讀，佛陀教育基金會印行）

11、勝集密教王五次第教授善顯炬論

（宗喀巴著，法尊法師譯，方廣文化出版公司 1995.5.初版）

12、覺囊派教法史（阿旺諾追札巴著，許得存譯，西藏人民出版社 1993.1.西藏初版）

13、藉古鑑今話心經（王武烈著，台灣正見學會，1997.8.08.初版）

14、西藏的佛教（山口瑞鳳等人著，許詳主譯，法爾出版社 1991.2.1.初版）

15、西藏佛教史（矢崎正見著，陳季菁譯，文殊出版社 1986.10.初版）

16、密乘閉關寶典（昆秋仁欽及仁津卻紮著，赤列倫珠譯，大手印出版社 2000.？月出版）

17、直指大印（赤列倫珠講授，黃英傑譯，大手印出版社 2000.？月出版）

18、菩提道次第略論上冊（昂旺朗吉堪布口授，郭和卿譯，方廣文化出版公司 1994.1.初版精裝）

19、菩提道次第略論下冊（昂旺朗吉堪布口授，郭和卿譯，方廣文化出版公司 1994.1.初版精裝）

20、菩提道次第略論（宗喀巴著，大勇法師譯，佛教出版社，出版年月不詳）

21、**密宗道次第廣論**（宗喀巴著，法尊法師譯，妙吉祥出版社 1986.6.20.精裝版）

註：此書已有出版社公開印行，非如以前爲**不傳之密**。請洽：

新文豐出版社　台北市雙園街 96 號　02-23060757、23088624

22、辨了不了義善說藏論（宗喀巴著，法尊法師譯，大千出版社 1998.3.精裝版）

23、顯密修行次第科頌、慧行習練刻意成念記

（宗喀巴著，能海上師集著，方廣文化出版公司 1985.1.初版）

24、菩提道次第論科頌講記（宗喀巴著，能海上師集著，方廣文化出版公司 1984.11.初版）

25、宗喀巴應化因緣集（修慧法師編述，佛教出版社 1985.5.初版）
26、至尊宗喀巴大師傳（周加巷著，郭和卿譯，華藏教理院 1992.9.精裝初版）
27、至尊宗喀巴大師傳上冊（周加巷著，郭和卿譯，青海人民出版社 1993 年精裝初版）
28、至尊宗喀巴大師傳下冊（周加巷著，郭和卿譯，青海人民出版社 1993 年精裝初版）
29、菩提正道菩薩戒論（宗喀巴著，湯薌銘譯，
金輪山西天佛學研究院華藏文化中心 1989.11.精裝贈閱版）
30、菩提道次第六加行課誦法本（宗喀巴佛學會印行，出版日期不詳）
31、兜率上師瑜伽（宗喀巴佛學會印行，出版日期不詳）
32、曲肱齋全集（一）（陳健民著，徐芹庭編，普賢王如來佛教會 1991.7.10.出版精裝本）
33、曲肱齋全集（二）（陳健民著，徐芹庭編，普賢王如來佛教會 1991.7.10.出版精裝本）
34、曲肱齋全集（三）（陳健民著，徐芹庭編，普賢王如來佛教會 1991.7.10.出版精裝本）
35、曲肱齋全集（四）（陳健民著，徐芹庭編，普賢王如來佛教會 1991.7.10.出版精裝本）
36、曲肱齋全集（五）（陳健民著，徐芹庭編，普賢王如來佛教會 1991.7.10.出版精裝本）
37、佛教禪定上冊（陳健民述，康地保羅筆錄，無憂子譯，普賢王如來印經會 1991.6.出版）
38、佛教禪定下冊（陳健民述，康地保羅筆錄，無憂子譯，普賢王如來印經會 1991.6.出版）
39、密咒道次第寶鬘釋（蓮花生著，歐陽鷙教授講授，劉銳之譯，
南亞協進會西藏研究委員會藏書影印本）
40、大幻化網導引法（蓮花生著，敦珠仁波切講授，劉銳之譯，
南亞協進會西藏研究委員會藏書影印本）
41、諸家大手印比較研究（劉銳之著，1958 年出版，
南亞協進會西藏研究委員會藏書影印本）
42、俱生契合深導了義海心要（阿逸多法自在造，陳濟博譯，
1981 中秋出版，南亞協進會西藏研究委員會藏書影印本）
43、大乘要道密集上冊（元、發思巴上師輯著，自由出版社壬辰年影刊）
44、大乘要道密集下冊（元、發思巴上師輯著，自由出版社壬辰年影刊）
45、大圓滿無上智廣大心要（智悲光著，根桑澤程講授，1982.出版）
46、甚深內義（讓蔣多傑著，陳健民譯，林鈺堂等人 1998.2.1.印行）
47、仰兌一趨入光明道（龍清巴結集，貢噶上師講授，1972 中秋出版，
南亞協進會西藏研究委員會藏書影印本）
48、大圓滿虛幻休息妙車疏（龍清巴著，無垢光譯，根桑澤程講授，
劉立千譯，1983.10.10.出版，南亞協進會西藏研究委員會藏書影印本）
49、詞義寶藏論（龍欽巴造，吉美袞桑滇真譯，喜林苑了義文化出版社 1998.2初版）
50、密乘法海（多覺傑拔格西著，新文豐公司 1987.6.台一版）

51、那洛空行母生起次第導引—金剛空行母眾心明點

（尼梅巴德欽黑嚕嘎著，法護譯，南天書局 1997.7.初版）

52、現觀莊嚴論《略釋》（法尊法師譯，老古文化公司 1990.3.再版）

53、現觀莊嚴論《初探》（陳玉蛟著，東初出版社 1992.2.初版二刷）

54、現觀莊嚴論《略釋及科判表》（法尊法師譯，密乘出版社 1987.1.初版）

55、般若波羅蜜多教授現證莊嚴論名句頌解（能海上師釋，方廣文化公司 1994.9.初版）

56、菩提宗道菩薩戒集頌（能海上師集著，方廣文化公司 1995.1.初版）

57、定道資糧論頌等（能海上師集著，方廣文化公司 1995.1.初版）

58、最勝耳傳修心七義論等（宗喀巴造，昂旺朗吉口授，郭和卿譯，

福智之聲出版社 1994.7.初版）

59、大圓滿心性休息導引（龍欽巴造，談錫永譯釋，香港密乘學會 1996.9.初版）

60、大圓滿三自解脫論（龍欽巴造，法護譯，大藏文化出版社 1995.3.初版）

61、道果—金剛句偈註（畢瓦巴著，薩迦班智達講釋，法護譯，

大藏文化出版社 1992.5.初版）

62、那洛六法（道然巴羅布倉桑布講述，盧以炤筆錄，晨曦文化公司 1994.8.初版）

63、寶性論新譯（彌勒菩薩造，無著菩薩釋，談錫永譯，香港密乘佛學會 1996.12.初版）

64、九乘次第論集（敦珠法王著，許錫恩譯，香港密乘佛學會 1997.9.初版）

65、吉祥集密大續王（寶法稱.仁欽曲札譯，佛教慈慧服務中心 1997.7.出版）

66、一切法大圓滿—菩提心普作王（詩列星哈喀拉.毗盧渣那藏譯，

陳文仁漢譯，圓明出版社 1997.6.初版）

67、大圓滿—佛陀的終極理念（卓格多傑著，圓明出版社 1996.8.初版）

68、大手印—最高成就修行法（泰錫杜著，唵阿吽出版社 1998.7.初版）

69、相對世界・究竟的心（泰錫杜著，台北噶舉佛學會 1996.6.初版）

70、密宗大解脫法（蓮花生原著，嘉初釋義，楊弦、丁乃筠譯，圓神出版社 1997.11.初版）

71、月燈—三摩地王經釋（創古著，帕滇卓瑪譯，眾生出版社 1997.10.31.初版）

72、大樂光明—金剛乘之大手印（格桑嘉措著，崔忠鎮譯，文殊出版社 1988.8.再版）

73、喜金剛本續（D.L.斯奈格羅夫英譯，崔忠鎮中譯，時輪譯經院 1989.3.初版）

74、時輪本續註（嘎旺・達吉講述，崔忠鎮譯，時輪譯經院 1989.10.初版）

75、大樂光明《增訂版》（格桑嘉措著，崔忠鎮譯，時輪譯經院 1992.4.增訂版）

76、時輪金剛生起次第灌頂儀軌（崔忠鎮譯，時輪譯經院 1992.4.初版）

77、香巴噶舉法寶集（達賴二世著，崔忠鎮譯，時輪譯經院 1989.4.初版）

78、勝樂略續（印度貝瑪嘎惹與惹瑪傳授，仁欽桑波藏譯，仁欽曲札漢譯，

香港佛教慈慧服務中心 1997.7.精裝版）

79、三主要道（帕繃喀傳授，仁欽曲札譯，經續法林 1997.8.初版）

80、遠離四種執著修心法集解（傑森、達巴、嘉辰等著，孫一譯，陳聖群 1989.4.印行）
81、釋量論略釋（法尊法師編，佛教出版社 1984.2.初版）
82、量理寶藏論（薩班慶喜幢編著，明性法師中譯，東初出版社 1994.7.初版）
83、入中論頌講義（釋寶幢著，三揚印刷公司，未載出版年月）
84、入中論（古印度月稱法師造，法尊法師譯，新文豐出版公司 1984.1.初版）
85、法尊法師論文集（法尊法師著，大千出版社 1997.5.精裝版）
86、聖僧鐵記（貢拉堪布編譯，普濟法音事業公司 1999.9.初版）
87、上師五十法頌略釋（印度跋維諦瓦原著，丹吉仁波切譯，佛教出版社 1983.7.初版）
88、大圓滿禪定休息清淨車解（無垢光原著，龍清善將巴釋，自由出版社 1992.5.出版）
89、密宗道次第論（克主杰著，法尊法師譯，佛教出版社，印行年度未載）
90、無上密乘修持三要冊（宗喀巴、敦珠、龍清巴等著，金剛乘學會 1987.12.初版）
91、四部宗義略論講釋（日慧法師集述，法爾出版社 1991.5.1.初版精裝本）
92、空行教授（蓮花生口授岩傳，艾歷卑瑪恭桑英譯，
羅啓安及黃英傑漢譯，密乘出版社 1994.7.初版）
93、臨終教授解脫幻境（寶法稱譯，佛教慈慧服務中心 1997.7.初版）
94、利器之輪（法護著，永楷、滿華法師譯，佛光出版社 1994.9.初版）
95、菩提道次第甘露藏（耶西尊珠造，釋法音譯，佛陀教育基金會 1995.5.初版）
96、修道與生活（巴巴哈哩達士著，靜濤譯，中國瑜伽出版社 1985.1.再版）
97、西藏密宗史略（王輔仁著，佛教出版社 1985.3.初版）
98、藏傳佛教世界（十四世達賴著，陳琴富譯，立緒文化公司 1997.8.初版）
99、薩迦傳承史（秋吉崔欽著，黃英傑譯，大手印文化公司 1994.10.初版）
100、西藏十六代噶瑪巴的歷史（噶瑪聽列著，孫一譯，大乘精舍印經會 1986.2.出版）
101、吐番僧諍記（法國戴密微著，耿昇譯，商鼎文化出版社 1994.3.15.初版）
102、西藏生死書（索甲著，鄭振煌譯，張老師文化公司，1998.4.初版第 210 刷）
103、帝洛巴（貢噶著，正法眼出版社 1998.4.1.初版）
104、馬爾巴傳（查同傑布著，張天鎖等人譯，眾生出版社 1998.4.15.初版）
105、八十四成就者傳記（巴渥偉色著，徐寶鈴、呂旻容合譯，
薩迦諾爾旺遍德林佛學會 1996.3.初版）
106、薩迦法王訪問記（薩迦天津著，黃英傑譯，大手印文化公司 1994.10.初版）
107、訪雪域大士・藏密的指路明燈（吳玉天著，諦聽文化公司 1996.4.出版）
108、甚深內義（第三世大寶法王造，卡塔講述，寶鬘印經會 1997.11.30.出版）
109、大手印（卡塔著，台北噶瑪噶舉法輪中心印行，未載年月）
110、證悟的女性（卡塔講述，寶鬘印經會 1995.11.1.出版）
111、岡波巴四法（卡塔講述，寶鬘印經會 1997.1.初版）

112、西藏佛教略記（恒演法師著，佛教出版社 1994.8.初版）
113、密乘解脫之道、卡盧仁波切行傳（麥克劉德著，徐進夫譯，台北佛教利生中心）
114、蓮花金剛藏上師開示錄（吳潤江講，諾那精舍金剛印經會第三輯五版 1980.印行）
115、蓮花金剛藏上師開示錄（吳潤江講，諾那精舍金剛印經會第四輯初版 1981.印行）
116、蓮花金剛藏上師開示錄（吳潤江講，諾那精舍金剛印經會第五輯再版 1982.印行）
117、金剛上師諾那活佛法語（依 1941 年上海諾那精舍再版重印第五輯三版 1975.印行）
118、沐恩錄（林鈺堂著，1985.出版）
119、藏密修法密典《卷一》（呂鐵鋼編，北京華夏出版社 1995.1.初版）
120、藏密修法密典《卷二》（呂鐵鋼編，北京華夏出版社 1995.1.初版）
121、藏密修法密典《卷三》（呂鐵鋼編，北京華夏出版社 1995.1.初版）
122、藏密修法密典《卷四》（呂鐵鋼編，北京華夏出版社 1995.1.初版）
123、藏密修法密典《卷五》（呂鐵鋼編，北京華夏出版社 1995.1.初版）
124、西藏佛教論集（西藏叢書編委會，文殊出版社 1987.2.初版）
125、西藏佛教經研究（西藏叢書編委會，文殊出版社 1987.4.初版）
126、上品華嚴之金剛經（李善單著，佛乘世界文教基金會 1996.3.初版）
127、密宗十四根本墮戒釋論（曹巴嘉辰著，薩迦諾爾旺遍德林佛學會 1997.2.出版）
128、閒話密宗（談錫永著，全佛出版社 1997.8.出版）
129、宇宙靈源（邱立堅著，宇宙靈源基金會 1995.初版）
130、薄伽梵母正智正道心經之研究（王武烈著，正見學會 1996.10.30.出版）
131、聖妙吉祥真實名經（梵漢藏文合璧，貝葉本，密乘出版社 1985.5.初版）
132、道之三主要（貝葉本，大藏寺印本，出版日期未載）
133、金剛瑜伽女卡雀母珍寶鬘修習儀軌（薩迦諾爾旺遍德林，貝葉式壓克力皮活頁本，出版日期未載）
134、怎樣認識真假密法（丹吉佛爺等著，佛教出版社 1982.10.10.第三版）
135、金剛密鑒（貢那格西等著，聯合影藝雜誌社出版，未載日期）
136、虔誠的獲得（喜饒根登著，雲慈正覺會 1997.9.第 20 版）
137、藏密真宗（郭元興等著，出版者及發行者皆未載，日期亦未載）
138、般若波羅蜜多心經講義（義雲高著，雲慈正覺會 1997.8.第四版）
139、西藏度亡經（蓮花生著，徐進夫譯，天華出版公司 1985.1.1.再版）
140、密宗綱要（王弘願著，天華出版公司 1992.4.初版四刷）
141、殊勝的成佛之道：龍欽心髓導引（蔣揚欽哲旺波著，頂果講述，黃英傑譯，全佛文化出版社 1992.10.25.初版）
142、大圓滿之門（秋吉林巴取出岩藏，敦珠等講述，黃英傑譯，全佛文化出版社 1992.10.25.初版）

143、如是我聞：來自西藏的法音（貝諾、崔津合著，黃英傑譯，
全佛文化出版社 1992.10.25.初版）
144、佛所行處：道果心印加持海（黃英傑編著，全佛文化出版社 1992.10.25.初版）
145、大手印教言：撼動空行心弦（噶瑪巴十六世著，黃英傑譯，
全佛文化出版社 1992.10.25.初版）
146、民國密宗年鑑（黃英傑編著，全佛文化出版社 1992.10.25.初版）
147、貢噶老人雪山修行記（林維洋編輯，正法眼出版社 1994.5.19.出版）
148、西藏佛法入門（林維洋編輯，正法眼出版社 1997.5.19.出版）
149、自性光明（龍昭宇編輯，正法眼出版社 1995.7.19.出版）
150、正法眼（一）（噶瑪三乘法輪中心編輯及出版 1995.12.1.第三版）
151、正法眼（四）（噶瑪三乘法輪中心編輯及出版 1990.09.20.初版）
152、正法眼（五）一見修行果（噶瑪三乘法輪中心編譯，正法眼出版社 1992.9.12.初版）
153、見即解脫（歷代止貢法王著，黃英傑譯，大手印文化公司 1995.12.初版）
154、密乘之門（黃英傑譯著，大手印文化公司 1996.9.初版）
155、生死自在（黃英傑譯著，大手印文化公司 1996.9.初版）
156、慈氏妙音（泰錫杜開示，黃英傑譯，大手印文化公司 1996.11.初版）
157、照見清淨心（波卡著，吳嘉真譯，張老師文化公司 1998.9.初版）
158、生起次第釋論集（楊堅葛威洛覺、袞謙滇貝尼瑪合著，法護譯，南天書局 1998.7.初版）
159、宗義寶鬘（貢卻亟美汪波著，陳玉蛟譯，法爾出版社 1997.5.1.二版一刷）
160、菩提道燈抉微（釋如石著，法鼓文化公司 1997.6.初版）
161、敦珠新寶藏前行讚頌（敦珠造，邵頌雄譯，香港密乘佛學會 1998.9.初版）
162、密宗氣功（馬爾巴譯，余萬治、萬果共同譯註，百通圖書公司 1998.9.初版）
163、心月溶華：菩提心修學次第（洛桑嘉措著，釋法音譯，1997.1.出版）
164、大中觀論集（上下冊）（談錫永著，香港密乘佛學會 1998.11.初版）
165、寧瑪次第禪（摧魔洲著，許錫恩譯，香港密乘佛學會 1998.12.初版）
166、大金剛威德起分之行三身寶藏（古洗里袞卻多吉述，
新文豐出版公司 1995.5.初版二刷）
167、怖畏十三尊壇儀（外四種）（無謬智者口傳，新文豐公司 1987.6.初版）
168、追尋無瑕甘露（昆丘嘉真著，謝思仁譯，眾生文化公司 1998.1.15.初版）
169、我的師父是大喇嘛仁波切（韋其爰著，圓明出版社 1996.7.初版）
170、少年耶喜喇嘛（維琪．麥肯基著，葉文可譯，躍昇文化公司 1995.9.初版三刷）
171、密宗道次第論、宗秘論（克主杰著，法尊法師譯，新文豐公司 1997.9.二版三刷）
172、心經密意闡釋（劉銳之講，談延祚記金，密乘出版社 1985.6.再版）
173、密宗六成就法（徐芹庭編著，聖環圖書公司 1998.2.初版）

174、吉祥喜金剛成就法（徐芹庭編著，聖環圖書公司 1998.10.初版）
175、蓮花生大士寶藏（徐芹庭編著，聖環圖書公司 1998.10.初版）
176、大圓滿成就法（徐芹庭編著，聖環圖書公司 1998.11.初版）
177、大圓滿龍欽心髓（徐芹庭編著，聖環圖書公司 1998.12.初版）
178、無上密宗常修儀軌（徐芹庭編著，聖環圖書公司 1998.11.初版）
179、佛教的見地與修道（宗薩欽哲著，楊憶祖、馬君美、陳冠中譯，眾生出版社 1999.1.5.初版）
180、證悟的女性（卡塔著，何文心編譯，眾生出版社 1998.5.15.初版三刷）
181、修心七要（謝思仁編譯，眾生出版社 1998.5.15.初版三刷）
182、揭開心智的奧秘（傑瑞米海華等編著，靳文穎譯，眾生出版社 1996.6.30.初版）
183、無死之歌（念楚編譯，眾生出版社 1994.6.15.初版）
184、覺醒的心（泰錫杜等 16 人講述，李宜臻編譯，眾生出版社 1995.11.1.初版三刷）
185、覺囊派通論（蒲文成、拉毛札西著，青海人民出版社 1992.8.出版）
186、密宗斷惑論（索達吉著，寧瑪巴喇榮三乘法林佛學會 1999.1.初版）
187、般若實相論（阿王諾布著，世界法音出版社，1999.1.初版）
188、成道必修定觀法（阿王諾布著，大樹林出版社 1997.1.初版）
189、大威德金剛—證分教授彙編（寶法稱譯，香港九龍佛教慈慧服務中心 2000.3.出版）
190、導入正道三續分莊嚴論（哦千貢卻倫珠著，圓明出版社 1999.4.初版）
191、西藏佛教之寶（許明銀著，佛光文化事業公司 1998.8.初版）
192、辨法法性論（世親菩薩論述，談錫永編，香港密乘佛學會 1999.10.初版）
193、菩提伽耶訪道（十四世達賴著，大手印文化事業公司 1997.1.初版）
194、吉祥普巴金剛：成就心要總釋（南佐著，香港佛教慈慧服務中心 2000.3.出版）
195、金剛瑜伽母（洛桑塔欽著，香港佛教慈慧服務中心 2000.3.出版）
196、密宗道次第心要講錄（貢噶．卻生格己講授，慧炬出版社 2000.1.初版）
197、新譯密宗道次第廣論及密續心要（宗喀巴著，寶法稱、妙音翻譯組同譯，香港九龍佛教慈慧服務中心 2000.3.出版）
198、佛法精髓（仰諤益西著，世界法音出版社 2000.4.初版）
199、正達磨祖師論（仰諤益西著，世界法音出版社 2000.5.初版）
200、六中有自解脫導引（談錫永著，香港密乘佛學會 1999.12.初版）
201、供養上師法—樂空雙運（十四世達賴喇嘛口授，士丹京巴仁波切譯英，仁欽曲札譯漢，香港佛教慈慧服務中心 1995.7.再版）
202、印度佛教史（多羅那他著，張建木譯，四川民族出版社 1985.出版）
203、百業經（圖登諾布著，寧瑪巴喇榮三乘法林佛學會 1999.12.出版）
204、丹增嘉措活佛文集（圖登諾布著，寧瑪巴喇榮三乘法林佛學會 2000.5.出版）

205、空，大自在的微笑（竹清嘉措著，張老師文化公司 2000.3.初版四刷）
206、藏密大師（查同杰布等合著，西藏人民出版社 1997.4.出版）
207、深道那洛六法導引次第論·具三信念
（宗喀巴造，丹增善慧法日譯，香港九龍佛教慈慧服務中心 2000.12.出版）
208、愛心中爆發的智慧（多識·洛桑圖丹瓊排著，甘肅人民出版社 1998.9.初版）
209、達賴喇嘛：我是個平凡僧人（莊耀輝著，圓明出版社 1997.3.初版）
210、禪定道炬—如何修習三昧（卓格多傑著，圓明出版社 1997.5.初版）
211、火舞空行—移喜措嘉傳奇（卓格多傑著，圓明出版社 1997.6.初版）
212、龍欽心髓妙道前行（卓格多傑著，圓明出版社 1997.7.初版）
213、他們來自銅色吉祥山（卓格多傑著，圓明出版社 1997.2.初版）
214、雪域虹光—光明金剛密庫（卓格多傑著，圓明出版社 1996.8.初版）
215、九會毗盧—華嚴圓教啓示錄（卓格多傑著，圓明出版社 1996.7.初版）
216、如何修證密法（卓格多傑著，圓明出版社 1996.8.初版）
217、來自普陀洛伽的信念（卓格多傑著，圓明出版社 1996.7.初版）
218、佛教的真髓—密教（梵天著，圓明出版社 1997.8.修訂版）
219、尋訪香格里拉（伯納得·傑森著，黃朝譯，圓明出版社 1996.9.初版）
220、賢劫—達賴喇嘛談末法人生（尙克勞德·卡列拉著，洪惠嬌譯，
圓明出版社 1997.3.初版）
221、雪域中的珍寶—藏傳佛教（姜安著，圓明出版社 1996.1.初版）
222、生死無懼（索甲仁波切著，黃朝譯，圓明出版社 1997.4.初版）
223、小活佛的故事（高登·麥基爾著，圓明出版社 1994.5.初版）
224、西藏佛教譯文小集（朗力唐巴等人著，陳文仁譯，圓明出版社 1997.4.初版）
225、大圓滿禪定休息（一）（無垢光著，龍清巴釋，釋慧門講解，慧炬出版社 2000.8.初版）
226、空性見新角度的闡釋《上下集》
（陳淳隆（妙湛）、丁光文 合著，網址：http://city080.mydreamer.com.tw/）
227、拙火之樂（吐登耶些傳授，丹增善慧法日譯，香港佛教慈慧服務中心 2000.12.出版）
228、那洛空行生圓次第論集
（格西雅旺達吉等人著，丹增善慧法日譯，香港佛教慈慧服務中心 2000.12.出版）
229、真言密教十卷章（遍照金剛著，光明王寺 1992.7.出版）
230、拈花微笑—藏傳佛教哲學境界（班班多杰著，青海人民出版社 1998.9.初版二刷）
231、臨終不斷經（悟光上師著，內門鄉光明王寺 1993.9.再版）
232、瑜伽養生術與秘密道（悟光法師著，派色文化出版社 1997.2.初版）
233、上帝之選舉（悟光上師著，派色文化出版社 1991.5.初版）
234、真言密教聞中記（悟光上師著，派色文化出版社 1995.12.初版）

235、真言密教即身成佛義顯得鈔（賴瑜著，悟光潤飾，派色文化出版社 1995.12.初版）
236、增修密教思想與生活（(木＋母)尾祥雲著，悟光上師譯，派色文化出版社 1998.12.初版）
237、心經思想蠡測（真言宗悟光上師著，派色文化出版社 1991.12.初版）
238、生活禪（真言宗悟光上師著，派色文化出版社 1991.8.初版）
239、新編正法眼藏（真言宗悟光上師著，太谷文化事業公司 1996.12.出版）
240、禪的講話（真言宗悟光上師著，五智山光明王寺嘉義道場印行，出版日期未載）
241、佛王新境界（盧勝彥著，大日出版公司，1996.12.初版）
242、西藏黑寶冠教主一嘉華噶瑪巴（寶塔山噶瑪噶居寺編印 1999.10.10 出版）
243、清淨道論上（覺音 著，葉均 譯，華宇出版社 1980 年後，未載出版日期）
244、清淨道論中（覺音 著，葉均 譯，華宇出版社 1980 年後，未載出版日期）
245、清淨道論下（覺音 著，葉均 譯，華宇出版社 1980 年後，未載出版日期）
246、中有大聞解脫（蓮花生岩藏，事業洲岩傳，許明銀譯，香港密乘佛學會 2000.10.出版）
247、大圓滿心髓（14 世達賴著，丹增善慧法日翻譯，香港盤逸有限公司2002.2.出版）
248、大密深道（甘丹墀仁波切堅贊生遮著，丹增善慧法日翻譯，香港盤逸有限公司2002.2.出版）
249、自性大圓滿道之支分。三律儀決定論釋義（敦珠仁波切著，丹增善慧法日翻譯，香港盤逸有限公司 2002.2.出版）
250、大手印要義（扎勒那措朗著，丹增善慧法日翻譯，香港盤逸有限公司 2002.2.出版）
251、驛明傳承第一輯（清淨照明著，牟尼文化公司 1993.4.再版）
252、維摩詰經導讀（談錫永著，全佛出版社 1999.7.初版）
253、幻化網秘密藏續（無垢友藏譯，沈衛榮漢譯，談錫永主編，香港密乘佛學會 2001.12.初版）
254、幻化網秘密藏續釋－光明藏（不敗著，沈衛榮漢譯，談錫永釋，香港密乘佛學會 2001.12.初版）
255、慧源全集－第七集（悉利公赤珠著，格魯巴出版社 2001.5.修訂版三刷）
256、禪師道皈（典壁尼嘛著，牟尼文化有限公司 1992.10.初版）
257、佛教真言宗道場莊嚴要覽別行抄、諸尊通用私略口訣（悟光上師編著，光明寺教理部 1979.7.初版）
258、秘密真言法要彙聚（悟光上師編著，光明寺教理部 1984.7.再版）
259、密教探源（悟光上師編著，光明寺教理部 1981.8.初版）
260、續真言宗全書第十三－秘密曼荼羅十住心論科註（日本和歌山、續真言宗全書刊行會編纂，昭和 54.3.15.發行）
261、續真言宗全書第十四－秘密曼荼羅十住心論科註（日本和歌山、續真言宗全書刊行會編纂，昭和 54.11.15.發行）
262、大圓滿禪定休息（二）（釋慧門 著，慧炬出版社 2001.6.初版）

註： 宗喀巴所著之《密宗道次第廣論》一書，據報台灣「新文豐出版社」已有精裝本出版，但不知頁次編排是否與「妙吉祥」之排版相同，讀者若有興趣，可逕向新文豐出版社購閱（台北市雙園街 96 號　02-23060757、23088624）。

又： **成佛之道**網站，已計劃將彼書登載之，讀者可隨時注意之。

佛教正覺同修會〈修學佛道次第表〉

第一階段

* 以憶佛及拜佛方式修習動中定力。
* 學第一義佛法及禪法知見。
* 無相拜佛功夫成就。
* 具備一念相續功夫—動靜中皆能看話頭。
* 努力培植福德資糧，勤修三福淨業。

第二階段

* 參話頭，參公案。
* 開悟明心，一片悟境。
* 鍛鍊功夫求見佛性。
* 眼見佛性〈餘五根亦如是〉親見世界如幻，成就如幻觀。
* 學習禪門差別智。
* 深入第一義經典。
* 修除性障及隨分修學禪定。
* 修證十行位陽焰觀。

第三階段

* 學一切種智真實正理—楞伽經、解深密經、成唯識論…。
* 參究末後句。
* 解悟末後句。
* 透牢關—親自體驗所悟末後句境界，親見實相，無得無失。
* 救護一切衆生迴向正道。護持了義正法，修證十迴向位如夢觀。
* 發十無盡願，修習百法明門，親證猶如鏡像現觀。
* 修除五蓋，發起禪定。持一切善法戒。親證猶如光影現觀。
* 進修四禪八定、四無量心、五神通。進修大乘種智，求證猶如谷響現觀。

佛菩提二主要道次第概要表——二道並修，以外無別佛法

佛菩提道——大菩提道

遠波羅蜜多

十信位修集信心——一劫乃至一萬劫

資糧位

初住位修集布施功德（以財施爲主）。
二住位修集持戒功德。
三住位修集忍辱功德。
四住位修集精進功德。
五住位修集禪定功德。
六住位修集般若功德（熏習般若中觀及斷我見，加行位也）。

外門廣修六度萬行

見道位

七住位明心般若正觀現前，親證本來自性清淨涅槃。
八住位起於一切法現觀般若中道。漸除性障。
十住位眼見佛性，世界如幻觀成就。

一至十行位，於廣行六度萬行中，依般若中道慧，現觀陰處界猶如陽焰，至第十行滿心位，陽焰觀成就。

一至十迴向位熏習一切種智；修除性障，唯留最後一分思惑不斷。第十迴向滿心位成就菩薩道如夢觀。

內門廣修六度萬行

初地：第十迴向位滿心時，成就道種智一分（八識心王一一親證後，領受五法、三自性、七種第一義、七種性自性、二種無我法）復由勇發十無盡願，成通達位菩薩。復又永伏性障而不具斷，能證慧解脫而不取證，由大願故留惑潤生。此地主修法施波羅蜜多及百法明門。證「猶如鏡像」現觀，故滿初地心。

二地：初地功德滿足以後，再成就道種智一分而入二地；主修戒波羅蜜多及一切種智。滿心位成就「猶如光影」現觀，戒行自然清淨。

解脫道：二乘菩提

→ 斷三縛結，成初果解脫

→ 薄貪瞋癡，成二果解脫

→ 斷五下分結，成三果解脫

入地前的四加行令煩惱障現行悉斷，成四果解脫，留惑潤生。分段生死已斷，煩惱障習氣種子開始斷除，兼斷無始無明上煩惱。

近波羅蜜多 — 大波羅蜜多 — 圓滿波羅蜜多

修道位 — 究竟位

三地：二地滿心再證道種智一分，故入三地。此地主修忍波羅蜜多及四禪八定、四無量心、五神通。能成就俱解脫果而不取證，留惑潤生。滿心位成就「猶如谷響」現觀及無漏妙定意生身。

四地：由三地再證道種智一分故入四地。主修精進波羅蜜多，於此土及他方世界廣度有緣，無有疲倦。進修一切種智，滿心位成就「如水中月」現觀。

五地：由四地再證道種智一分故入五地。主修禪定波羅蜜多及一切種智，斷除下乘涅槃貪。滿心位成就「變化所成」現觀。

六地：由五地再證道種智一分故入六地。此地主修般若波羅蜜多——依道種智現觀十二因緣一一有支及意生身化身，皆自心眞如變化所現，「非有似有」，成就細相觀，不由加行而自然證得滅盡定，成俱解脫大乘無學。

七地：由六地「非有似有」現觀，再證道種智一分故入七地。此地主修一切種智及方便波羅蜜多，由重觀十二有支一一支中之流轉門及還滅門一切細相，成就方便善巧，念念隨入滅盡定。滿心位證得「如犍闥婆城」現觀。

八地：由七地極細相觀成就故再證道種智一分而入八地。此地主修一切種智及願波羅蜜多。至滿心位純無相觀任運恆起，故於相土自在，滿心位復證「如實覺知諸法相意生身」故。

九地：由八地再證道種智一分故入九地。主修力波羅蜜多及一切種智，成就四無礙，滿心位證得「種類俱生無行作意生身」。

十地：由九地再證道種智一分故入此地。此地主修一切種智——智波羅蜜多。滿心位起大法智雲，及現起大法智雲所含藏種種功德，成受職菩薩。

等覺：由十地道種智成就故入此地。此地應修一切種智，圓滿等覺地無生法忍；於百劫中修集極廣大福德，以之圓滿三十二大人相及無量隨形好。

妙覺：示現受生人間已斷盡煩惱障一切習氣種子，並斷盡所知障一切隨眠，永斷變易生死無明，成就大般涅槃，四智圓明。人間捨壽後，報身常住色究竟天利樂十方地上菩薩；以諸化身利樂有情，永無盡期，成就究竟佛道。

← 七地滿心斷除故意保留之最後一分思惑時，煩惱障所攝色、受、想三陰有漏習氣種子全部斷盡。

煩惱障所攝行、識二陰無漏習氣種子任運漸斷，所知障所攝上煩惱任運漸斷。

← 斷盡變易生死成就大般涅槃

圓滿成就究竟佛果

佛子蕭平實 謹製
（二〇〇九、〇二 修訂）
（二〇一二、〇二 增補）

佛教正覺同修會 共修現況 及 招生公告　2016/1/16

一、共修現況：（請在共修時間來電，以免無人接聽。）

台北正覺講堂 103 台北市承德路三段 277 號九樓 捷運淡水線圓山站旁 Tel..**總機** 02-25957295（晚上）（**分機：九樓**辦公室 10、11；知客櫃檯 12、13。 **十樓**知客櫃檯 15、16；書局櫃檯 14。 **五樓**辦公室 18；知客櫃檯 19。**二樓**辦公室 20；知客櫃檯 21。）Fax..25954493

第一講堂 台北市承德路三段 277 號九樓

禪淨班：週一晚上班、週三晚上班、週四晚上班、週五晚上班、週六下午班、週六上午班（皆須報名建立學籍後始可參加共修，欲報名者詳見本公告末頁）

增上班：瑜伽師地論詳解：每月第一、三、五週之週末 17.50～20.50 平實導師講解（僅限已明心之會員參加）

禪門差別智：每月第一週日全天 平實導師主講（事冗暫停）。

佛藏經詳解 平實導師主講。已於 2013/12/17 開講，歡迎已發成佛大願的菩薩種性學人，攜眷共同參與此殊勝法會聽講。詳解 釋迦世尊於《佛藏經》中所開示的眞實義理，更爲今時後世佛子四眾，闡述佛陀演說此經的本懷。眞實尋求佛菩提道的有緣佛子，親承聽聞如是勝妙開示，當能如實理解經中義理，亦能了知於大乘法中：如何是諸法實相？善知識、惡知識要如何簡擇？如何才是清淨持戒？如何才能清淨說法？於此末法之世，眾生五濁益重，不知佛、不解法、不識僧，唯見表相，不信眞實，貪著五欲，諸方大師不淨說法，各各將導大量徒眾趣入三塗，如是師徒俱堪憐愍。是故，平實導師以大慈悲心，用淺白易懂之語句，佐以實例、譬喻而爲演說，普令聞者易解佛意，皆得契入佛法正道，如實了知佛法大藏。

此經中，對於實相念佛多所著墨，亦指出念佛要點：以實相爲依，念佛者應依止淨戒、依止清淨僧寶，捨離違犯重戒之師僧，應受學清淨之法，遠離邪見。本經是現代佛門大法師所厭惡之經典：一者由於大法師們已全都落入意識境界而無法親證實相，故於此經中所說實相全無所知，都不樂有人聞此經名，以免讀後提出問疑時無法回答；二者現代大乘佛法地區，已經普被藏密喇嘛教滲透，許多有名之大法師們大多已曾或繼續在修練雙身法，都已失去聲聞戒體及菩薩戒體，成爲地獄種姓人，已非眞正出家之人，本質只是身著僧衣而住在寺院中的世俗人。這些人對於此經都是讀不懂的，也是極爲厭惡的；他們尚不樂見此經之印行，何況流通與講解？今爲救護廣大學佛人，兼欲護持佛教血脈永續常傳，特選此經宣講之。每逢週二 18.50~20.50 開示，不限制聽講資格。會外人士需憑身分證件換證入內聽講（此是大樓管理處之安全規定，敬請見諒）。桃園、台中、台南、高雄等地講堂，亦於每週二晚上播放平實導師所講本經之 DVD，不必出示身分證件即可入內聽講，歡迎各地善信同霑法益。

第二講堂　台北市承德路三段 267 號十樓。

禪淨班：週一晚上班、週六下午班。

進階班：週三晚上班、週四晚上班、週五晚上班（禪淨班結業後轉入共修）。

佛藏經詳解：平實導師講解。每週二 18.50~20.50（影像音聲即時傳輸）。本會學員憑上課證進入聽講，會外學人請以身分證件換證進入聽講（此為大樓管理處安全管理規定之要求，敬請諒解）。

第三講堂　台北市承德路三段 277 號五樓。

進階班：週一晚上班、週三晚上班、週四晚上班、週五晚上班。

佛藏經詳解：平實導師講解。每週二 18.50~20.50（影像音聲即時傳輸）。本會學員憑上課證進入聽講，會外學人請以身分證件換證進入聽講（此為大樓管理處安全管理規定之要求，敬請諒解）。

第四講堂　台北市承德路三段 267 號二樓。

進階班：週一晚上班、週三晚上班、週四晚上班、週五晚上班（禪淨班結業後轉入共修）。

佛藏經詳解：平實導師講解。每週二 18.50~20.50（影像音聲即時傳輸）。本會學員憑上課證進入聽講，會外學人請以身分證件換證進入聽講（此為大樓管理處安全管理規定之要求，敬請諒解）。

第五、第六講堂　為**開放式講堂**，不需以身分證件換證即可進入聽講，台北市承德路三段 267 號地下一樓、地下二樓。已規劃整修完成，每逢週二晚上講經時段開放給會外人士自由聽經，請由大樓側面梯階逕行進入聽講。**聽講者請尊重講者的著作權及肖像權，請勿錄音錄影，以免違法；若有錄音錄影被查獲者，將依法處理。**

正覺祖師堂　大溪鎮美華里信義路 650 巷坑底 5 之 6 號（台 3 號省道 34 公里處 妙法寺對面斜坡道進入）電話 03-3886110　傳真 03-3881692 本堂供奉 克勤圓悟大師，專供會員每年四月、十月各二次精進禪三共修，兼作本會出家菩薩掛單常住之用。除禪三時間以外，每逢單月第一週之週日 9:00~17:00 開放會內、外人士參訪，當天並提供午齋結緣。教內共修團體或道場，得另申請其餘時間作團體參訪，務請事先與常住確定日期，以便安排常住菩薩接引導覽，亦免妨礙常住菩薩之日常作息及修行。

桃園正覺講堂（第一、第二講堂）：桃園市介壽路 286、288 號 10 樓（陽明運動公園對面）電話：03-3749363（請於共修時聯繫，或與台北聯繫）

禪淨班：週一晚上班、週三晚上班、週四晚上班、週五晚上班。

進階班：週六上午班、週五晚上班。

佛藏經詳解：平實導師講解。每週二晚上，以台北正覺講堂所錄 DVD

放映；歡迎會外學人共同聽講，不需出示身分證件。

新竹正覺講堂 新竹市東光路 55 號二樓之一　電話 03-5724297（晚上）

第一講堂：

禪淨班：週一晚上班、週五晚上班、週六上午班。

進階班：週三晚上班、週四晚上班（由禪淨班結業後轉入共修）。

佛藏經詳解：平實導師講解。每週二晚上，以台北正覺講堂所錄 DVD 放映。歡迎會外學人共同聽講，不需出示身分證件。

第二講堂：

禪淨班：週三晚上班、週四晚上班。

佛藏經詳解：每週二晚上與第一講堂同時播放佛藏經詳解 DVD。

台中正覺講堂 04-23816090（晚上）

第一講堂 台中市南屯區五權西路二段 666 號 13 樓之四（國泰世華銀行樓上。鄰近縣市經第一高速公路前來者，由五權西路交流道可以快速到達，大樓旁有停車場，對面有素食館）。

禪淨班：週三晚上班、週四晚上班。

進階班：週一晚上班、週六上午班（由禪淨班結業後轉入共修）。

增上班：單週週末以台北增上班課程錄成 DVD 放映之，限已明心之會員參加。

佛藏經詳解：平實導師講解。每週二晚上，以台北正覺講堂所錄 DVD 放映。歡迎會外學人共同聽講，不需出示身分證件。

第二講堂 台中市南屯區五權西路二段 666 號 4 樓

禪淨班：週一晚上班、週三晚上班、週六上午班。

進階班：週五晚上班（由禪淨班結業後轉入共修）。

佛藏經詳解：每週二晚上與第一講堂同時播放佛藏經詳解 DVD。

第三講堂、第四講堂：台中市南屯區五權西路二段 666 號 4 樓。

嘉義正覺講堂 嘉義市友愛路 288 號八樓之一　電話：05-2318228

第一講堂：

禪淨班：週一晚上班、週四晚上班、週五晚上班。

進階班：週三晚上班（由禪淨班結業後轉入共修）。

佛藏經詳解：平實導師講解。每週二晚上，以台北正覺講堂所錄 DVD 放映。歡迎會外學人共同聽講，不需出示身分證件。

第二講堂 嘉義市友愛路 288 號八樓之二。

台南正覺講堂

第一講堂 台南市西門路四段 15 號 4 樓。06-2820541（晚上）

禪淨班：週一晚上班、週三晚上班、週四晚上班、週五晚上班、週六下午班。

增上班：單週週末下午，以台北增上班課程錄成 DVD 放映之，限已明心之會員參加。

佛藏經詳解：平實導師講解。每週二晚上，以台北正覺講堂所錄 DVD 放映。歡迎會外學人共同聽講，不需出示身分證件。

第二講堂　台南市西門路四段 15 號 3 樓。

佛藏經詳解：每週二晚上與第一講堂同時播放佛藏經詳解 DVD。

第三講堂　台南市西門路四段 15 號 3 樓。

進階班：週三晚上班、週四晚上班、週六上午班（由禪淨班結業後轉入共修）。

佛藏經詳解：每週二晚上與第一講堂同時播放佛藏經詳解 DVD。

高雄正覺講堂　高雄市新興區中正三路 45 號五樓 07-2234248（晚上）

第一講堂（五樓）：

禪淨班：週一晚上班、週三晚上班、週四晚上班、週五晚上班、週六上午班。

增上班：單週週末下午，以台北增上班課程錄成 DVD 放映之，限已明心之會員參加。

佛藏經詳解：平實導師講解。每週二晚上，以台北正覺講堂所錄 DVD 放映。歡迎會外學人共同聽講，不需出示身分證件。

第二講堂（四樓）：

進階班：週三晚上班、週四晚上班、週六上午班（由禪淨班結業後轉入共修）。

佛藏經詳解：每週二晚上與第一講堂同時播放佛藏經詳解 DVD。

第三講堂（三樓）：

進階班：週四晚上班（由禪淨班結業後轉入共修）。

香港正覺講堂　**☆已遷移新址☆**

九龍觀塘，成業街 10 號，電訊一代廣場 27 樓 E 室。

（觀塘地鐵站 B1 出口，步行約 4 分鐘）。電話：(852) 23262231

英文地址：Unit E, 27th Floor, TG Place, 10 Shing Yip Street, Kwun Tong, Kowloon

禪淨班：雙週六下午班 14:30-17:30，已經額滿。
雙週日下午班 14:30-17:30，2016 年 4 月底前尚可報名。

進階班：雙週五晚上班（由禪淨班結業後轉入共修）。

增上班：單週週末上午，以台北增上班課程錄成 DVD 放映之，限已明心之會員參加。

妙法蓮華經詳解：平實導師講解。雙週六 19:00-21:00，以台北正覺講堂所錄 DVD 放映；歡迎會外學人共同聽講，不需出示身分證件。

美國洛杉磯正覺講堂　☆已遷移新址☆

825 S. Lemon Ave Diamond Bar, CA 91798 U.S.A.
Tel. (909) 595-5222（請於週六 9:00~18:00 之間聯繫）
Cell. (626) 454-0607

禪淨班：每逢週末 15：30~17：30 上課。

進階班：每逢週末上午 10：00~12：00 上課。

佛藏經詳解：平實導師講解。每週六下午 13：00~15：00，以台北正覺講堂所錄 DVD 放映。歡迎各界人士共享第一義諦無上法益，不需報名。

二、招生公告　**本會台北講堂及全省各講堂，每逢四月、十月下旬開新班，每週共修一次**（每次二小時。開課日起三個月內仍可插班）；**但美國洛杉磯共修處之禪淨班得隨時插班共修。各班共修期間皆爲二年半，欲參加者請向本會函索報名表**（各共修處皆於共修時間方有人執事，非共修時間請勿電詢或前來洽詢、請書），**或直接從本會官方網站**(http://www.enlighten.org.tw/newsflash/class)**或成佛之道網站下載報名表**。共修期滿時，若經報名禪三審核通過者，可參加四天三夜之禪三精進共修，有機會明心、取證如來藏，發起般若實相智慧，成爲實義菩薩，脫離凡夫菩薩位。

三、新春禮佛祈福 農曆**年假**期間停止共修：自農曆新年前七天起停止共修與弘法，正月 8 日起回復共修、弘法事務。新春期間正月初一～初七 9.00～17.00 開放台北講堂、正月初一~初三開放新竹講堂、台中講堂、台南講堂、高雄講堂，以及大溪禪三道場（正覺祖師堂），方便會員供佛、祈福及會外人士請書。美國洛杉磯共修處之休假時間，請逕詢該共修處。

密宗四大派修雙身法，是外道性力派的邪法；又以生滅的識陰作為常住法，是常見外道，是假的藏傳佛教。

西藏覺囊巴以他空見弘揚第八識如來藏勝法，才是真藏傳佛教

佛教正覺同修會　弘法行事表

2014/08/19

1、**禪淨班**　以無相念佛及拜佛方式修習動中定力，實證一心不亂功夫。傳授解脫道正理及第一義諦佛法，以及參禪知見。共修期間：二年六個月。每逢四月、十月開新班，詳見招生公告表。

2、**《佛藏經》詳解**　平實導師主講。已於 2013/12/17 開講，歡迎已發成佛大願的菩薩種性學人，攜眷共同參與此殊勝法會聽講。詳解釋迦世尊於《佛藏經》中所開示的眞實義理，更爲今時後世佛子四眾，闡述 佛陀演說此經的本懷。眞實尋求佛菩提道的有緣佛子，親承聽聞如是勝妙開示，當能如實理解經中義理，亦能了知於大乘法中：如何是諸法實相？善知識、惡知識要如何簡擇？如何才是清淨持戒？如何才能清淨說法？於此末法之世，眾生五濁益重，不知佛、不解法、不識僧，唯見表相，不信眞實，貪著五欲，諸方大師不淨說法，各各將導大量徒眾趣入三塗，如是師徒俱堪憐憫。是故，平實導師以大慈悲心，用淺白易懂之語句，佐以實例、譬喻而爲演說，普令聞者易解佛意，皆得契入佛法正道，如實了知佛法大藏。每逢週二 18.50~20.50 開示，不限制聽講資格。會外人士需憑身分證件換證入內聽講（此是大樓管理處之安全規定，敬請見諒）。桃園、新竹、台中、台南、高雄等地講堂，亦於每週二晚上播放平實導師講經之 DVD，不必出示身分證件即可入內聽講，歡迎各地善信同霑法益。

有某道場專弘淨土法門數十年，於教導信徒研讀《佛藏經》時，往往告誡信徒曰：「後半部不許閱讀。」由此緣故坐令信徒失去提升念佛層次之機緣，師徒只能低品位往生淨土，令人深覺愚癡無智。由有多人建議故，平實導師開始宣講《佛藏經》，藉以轉易如是邪見，並提升念佛人之知見與往生品位。此經中，對於實相念佛多所著墨，亦指出念佛要點：以實相爲依，念佛者應依止淨戒、依止清淨僧寶，捨離違犯重戒之師僧，應受學清淨之法，遠離邪見。本經是現代佛門大法師所厭惡之經典：一者由於大法師們已全都落入意識境界而無法親證實相，故於此經中所說實相全無所知，都不樂有人聞此經名，以免讀後提出問疑時無法回答；二者現代大乘佛法地區，已經普被藏密喇嘛教滲透，許多有名之大法師們大多已曾或繼續在修練雙身法，都已失去聲聞戒體及菩薩戒體，成爲地獄種姓人，已非眞正出家之人，本質上只是身著僧衣而住在寺院中的世俗人。這些人對於此經都是讀不懂的，也是極爲厭惡的；他們尚不樂見此經之印行，何況流通與講解？今爲救護廣大學佛人，兼欲護持佛教血脈永續常傳，特選此經宣講之，主講者平實導師。

3、**瑜伽師地論**詳解　詳解論中所言凡夫地至佛地等 17 師之修證境界與理論，從凡夫地、聲聞地……宣演到諸地所證一切種智之眞實正理。由平實導師開講，每逢一、三、五週之週末晚上開示，僅限已明心之會員參加。

4、**精進禪三**　主三和尚：平實導師。於四天三夜中，以克勤圓悟大師及大慧宗杲之禪風，施設機鋒與小參、公案密意之開示，幫助會員剋期取證，親證不生不滅之眞實心——人人本有之如來藏。每年四月、十月各舉辦二個梯次；平實導師主持。僅限本會會員參加禪淨班共修期滿，報名審核通過者，方可參加。並選擇會中定力、慧力、福德三條件皆已具足之已明心會員，給以指引，令得眼見自己無形無相之佛性遍佈山河大地，眞實而無障礙，得以肉眼現觀世界身心悉皆如幻，具足成就如幻觀，圓滿十住菩薩之證境。

5、**阿含經**詳解　選擇重要之阿含部經典，依無餘涅槃之實際而加以詳解，令大眾得以現觀諸法緣起性空，亦復不墮斷滅見中，顯示經中所隱說之涅槃實際—如來藏—確實已於四阿含中隱說；令大眾得以聞後觀行，確實斷除我見乃至我執，證得**見到**眞現觀，乃至**身證**……等眞現觀；已得大乘或二乘見道者，亦可由此聞熏及聞後之觀行，除斷我所之貪著，成就慧解脫果。由平實導師詳解。不限制聽講資格。

6、**大法鼓經**詳解　詳解末法時代大乘佛法修行之道。佛教正法消毒妙藥塗於大鼓而以擊之，凡有眾生聞之者，一切邪見鉅毒悉皆消殞；此經即是大法鼓之正義，凡聞之者，所有邪見之毒悉皆滅除，見道不難；亦能發起菩薩無量功德，是故諸大菩薩遠從諸方佛土來此娑婆聞修此經。由平實導師詳解。不限制聽講資格。

7、**解深密經**詳解　重講本經之目的，在於令諸已悟之人明解大乘法道之成佛次第，以及悟後進修一切種智之內涵，確實證知三種自性性，並得據此證解七眞如、十眞如等正理。每逢週二 18.50~20.50 開示，由平實導師詳解。將於《大法鼓經》講畢後開講。不限制聽講資格。

8、**成唯識論**詳解　詳解一切種智眞實正理，詳細剖析一切種智之微細深妙廣大正理；並加以舉例說明，使已悟之會員深入體驗所證如來藏之微密行相；及證驗見分相分與所生一切法，皆由如來藏—阿賴耶識—直接或展轉而生，因此證知一切法無我，證知無餘涅槃之本際。將於增上班《瑜伽師地論》講畢後，由平實導師重講。僅限已明心之會員參加。

9、**精選如來藏系經典**詳解　精選如來藏系經典一部，詳細解說，以此完全印證會員所悟如來藏之眞實，得入不退轉住。另行擇期詳細解說之，由平實導師講解。僅限已明心之會員參加。

10、**禪門差別智**　藉禪宗公案之微細淆訛難知難解之處，加以宣說及剖析，以增進明心、見性之功德，啓發差別智，建立擇法眼。每月第一週日全天，由平實導師開示，僅限破參明心後，復又眼見佛性者參加（事冗暫停）。

11、**枯木禪**　先講智者大師的《小止觀》，後說《釋禪波羅蜜》，詳解四禪八定之修證理論與實修方法，細述一般學人修定之邪見與岔路，及對禪定證境之誤會，消除枉用功夫、浪費生命之現象。已悟般若者，可以藉此而實修初禪，進入大乘通教及聲聞教的三果心解脫境界，配合應有的大福德及後得無分別智、十無盡願，即可進入初地心中。親教師：平實導師。未來緣熟時將於大溪正覺寺開講。不限制聽講資格。

註：本會例行年假，自 2004 年起，改爲每年農曆新年前七天開始停息弘法事務及共修課程，農曆正月 8 日回復所有共修及弘法事務。新春期間（每日 9.00~17.00）開放台北講堂，方便會員禮佛祈福及會外人士請書。大溪鎮的正覺祖師堂，開放參訪時間，詳見〈正覺電子報〉或成佛之道網站。本表得因時節因緣需要而隨時修改之，不另作通知。

佛教正覺同修會　贈閱書籍 目錄　2015/09/29

1.**無相念佛**　平實導師著　回郵 10 元
2.**念佛三昧修學次第**　平實導師述著　回郵 25 元
3.**正法眼藏—護法集**　平實導師述著　回郵 35 元
4.**真假開悟簡易辨正法&佛子之省思**　平實導師著　回郵 3.5 元
5.**生命實相之辨正**　平實導師著　回郵 10 元
6.**如何契入念佛法門**（附：印順法師否定極樂世界）平實導師著　回郵 3.5 元
7.**平實書箋**—答元覽居士書　平實導師著　回郵 35 元
8.**三乘唯識**—如來藏系經律彙編　平實導師編　回郵 80 元
（精裝本　長 27 cm　寬 21 cm　高 7.5 cm　重 2.8 公斤）
9.**三時繫念全集**—修正本　回郵掛號 40 元（長 26.5 cm×寬 19 cm）
10.**明心與初地**　平實導師述　回郵 3.5 元
11.**邪見與佛法**　平實導師述著　回郵 20 元
12.**菩薩正道**—回應義雲高、釋性圓…等外道之邪見　正燦居士著　回郵 20 元
13.**甘露法雨**　平實導師述　回郵 20 元
14.**我與無我**　平實導師述　回郵 20 元
15.**學佛之心態**—修正錯誤之學佛心態始能與正法相應　孫正德老師著　回郵35元
附錄：平實導師著**《略說八、九識並存…等之過失》**
16.**大乘無我觀**—《悟前與悟後》別說　平實導師述著　回郵 20 元
17.**佛教之危機**—中國台灣地區現代佛教之真相（附錄：公案拈提六則）
平實導師著　回郵 25 元
18.**燈　影**—燈下黑（覆「求教後學」來函等）　平實導師著　回郵 35 元
19.**護法與毀法**—覆上平居士與徐恒志居士網站毀法二文
張正圜老師著　回郵 35 元
20.**淨土聖道**—兼評**選擇本願念佛**　正德老師著　**由正覺同修會購贈**　回郵25元
21.**辨唯識性相**—對「紫蓮心海《辯唯識性相》書中否定阿賴耶識」之回應
正覺同修會 台南共修處法義組 著　回郵 25 元
22.**假如來藏**—對法蓮法師《如來藏與阿賴耶識》書中否定阿賴耶識之回應
正覺同修會 台南共修處法義組 著　回郵 35 元
23.**入不二門**—公案拈提集錦 第一輯（於平實導師公案拈提諸書中選錄約二十則，
合輯爲一冊流通之）平實導師著　回郵 20 元
24.**真假邪說**—西藏密宗索達吉喇嘛《破除邪說論》真是邪說
釋正安法師著　回郵 35 元
25.**真假開悟**—真如、如來藏、阿賴耶識間之關係　平實導師述著　回郵 35 元
26.**真假禪和**—辨正釋傳聖之謗法謬說　孫正德老師著　回郵 30 元

27.**眼見佛性**—駁慧廣法師眼見佛性的含義文中謬說

游正光老師著　回郵 25 元

28.**普門自在**—公案拈提集錦 第二輯（於平實導師公案拈提諸書中選錄約二十則，合輯爲一冊流通之）平實導師著　回郵 25 元

29.**印順法師的悲哀**—以現代禪的質疑為線索　恒毓博士著　回郵 25 元

30.**識蘊真義**—現觀識蘊內涵、取證初果、親斷三縛結之具體行門。

—依《成唯識論》及《唯識述記》正義，略顯安慧《大乘廣五蘊論》之邪謬

平實導師著　回郵 35 元

31.**正覺電子報** 各期紙版本　免附回郵　每次最多函索三期或三本。

（已無存書之較早各期，不另增印贈閱）

32.**現代人應有的宗教觀**　蔡正禮老師 著　回郵 3.5 元

33.**遠惑趣道**—正覺電子報般若信箱問答錄　第一輯　回郵 20 元

34.**遠惑趣道**—正覺電子報般若信箱問答錄　第二輯　回郵 20 元

35.**確保您的權益**—器官捐贈應注意自我保護　游正光老師 著　回郵 10 元

36.**正覺教團電視弘法三乘菩提 DVD 光碟（一）**

由正覺教團多位親教師共同講述錄製 DVD 8 片，MP3 一片，共 9 片。有二大講題：一爲「三乘菩提之意涵」，二爲「學佛的正知見」。內容精闢，深入淺出，精彩絕倫，幫助大眾快速建立三乘法道的正知見，免被外道邪見所誤導。有志修學三乘佛法之學人不可不看。（製作工本費 100 元，回郵 25 元）

37.**正覺教團電視弘法 DVD 專輯（二）**

總有二大講題：一爲「三乘菩提之念佛法門」，一爲「學佛正知見（第二篇）」，由正覺教團多位親教師輪番講述，內容詳細闡述如何修學念佛法門、實證念佛三昧，以及學佛應具有的正確知見，可以幫助發願往生西方極樂淨土之學人，得以把握往生，更可令學人快速建立三乘法道的正知見，免於被外道邪見所誤導。有志修學三乘佛法之學人不可不看。（一套 17 片，工本費 160 元。回郵 35 元）

38.**佛藏經** 燙金精裝本 每冊回郵 20 元。正修佛法之道場欲大量索取者，請正式發函並蓋用大印寄來索取（2008.04.30 起開始敬贈）

39.**喇嘛性世界**—揭開假藏傳佛教譚崔瑜伽的面紗　張善思 等人合著

由正覺同修會購贈　回郵 20 元

40.**假藏傳佛教的神話**—性、謊言、喇嘛教　張正玄教授編著　回郵 20 元

由正覺同修會購贈　回郵 20 元

41.**隨 緣**—理隨緣與事隨緣　平實導師述　回郵 20 元。

42.**學佛的覺醒**　正枝居士 著　回郵 25 元

43.**導師之真實義**　蔡正禮老師 著　回郵 10 元

44.**淺談達賴喇嘛之雙身法**—兼論解讀「密續」之達文西密碼

吳明芷居士 著　回郵 10 元

45.**魔界轉世**　張正玄居士 著　回郵 10 元

46.**一貫道與開悟**　蔡正禮老師 著　回郵 10 元

47.**博愛**—愛盡天下女人　正覺教育基金會 編印　回郵 10 元

48.**意識虛妄經教彙編**—實證解脫道的關鍵經文　正覺同修會編印　回郵25元

49.**邪箭囈語**—破斥藏密外道多識仁波切《破魔金剛箭雨論》之邪說

陸正元老師著　上、下冊回郵各 30 元

50.**真假沙門**—依 佛聖教闡釋佛教僧寶之定義

蔡正禮老師著　俟正覺電子報連載後結集出版

51.**真假禪宗**—藉評論釋性廣《印順導師對變質禪法之批判

及對禪宗之肯定》以顯示真假禪宗

附論一：凡夫知見 無助於佛法之信解行證

附論二：世間與出世間一切法皆從如來藏實際而生而顯

余正偉老師著　俟正覺電子報連載後結集出版　回郵未定

52.**假鋒虛焰金剛乘**—揭示顯密正理，兼破索達吉師徒《般若鋒兮金剛焰》。

釋正安 法師著　俟正覺電子報連載後結集出版

★ 上列贈書之郵資，係台灣本島地區郵資，大陸、港、澳地區及外國地區，請另計酌增（大陸、港、澳、國外地區之郵票不許通用）。尚未出版之書，請勿先寄來郵資，以免增加作業煩擾。

★ 本目錄若有變動，唯於後印之書籍及「成佛之道」網站上修正公佈之，不另行個別通知。

函索書籍請寄：佛教正覺同修會　103 台北市承德路 3 段 277 號 9 樓
台灣地區函索書籍者請附寄郵票，無時間購買郵票者可以等值現金抵用，但不接受郵政劃撥、支票、匯票。大陸地區得以人民幣計算，國外地區請以美元計算（請勿寄來當地郵票，在台灣地區不能使用）。欲以掛號寄遞者，請另附掛號郵資。

親自索閱：正覺同修會各共修處。　★請於共修時間前往取書，餘時無人在道場，請勿前往索取；共修時間與地點，詳見書末正覺同修會共修現況表（以近期之共修現況表爲準）。

註：正智出版社發售之局版書，請向各大書局購閱。若書局之書架上已經售出而無陳列者，請向書局櫃台指定洽購；若書局不便代購者，請於正覺同修會共修時間前往各共修處請購，正智出版社已派人於共修時間送書前往各共修處流通。 郵政劃撥購書及 大陸地區 購書，請詳別頁正智出版社發售書籍目錄最後頁之說明。

成佛之道 網站：http://www.a202.idv.tw　正覺同修會已出版之結緣書籍，多已登載於 成佛之道 網站，若住外國、或住處遙遠，不便取得正覺同修會贈閱書籍者，可以從本網站閱讀及下載。　書局版之《宗通與說通》亦已上網，台灣讀者可向書局洽購，售價 300 元。《狂密與眞密》第一輯~第四輯，亦於 2003.5.1.全部於本網站登載完畢；台灣地區讀者請向書局洽購，每輯約 400 頁，售價 300 元（網站下載紙張費用較貴，容易散失，難以保存，亦較不精美）。

＊＊假藏傳佛教修雙身法，非佛教＊＊

正智出版社 籌募弘法基金發售書籍目錄 2016/4/15

1.**宗門正眼**—公案拈提 第一輯 重拈　平實導師著 500 元
因重寫內容大幅度增加故，字體必須改小，並增爲 576 頁 主文 546 頁。比初版更精彩、更有內容。初版《禪門摩尼寶聚》之讀者，可寄回本公司免費調換新版書。免附回郵，亦無截止期限。（2007 年起，每冊附贈本公司精製公案拈提〈超意境〉CD 一片。市售價格 280 元，多購多贈。）

2.**禪淨圓融**　平實導師著　200 元（第一版舊書可換新版書。）

3.**真實如來藏**　平實導師著　400 元

4.**禪—悟前與悟後**　平實導師著　上、下冊，每冊 250 元

5.**宗門法眼**—公案拈提 第二輯　平實導師著　500 元
（2007 年起，每冊附贈本公司精製公案拈提〈超意境〉CD 一片）

6.**楞伽經詳解**　平實導師著　全套共 10 輯　每輯 250 元

7.**宗門道眼**—公案拈提 第三輯　平實導師著　500 元
（2007 年起，每冊附贈本公司精製公案拈提〈超意境〉CD 一片）

8.**宗門血脈**—公案拈提 第四輯　平實導師著　500 元
（2007 年起，每冊附贈本公司精製公案拈提〈超意境〉CD 一片）

9.**宗通與說通**—成佛之道 平實導師著 主文 381 頁 全書 400 頁售價 300 元

10.**宗門正道**—公案拈提 第五輯　平實導師著　500 元
（2007 年起，每冊附贈本公司精製公案拈提〈超意境〉CD 一片）

11.**狂密與真密 一～四輯**　平實導師著　西藏密宗是人間最邪淫的宗教，本質不是佛教，只是披著佛教外衣的印度教性力派流毒的喇嘛教。此書中將西藏密宗密傳之男女雙身合修樂空雙運所有祕密與修法，毫無保留完全公開，並將全部喇嘛們所不知道的部分也一併公開。內容比大辣出版社喧騰一時的《西藏慾經》更詳細。並且函蓋藏密的所有祕密及其錯誤的中觀見、如來藏見……等，藏密的所有法義都在書中詳述、分析、辨正。每輯主文三百餘頁　每輯全書約 400 頁　售價每輯 300 元

12.**宗門正義**—公案拈提 第六輯　平實導師著　500 元
（2007 年起，每冊附贈本公司精製公案拈提〈超意境〉CD 一片）

13.**心經密意**—心經與解脫道、佛菩提道、祖師公案之關係與密意　平實導師述　300 元

14.**宗門密意**—公案拈提 第七輯　平實導師著　500 元
（2007 年起，每冊附贈本公司精製公案拈提〈超意境〉CD 一片）

15.**淨土聖道**—兼評「選擇本願念佛」　正德老師著　200 元

16.**起信論講記**　平實導師述著　共六輯　每輯三百餘頁　售價各 250 元

17.**優婆塞戒經講記**　平實導師述著 共八輯 每輯三百餘頁 售價各 250 元

18.**真假活佛**—略論附佛外道盧勝彥之邪說（對前岳靈犀網站主張「盧勝彥是證悟者」之修正）　正犀居士（岳靈犀）著　流通價 140 元

19.**阿含正義**—唯識學探源　平實導師著　共七輯　每輯 300 元

20.**超意境** CD 以平實導師公案拈提書中超越意境之頌詞，加上曲風優美的旋律，錄成令人嚮往的超意境歌曲，其中包括正覺發願文及平實導師親自譜成的黃梅調歌曲一首。詞曲雋永，殊堪翫味，可供學禪者吟詠，有助於見道。內附設計精美的彩色小冊，解說每一首詞的背景本事。每片 280 元。【每購買公案拈提書籍一冊，即贈送一片。】

21.**菩薩底憂鬱** CD 將菩薩情懷及禪宗公案寫成新詞，並製作成超越意境的優美歌曲。 1.主題曲〈菩薩底憂鬱〉，描述地後菩薩能離三界生死而迴向繼續生在人間，但因尚未斷盡習氣種子而有極深沈之憂鬱，非三賢位菩薩及二乘聖者所知，此憂鬱在七地滿心位方才斷盡；本曲之詞中所說義理極深，昔來所未曾見；此曲係以優美的情歌風格寫詞及作曲，聞者得以激發嚮往諸地菩薩境界之大心，詞、曲都非常優美，難得一見；其中勝妙義理之解說，已印在附贈之彩色小冊中。 2.以各輯公案拈提中直示禪門入處之頌文，作成各種不同曲風之超意境歌曲，值得玩味、參究；聆聽公案拈提之優美歌曲時，請同時閱讀內附之印刷精美說明小冊，可以領會超越三界的證悟境界；未悟者可以因此引發求悟之意向及疑情，眞發菩提心而邁向求悟之途，乃至因此眞實悟入般若，成眞菩薩。 3.正覺總持咒新曲，總持佛法大意；總持咒之義理，已加以解說並印在隨附之小冊中。本 CD 共有十首歌曲，長達 63 分鐘。每盒各附贈二張購書優惠券。每片 280 元。

22.**禪意無限** CD 平實導師以公案拈提書中偈頌寫成不同風格曲子，與他人所寫不同風格曲子共同錄製出版，幫助參禪人進入禪門超越意識之境界。盒中附贈彩色印製的精美解說小冊，以供聆聽時閱讀，令參禪人得以發起參禪之疑情，即有機會證悟本來面目而發起實相智慧，實證大乘菩提般若，能如實證知般若經中的眞實意。本 CD 共有十首歌曲，長達 69 分鐘，每盒各附贈二張購書優惠券。每片 280 元。

23.**我的菩提路**第一輯　釋悟圓、釋善藏等人合著　售價 300 元

24.**我的菩提路**第二輯　郭正益、張志成等人合著　售價 300 元

25.**鈍鳥與靈龜**—考證後代凡夫對大慧宗杲禪師的無根誹謗。

平實導師著 共 458 頁 售價 350 元

26.**維摩詰經講記** 平實導師述 共六輯 每輯三百餘頁 售價各 250 元

27.**真假外道**—破劉東亮、杜大威、釋證嚴常見外道見 正光老師著 200 元

28.**勝鬘經講記**—兼論印順《勝鬘經講記》對於《勝鬘經》之誤解。

平實導師述　共六輯　每輯三百餘頁　售價250 元

29.**楞嚴經講記** 平實導師述 共 **15** 輯，每輯三百餘頁 售價 300 元

30.**明心與眼見佛性**—駁慧廣〈蕭氏「眼見佛性」與「明心」之非〉文中謬說

正光老師著　共 448 頁　售價 300 元

31.**見性與看話頭** 黃正倖老師 著，本書是禪宗參禪的方法論。

內文 375 頁，全書 416 頁，售價 300 元。

32.**達賴真面目**—玩盡天下女人 白正偉老師 等著 中英對照彩色精裝大本 800 元

33.**喇嘛性世界**—揭開假藏傳佛教譚崔瑜伽的面紗　張善思 等人著　200元
34.**假藏傳佛教的神話**—性、謊言、喇嘛教　正玄教授編著　200元
35.**金剛經宗通**　平實導師述　共九輯　每輯售價250元。
36.**空行母**—性別、身分定位，以及藏傳佛教。
珍妮·坎貝爾著 呂艾倫 中譯 售價250元
37.**末代達賴**—性交教主的悲歌　張善思、呂艾倫、辛燕編著 售價250元
38.**霧峰無霧**—給哥哥的信　辨正釋印順對佛法的無量誤解
游宗明 老師著　售價250元
39.**第七意識與第八意識？**—穿越時空「超意識」
平實導師述　每冊300元
40.**黯淡的達賴**—失去光彩的諾貝爾和平獎
正覺教育基金會編著　每冊250元
41.**童女迦葉考**—論呂凱文〈佛教輪迴思想的論述分析〉之謬。
平實導師 著 定價180元
42.**人間佛教**—實證者必定不悖三乘菩提
平實導師 述，定價400元
43.**實相經宗通**　平實導師述　共八輯　每輯250元
44.**真心告訴您(一)**—達賴喇嘛在幹什麼？
正覺教育基金會編著　售價250元
45.**中觀金鑑**—詳述應成派中觀的起源與其破法本質
孫正德老師著　分爲上、中、下三冊，每冊250元
46.**佛法入門**—迅速進入三乘佛法大門，消除久學佛法漫無方向之窘境。
○○居士著　將於正覺電子報連載後出版。售價250元
47.**藏傳佛教要義**—《狂密與真密》之簡體字版　平實導師 著 上、下冊
僅在大陸流通　每冊300元
48.**法華經講義**　平實導師述　共二十五輯　每輯300元
已於2015/05/31起開始出版，每二個月出版一輯
49.**西藏「活佛轉世」制度**—附佛、造神、世俗法
許正豐、張正玄老師合著　定價150元
50.**廣論三部曲**　郭正益老師著　定價150元
51.**真心告訴您(二)**—達賴喇嘛是佛教僧侶嗎？
—補祝達賴喇嘛八十大壽
正覺教育基金會編著　售價300元
52.**廣論之平議**—宗喀巴《菩提道次第廣論》之平議　正雄居士著
約二或三輯　俟正覺電子報連載後結集出版　書價未定
53.**末法導護**—對印順法師中心思想之綜合判攝　正慶老師著　書價未定
54.**菩薩學處**—菩薩四攝六度之要義　陸正元老師著　出版日期未定。
55.**八識規矩頌**詳解　○○居士 註解　出版日期另訂　書價未定。
56.**印度佛教史**—法義與考證。依法義史實評論印順《印度佛教思想史、佛教史地考論》之謬說　正偉老師著　出版日期未定　書價未定

57.**中國佛教史**—依中國佛教正法史實而論。〇〇老師 著　書價未定。
58.**中論正義**—釋龍樹菩薩《中論》頌正理。
孫正德老師著　出版日期未定　書價未定
59.**中觀正義**—註解平實導師《中論正義頌》。
〇〇法師（居士）著　出版日期未定　書價未定
60.**佛藏經講記**　平實導師述　出版日期未定　書價未定
61.**阿含經講記**—將選錄四阿含中數部重要經典全經講解之，講後整理出版。
平實導師述　約二輯　每輯300元　出版日期未定
62.**寶積經講記**　平實導師述　每輯三百餘頁 優惠價300元 出版日期未定
63.**解深密經講記**　平實導師述 約四輯　將於重講後整理出版
64.**成唯識論略解**　平實導師著　五～六輯　每輯300元　出版日期未定
65.**修習止觀坐禪法要講記**　平實導師述　每輯三百餘頁
將於正覺寺建成後重講、以講記逐輯出版　出版日期未定
66.**無門關**—《無門關》公案拈提　平實導師著　出版日期未定
67.**中觀再論**—兼述印順《中觀今論》謬誤之平議。正光老師著 出版日期未定
68.**輪迴與超度**—佛教超度法會之真義。
〇〇法師（居士）著　出版日期未定　書價未定
69.**《釋摩訶衍論》平議**—對偽稱龍樹所造《釋摩訶衍論》之平議
〇〇法師（居士）著　出版日期未定　書價未定
70.**正覺發願文**註解—以真實大願為因 得證菩提
正德老師著　出版日期未定　書價未定
71.**正覺總持咒**—佛法之總持　正圜老師著　出版日期未定　書價未定
72.**涅槃**—論四種涅槃　平實導師著　出版日期未定　書價未定
73.**三自性**—依四食、五蘊、十二因緣、十八界法，說三性三無性。
作者未定　出版日期未定
74.**道品**—從三自性說大小乘三十七道品　作者未定　出版日期未定
75.**大乘緣起觀**—依四聖諦七真如現觀十二緣起 作者未定　出版日期未定
76.**三德**—論解脫德、法身德、般若德。　作者未定　出版日期未定
77.**真假如來藏**—對印順《如來藏之研究》謬說之平議　作者未定 出版日期未定
78.**大乘道次第**　作者未定　出版日期未定　書價未定
79.**四緣**—依如來藏故有四緣。　作者未定　出版日期未定
80.**空之探究**—印順《空之探究》謬誤之平議　作者未定 出版日期未定
81.**十法義**—論阿含經中十法之正義　作者未定　出版日期未定
82.**外道見**—論述外道六十二見　作者未定　出版日期未定

正智出版社有限公司 書籍介紹

禪淨圓融：言淨土諸祖所未曾言，示諸宗祖師所未曾示；禪淨圓融，另闢成佛捷徑，兼顧自力他力，闡釋淨土門之速行易行道，亦同時揭櫫聖教門之速行易行道；令廣大淨土行者得免緩行難證之苦，亦令聖道門行者得以藉著淨土速行道而加快成佛之時劫。乃前無古人之超勝見地，非一般弘揚禪淨法門典籍也，先讀爲快。平實導師著 200元。

宗門正眼—公案拈提第一輯：繼承克勤圜悟大師碧巖錄宗旨之禪門鉅作。先則舉示當代大法師之邪說，消弭當代禪門大師鄉愿之心態，摧破當今禪門「世俗禪」之妄談；次則旁通教法，表顯宗門正理；繼以道之次第，消弭古今狂禪；後藉言語及文字機鋒，直示宗門入處。悲智雙運，禪味十足，數百年來難得一睹之禪門鉅著也。平實導師著 500元（原初版書《禪門摩尼寶聚》，改版後補充爲五百餘頁新書，總計多達二十四萬字，內容更精彩，並改名爲《宗門正眼》，讀者原購初版《禪門摩尼寶聚》皆可寄回本公司免費換新，免附回郵，亦無截止期限）（2007年起，凡購買公案拈提第一輯至第七輯，每購一輯皆贈送本公司精製公案拈提〈超意境〉CD一片，市售價格280元，多購多贈）。

禪—悟前與悟後：本書能建立學人悟道之信心與正確知見，圓滿具足而有次第地詳述禪悟之功夫與禪悟之內容，指陳參禪中細微淆訛之處，能使學人明自眞心、見自本性。若未能悟入，亦能以正確知見辨別古今中外一切大師究係眞悟？或屬錯悟？便有能力揀擇，捨名師而選明師，後時必有悟道之緣。一旦悟道，遲者七次人天往返，便出三界，速者一生取辦。學人欲求開悟者，不可不讀。　平實導師著。上、下冊共500元，單冊250元。

真實如來藏：如來藏眞實存在，乃宇宙萬有之本體，並非印順法師、達賴喇嘛等人所說之「唯有名相、無此心體」。如來藏是涅槃之本際，是一切有智之人竭盡心智、不斷探索而不能得之生命實相；是古今中外許多大師自以爲悟而當面錯過之生命實相。如來藏即是阿賴耶識，乃是一切有情本自具足、不生不滅之眞實心。當代中外大師於此書出版之前所未能言者，作者於本書中盡情流露、詳細闡釋。眞悟者讀之，必能增益悟境、智慧增上；錯悟者讀之，必能檢討自己之錯誤，免犯大妄語業；未悟者讀之，能知參禪之理路，亦能以之檢查一切名師是否眞悟。此書是一切哲學家、宗教家、學佛者及欲昇華心智之人必讀之鉅著。 平實導師著 售價400元。

宗門法眼—公案拈提第二輯：列舉實例，闡釋土城廣欽老和尚之悟處；並直示這位不識字的老和尚妙智橫生之根由，繼而剖析禪宗歷代大德之開悟公案，解析當代密宗高僧卡盧仁波切之錯悟證據，並例舉當代顯宗高僧、大居士之錯悟證據（凡健在者，爲免影響其名聞利養，皆隱其名）。藉辨正當代名師之邪見，向廣大佛子指陳禪悟之正道，彰顯宗門法眼。悲勇兼出，強捋虎鬚；慈智雙運，巧探驪龍；摩尼寶珠在手，直示宗門入處，禪味十足；若非大悟徹底，不能爲之。禪門精奇人物，允宜人手一冊，供作參究及悟後印證之圭臬。本書於2008年4月改版，增寫爲大約500頁篇幅，以利學人研讀參究時更易悟入宗門正法，以前所購初版首刷及初版二刷舊書，皆可免費換取新書。平實導師著 500元（2007年起，凡購買公案拈提第一輯至第七輯，每購一輯皆贈送本公司精製公案拈提〈超意境〉CD一片，市售價格280元，多購多贈）。

宗門道眼—公案拈提第三輯：繼宗門法眼之後，再以金剛之作略、慈悲之胸懷、犀利之筆觸，舉示寒山、拾得、布袋三大士之悟處，消弭當代錯悟者對於寒山大士……等之誤會及誹謗。 亦舉出民初以來與虛雲和尚齊名之蜀郡鹽亭袁煥仙夫子——南懷瑾老師之師，其「悟處」何在？並蒐羅許多眞悟祖師之證悟公案，顯宗禪宗歷代祖師之睿智，指陳部分祖師、奧修及當代顯密大師之謬悟，作爲殷鑑，幫助禪子建立及修正參禪之方向及知見。假使讀者閱此書已，一時尚未能悟，亦可一面加功用行，一面以此宗門道眼辨別眞假善知識，避開錯誤之印證及歧路，可免大妄語業之長劫慘痛果報。欲修禪宗之禪者，務請細讀。平實導師著 售價500元（2007年起，凡購買公案拈提第一輯至第七輯，每購一輯皆贈送本公司精製公案拈提〈超意境〉CD一片，市售價格280元，多購多贈）。

楞伽經詳解：本經是禪宗見道者印證所悟眞僞之根本經典，亦是禪宗見道者悟後起修之依據經典；故達摩祖師於印證二祖慧可大師之後，將此經典連同佛缽祖衣一併交付二祖，令其依此經典佛示金言、進入修道位，修學一切種智。由此可知此經對於眞悟之人修學佛道，是非常重要之一部經典。此經能破外道邪說，亦破佛門中錯悟名師之謬說，亦破禪宗部分祖師之狂禪：不讀經典、一向主張「一悟即成究竟佛」之謬執。並開示愚夫所行禪、觀察義禪、攀緣如禪、如來禪等差別，令行者對於三乘禪法差異有所分辨；亦糾正禪宗祖師古來對於如來禪之誤解，嗣後可免以訛傳訛之弊。此經亦是法相唯識宗之根本經典，禪者悟後欲修一切種智而入初地者，必須詳讀。 平實導師著，全套共十輯，已全部出版完畢，每輯主文約320頁，每冊約352頁，定價250元。

宗門血脈—公案拈提第四輯：末法怪象—許多修行人自以爲悟，每將無念靈知認作眞實；崇尚二乘法諸師及其徒眾，則將外於如來藏之緣起性空—無因論之無常空、斷滅空、一切法空—錯認爲 佛所說之般若空性。這兩種現象已於當今海峽兩岸及美加地區顯密大師之中普遍存在；人人自以爲悟，心高氣壯，便敢寫書解釋祖師證悟之公案，大多出於意識思惟所得，言不及義，錯誤百出，因此誤導廣大佛子同陷大妄語之地獄業中而不能自知。彼等書中所說之悟處，其實處處違背第一義經典之聖言量。彼等諸人不論是否身披袈裟，都非佛法宗門血脈，或雖有禪宗法脈之傳承，亦只徒具形式；猶如螟蛉，非眞血脈，未悟得根本眞實故。禪子欲知 佛、祖之眞血脈者，請讀此書，便知分曉。平實導師著，主文452頁，全書464頁，定價500元（2007年起，凡購買公案拈提第一輯至第七輯，每購一輯皆贈送本公司精製公案拈提〈超意境〉CD一片，市售價格280元，多購多贈）。

宗通與說通：古今中外，錯誤之人如麻似粟，每以常見外道所說之靈知心，認作眞心；或妄想虛空之勝性能量爲眞如，或錯認物質四大元素藉冥性（靈知心本體）能成就吾人色身及知覺，或認初禪至四禪中之了知心爲不生不滅之涅槃心。此等皆非通宗者之見地。復有錯悟之人一向主張「宗門與教門不相干」，此即尚未通達宗門之人也。其實宗門與教門互通不二，宗門所證者乃是眞如與佛性，教門所說者乃說宗門證悟之眞如佛性，故教門與宗門不二。本書作者以宗教二門互通之見地，細說「宗通與說通」，從初見道至悟後起修之道、細說分明；並將諸宗諸派在整體佛教中之地位與次第，加以明確之教判，學人讀之即可了知佛法之梗概也。欲擇明師學法之前，允宜先讀。平實導師著，主文共381頁，全書392頁，只售成本價300元。

宗門正道—公案拈提第五輯：修學大乘佛法有二果須證—解脫果及大菩提果。二乘人不證大菩提果，唯證解脫果；此果之智慧，名為聲聞菩提、緣覺菩提。大乘佛子所證二果之菩提果為佛菩提，故名大菩提果，其慧名為一切種智—函蓋二乘解脫果。然此大乘二果修證，須經由禪宗之宗門證悟方能相應。而宗門證悟極難，自古已然；其所以難者，咎在古今佛教界普遍存在三種邪見：1.以修定認作佛法，2.以無因論之緣起性空—否定涅槃本際如來藏以後之一切法空作為佛法，3.以常見外道邪見（離語言妄念之靈知性）作為佛法。如是邪見，或因自身正見未立所致，或因邪師之邪教導所致，或因無始劫來虛妄熏習所致。若不破除此三種邪見，永劫不悟宗門真義、不入大乘正道，唯能外門廣修菩薩行。平實導師於此書中，有極為詳細之說明，有志佛子欲摧邪見、入於內門修菩薩行者，當閱此書。主文共496頁，全書512頁。售價500元（2007年起，凡購買公案拈提第一輯至第七輯，每購一輯皆贈送本公司精製公案拈提〈超意境〉CD一片，市售價格280元，多購多贈）。

狂密與真密：密教之修學，皆由有相之觀行法門而入，其最終目標仍不離顯教經典所說第一義諦之修證；若離顯教第一義經典、或違背顯教第一義經典，即非佛教。西藏密教之觀行法，如灌頂、觀想、遷識法、寶瓶氣、大聖歡喜雙身修法、喜金剛、無上瑜伽、大樂光明、樂空雙運等，皆是印度教兩性生生不息思想之轉化，自始至終皆以如何能運用交合淫樂之法達到全身受樂為其中心思想，純屬欲界五欲的貪愛，不能令人超出欲界輪迴，更不能令人斷除我見；何況大乘之明心與見性，更無論矣！故密宗之法絕非佛法也。而其明光大手印、大圓滿法教，又皆同以常見外道所說離語言妄念之無念靈知心錯認為佛地之真如，不能直指不生不滅之真如。西藏密宗所有法王與徒眾，都尚未開頂門眼，不能辨別真偽，以依人不依法、依密續不依經典故，不肯將其上師喇嘛所說對照第一義經典，純依密續之藏密祖師所說為準，因此而誇大其證德與證量，動輒謂彼祖師上師為究竟佛、為地上菩薩；如今台海兩岸亦有自謂其師證量高於 釋迦文佛者，然觀其師所述，猶未見道，仍在觀行即佛階段，尚未到禪宗相似即佛、分證即佛階位，竟敢標榜為究竟佛及地上法王，誑惑初機學人。凡此怪象皆是狂密，不同於真密之修行者。近年狂密盛行，密宗行者被誤導者極眾，動輒自謂已證佛地真如，自視為究竟佛，陷於大妄語業中而不知自省，反謗顯宗真修實證者之證量粗淺；或如義雲高與釋性圓…等人，於報紙上公然誹謗真實證道者為「騙子、無道人、人妖、癩蛤蟆…」等，造下誹謗大乘勝義僧之大惡業；或以外道法中有為有作之甘露、魔術……等法，誑騙初機學人，狂言彼外道法為真佛法。如是怪象，在西藏密宗及附藏密之外道中，不一而足，舉之不盡，學人宜應慎思明辨，以免上當後又犯毀破菩薩戒之重罪。密宗學人若欲遠離邪知邪見者，請閱此書，即能了知密宗之邪謬，從此遠離邪見與邪修，轉入真正之佛道。平實導師著 共四輯 每輯約400頁（主文約340頁）每輯售價300元。

宗門正義—公案拈提第六輯：佛教有六大危機，乃是藏密化、世俗化、膚淺化、學術化、宗門密意失傳、悟後進修諸地之次第混淆；其中尤以宗門密意之失傳，爲當代佛教最大之危機。由宗門密意失傳故，易令 世尊本懷普被錯解，易令 世尊正法被轉易爲外道法，以及加以淺化、世俗化，是故宗門密意之廣泛弘傳與具緣佛弟子，極爲重要。然而欲令宗門密意之廣泛弘傳予具緣之佛弟子者，必須同時配合錯誤知見之解析、普令佛弟子知之，然後輔以公案解析之直示入處，方能令具緣之佛弟子悟入。而此二者，皆須以公案拈提之方式爲之，方易成其功、竟其業，是故平實導師續作宗門正義一書，以利學人。 全書500餘頁，售價500元（2007年起，凡購買公案拈提第一輯至第七輯，每購一輯皆贈送本公司精製公案拈提〈超意境〉CD一片，市售價格280元，多購多贈）。

心經密意—心經與解脫道、佛菩提道、祖師公案之關係與密意。 二乘菩提所證之解脫道，實依第八識心之斷除煩惱障現行而立解脫之名；大乘菩提所證之佛菩提道，實依親證第八識如來藏之涅槃性、清淨自性、及其中道性而立般若之名；禪宗祖師公案所證之眞心，即是此第八識如來藏；是故三乘佛法所修所證之三乘菩提，皆依此如來藏心而立名也。此第八識心，即是《心經》所說之心也。證得此如來藏已，即能漸入大乘佛菩提道，亦可因證知此心而了知二乘無學所不能知之無餘涅槃本際，是故《心經》之密意，與三乘佛菩提之關係極爲密切、不可分割，三乘佛法皆依此心而立名故。今者平實導師以其所證解脫道之無生智及佛菩提之般若種智，將《心經》與解脫道、佛菩提道、祖師公案之關係與密意，以演講之方式，用淺顯之語句和盤托出，發前人所未言，呈三乘菩提之眞義，令人藉此《心經密意》一舉而窺三乘菩提之堂奧，迴異諸方言不及義之說；欲求眞實佛智者、不可不讀！主文317頁，連同跋文及序文…等共384頁，售價300元。

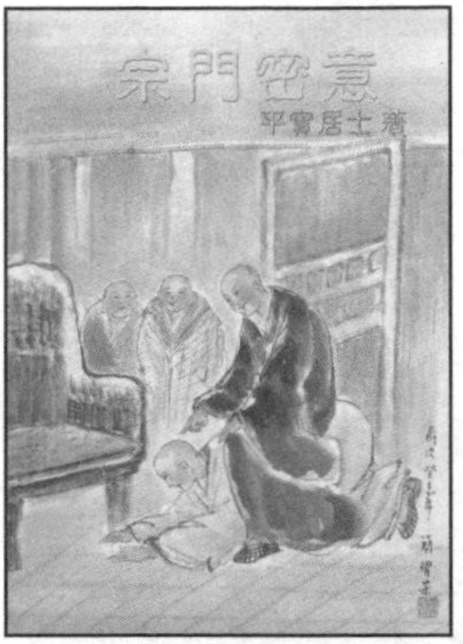

宗門密意—公案拈提第七輯：佛教之世俗化，將導致學人以信仰作爲學佛，則將以感應及世間法之庇祐，作爲學佛之主要目標，不能了知學佛之主要目標爲親證三乘菩提。大乘菩提則以般若實相智慧爲主要修習目標，以二乘菩提解脫道爲附帶修習之標的；是故學習大乘法者，應以禪宗之證悟爲要務，能親入大乘菩提之實相般若智慧中故，般若實相智慧非二乘聖人所能知故。此書則以台灣世俗化佛教之三大法師，說法似是而非之實例，配合眞悟祖師之公案解析，提示證悟般若之關節，令學人易得悟入。平實導師著，全書五百餘頁，售價500元（2007年起，凡購買公案拈提第一輯至第七輯，每購一輯皆贈送本公司精製公案拈提〈超意境〉CD一片，市售價格280元，多購多贈）。

淨土聖道—兼評日本本願念佛：佛法甚深極廣，般若玄微，非諸二乘聖僧所能知之，一切凡夫更無論矣！所謂一切證量皆歸淨土是也！是故大乘法中「聖道之淨土、淨土之聖道」，其義甚深，難可了知；乃至眞悟之人，初心亦難知也。今有正德老師眞實證悟後，復能深探淨土與聖道之緊密關係，憐憫衆生之誤會淨土實義，亦欲利益廣大淨土行人同入聖道，同獲淨土中之聖道門要義，乃振奮心神、書以成文，今得刊行天下。主文279頁，連同序文等共301頁，總有十一萬六千餘字，正德老師著，成本價200元。

起信論講記：詳解大乘起信論心生滅門與心眞如門之眞實意旨，消除以往大師與學人對起信論所說心生滅門之誤解，由是而得了知眞心如來藏之非常非斷中道正理；亦因此一講解，令此論以往隱晦而被誤解之眞實義，得以如實顯示，令大乘佛菩提道之正理得以顯揚光大；初機學者亦可藉此正論所顯示之法義，對大乘法理生起正信，從此得以眞發菩提心，眞入大乘法中修學，世世常修菩薩正行。平實導師演述，共六輯，都已出版，每輯三百餘頁，售價各250元。

優婆塞戒經講記：本經詳述在家菩薩修學大乘佛法，應如何受持菩薩戒？對人間善行應如何看待？對三寶應如何護持？應如何正確地修集此世後世證法之福德？應如何修集後世「行菩薩道之資糧」？並詳述第一義諦之正義：五蘊非我非異我、自作自受、異作異受、不作不受……等深妙法義，乃是修學大乘佛法、行菩薩行之在家菩薩所應當了知者。出家菩薩今世或未來世登地已，捨報之後多數將如華嚴經中諸大菩薩，以在家菩薩身而修行菩薩行，故亦應以此經所述正理而修之，配合《楞伽經、解深密經、楞嚴經、華嚴經》等道次第正理，方得漸次成就佛道；故此經是一切大乘行者皆應證知之正法。 平實導師講述，每輯三百餘頁，售價各250元；共八輯，已全部出版。

真假活佛—略論附佛外道盧勝彥之邪說：人人身中都有眞活佛，永生不滅而有大神用，但衆生都不了知，所以常被身外的西藏密宗假活佛籠罩欺瞞。本來就眞實存在的眞活佛，才是眞正的密宗無上密！諾那活佛因此而說禪宗是大密宗，但藏密的所有活佛都不知道、也不曾實證自身中的眞活佛。本書詳實宣示眞活佛的道理，舉證盧勝彥的「佛法」不是眞佛法，也顯示盧勝彥是假活佛，直接的闡釋第一義佛法見道的眞實正理。眞佛宗的所有上師與學人們，都應該詳細閱讀，包括盧勝彥個人在內。正犀居士著，優惠價140元。

阿含正義—唯識學探源：廣說四大部《阿含經》諸經中隱說之眞正義理，一一舉示佛陀本懷，令阿含時期初轉法輪根本經典之眞義，如實顯現於佛子眼前。並提示末法大師對於阿含眞義誤解之實例，一一比對之，證實唯識增上慧學確於原始佛法之阿含諸經中已隱覆密意而略說之，證實 世尊確於原始佛法中已曾密意而說第八識如來藏之總相，亦證實 世尊在四阿含中已說此藏識是名色十八界之因、之本—證明如來藏是能生萬法之根本心。佛子可據此修正以往受諸大師（譬如西藏密宗應成派中觀師：印順、昭慧、性廣、大願、達賴、宗喀巴、寂天、月稱、……等人）誤導之邪見，建立正見，轉入正道乃至親證初果而無困難；書中並詳說三果所證的心解脫，以及四果慧解脫的親證，都是如實可行的具體知見與行門。全書共七輯，已出版完畢。平實導師著，每輯三百餘頁，售價300元。

超意境CD：以平實導師公案拈提書中超越意境之頌詞，加上曲風優美的旋律，錄成令人嚮往的超意境歌曲，其中包括正覺發願文及平實導師親自譜成的黃梅調歌曲一首。詞曲雋永，殊堪翫味，可供學禪者吟詠，有助於見道。內附設計精美的彩色小冊，解說每一首詞的背景本事。每片280元。【每購買公案拈提書籍一冊，即贈送一片。】

我的菩提路第一輯：凡夫及二乘聖人不能實證的佛菩提證悟，末法時代的今天仍然有人能得實證，由正覺同修會釋悟圓、釋善藏法師等二十餘位實證如來藏者所寫的見道報告，已爲當代學人見證宗門正法之絲縷不絕，證明大乘義學的法脈仍然存在，爲末法時代求悟般若之學人照耀出光明的坦途。由二十餘位大乘見道者所繕，敘述各種不同的學法、見道因緣與過程，參禪求悟者必讀。全書三百餘頁，售價300元。

我的菩提路第二輯：由郭正益老師等人合著，書中詳述彼等諸人歷經各處道場學法，一一修學而加以檢擇之不同過程以後，因閱讀正覺同修會、正智出版社書籍而發起抉擇分，轉入正覺同修會中修學；乃至學法及見道之過程，都一一詳述之。其中張志成等人係由前現代禪轉進正覺同修會，張志成原爲現代禪副宗長，以前未閱本會書籍時，曾被人藉其名義著文評論　平實導師（詳見《宗通與說通》辨正及《眼見佛性》書末附錄…等）；後因偶然接觸正覺同修會書籍，深覺以前聽人評論平實導師之語不實，於是投入極多時間閱讀本會書籍、深入思辨，詳細探索中觀與唯識之關聯與異同，認爲正覺之法義方是正法，深覺相應；亦解開多年來對佛法的迷雲，確定應依八識論正理修學方是正法。乃不顧面子，毅然前往正覺同修會面見平實導師懺悔，並正式學法求悟。今已與其同修王美伶（亦爲前現代禪傳法老師），同樣證悟如來藏而證得法界實相，生起實相般若眞智。此書中尚有七年來本會第一位眼見佛性者之見性報告一篇，一同供養大乘佛弟子。全書四百頁，售價300元。

鈍鳥與靈龜：鈍鳥及靈龜二物，被宗門證悟者說爲二種人：前者是精修禪定而無智慧者，也是以定爲禪的愚癡禪人；後者是或有禪定、或無禪定的宗門證悟者，凡已證悟者皆是靈龜。但後來被人虛造事實，用以嘲笑大慧宗杲禪師，說他雖是靈龜，卻不免被天童禪師預記「患背」痛苦而亡：「鈍鳥離巢易，靈龜脫殼難。」藉以貶低大慧宗杲的證量。同時將天童禪師實證如來藏的證量，曲解爲意識境界的離念靈知。自從大慧禪師入滅以後，錯悟凡夫對他的不實毀謗就一直存在著，不曾止息，並且捏造的假事實也隨著年月的增加而越來越多，終至編成「鈍鳥與靈龜」的假公案、假故事。本書是考證大慧與天童之間的不朽情誼，顯現這件假公案的虛妄不實；更見大慧宗杲面對惡勢力時的正直不阿，亦顯示大慧對天童禪師的至情深義，將使後人對大慧宗杲的誣謗至此而止，不再有人誤犯毀謗賢聖的惡業。書中亦舉證宗門的所悟確以第八識如來藏爲標的，詳讀之後必可改正以前被錯悟大師誤導的參禪知見，日後必定有助於實證禪宗的開悟境界，得階大乘眞見道位中，即是實證般若之賢聖。全書459頁，售價350元。

維摩詰經講記：本經係　世尊在世時，由等覺菩薩維摩詰居士藉疾病而演說之大乘菩提無上妙義，所說函蓋甚廣，然極簡略，是故今時諸方大師與學人讀之悉皆錯解，何況能知其中隱含之深妙正義，是故普遍無法爲人解說；若強爲人說，則成依文解義而有諸多過失。今由平實導師公開宣講之後，詳實解釋其中密意，令維摩詰菩薩所說大乘不可思議解脫之深妙正法得以正確宣流於人間，利益當代學人及與諸方大師。書中詳實演述大乘佛法深妙不共二乘之智慧境界，顯示諸法之中絕待之實相境界，建立大乘菩薩妙道於永遠不敗不壞之地，以此成就護法偉功，欲冀永利娑婆人天。已經宣講圓滿整理成書流通，以利諸方大師及諸學人。全書共六輯，每輯三百餘頁，售價各250元。

真假外道：本書具體舉證佛門中的常見外道知見實例，並加以教證及理證上的辨正，幫助讀者輕鬆而快速的了知常見外道的錯誤知見，進而遠離佛門內外的常見外道知見，因此即能改正修學方向而快速實證佛法。游正光老師著　。成本價200元。

勝鬘經講記：如來藏爲三乘菩提之所依，若離如來藏心體及其含藏之一切種子，即無三界有情及一切世間法，亦無二乘菩提緣起性空之出世間法；本經詳說無始無明、一念無明皆依如來藏而有之正理，藉著詳解煩惱障與所知障間之關係，令學人深入了知二乘菩提與佛菩提相異之妙理；聞後即可了知佛菩提之特勝處及三乘修道之方向與原理，邁向攝受正法而速成佛道的境界中。平實導師講述，共六輯，每輯三百餘頁，售價各250元。

楞嚴經講記：楞嚴經係密教部之重要經典，亦是顯教中普受重視之經典；經中宣說明心與見性之內涵極爲詳細，將一切法都會歸如來藏及佛性－妙眞如性；亦闡釋佛菩提道修學過程中之種種魔境，以及外道誤會涅槃之狀況，旁及三界世間之起源。然因言句深澀難解，法義亦復深妙寬廣，學人讀之普難通達，是故讀者大多誤會，不能如實理解佛所說之明心與見性內涵，亦因是故多有悟錯之人引爲開悟之證言，成就大妄語罪。今由平實導師詳細講解之後，整理成文，以易讀易懂之語體文刊行天下，以利學人。全書十五輯，全部出版完畢。每輯三百餘頁，售價每輯300元。

明心與眼見佛性：本書細述明心與眼見佛性之異同，同時顯示了中國禪宗破初參明心與重關眼見佛性二關之間的關聯；書中又藉法義辨正而旁述其他許多勝妙法義，讀後必能遠離佛門長久以來積非成是的錯誤知見，令讀者在佛法的實證上有極大助益。也藉慧廣法師的謬論來教導佛門學人回歸正知正見，遠離古今禪門錯悟者所墮的意識境界，非唯有助於斷我見，也對未來的開悟明心實證第八識如來藏有所助益，是故學禪者都應細讀之。游正光老師著　共448頁　售價300元。

菩薩底憂鬱CD：將菩薩情懷及禪宗公案寫成新詞，並製作成超越意境的優美歌曲。1.主題曲〈菩薩底憂鬱〉，描述地後菩薩能離三界生死而迴向繼續生在人間，但因尚未斷盡習氣種子而有極深沈之憂鬱，非三賢位菩薩及二乘聖者所知，此憂鬱在七地滿心位方才斷盡；本曲之詞中所說義理極深，昔來所未曾見；此曲係以優美的情歌風格寫詞及作曲，聞者得以激發嚮往諸地菩薩境界之大心，詞、曲都非常優美，難得一見；其中勝妙義理之解說，已印在附贈之彩色小冊中。2.以各輯公案拈提中直示禪門入處之頌文，作成各種不同曲風之超意境歌曲，值得玩味、參究；聆聽公案拈提之優美歌曲時，請同時閱讀內附之印刷精美說明小冊，可以領會超越三界的證悟境界；未悟者可以因此引發求悟之意向及疑情，眞發菩提心而邁向求悟之途，乃至因此眞實悟入般若，成眞菩薩。3.正覺總持咒新曲，總持佛法大意；總持咒之義理，已加以解說並印在隨附之小冊中。本CD共有十首歌曲，長達63分鐘，附贈二張購書優惠券。每片280元。

禪意無限CD：平實導師以公案拈提書中偈頌寫成不同風格曲子，與他人所寫不同風格曲子共同錄製出版，幫助參禪人進入禪門超越意識之境界。盒中附贈彩色印製的精美解說小冊，以供聆聽時閱讀，令參禪人得以發起參禪之疑情，即有機會證悟本來面目，實證大乘菩提般若。本CD共有十首歌曲，長達69分鐘，每盒各附贈二張購書優惠券。每片280元。

金剛經宗通：三界唯心，萬法唯識，是成佛之修證內容，是諸地菩薩之所修；般若則是成佛之道（實證三界唯心、萬法唯識）的入門，若未證悟實相般若，即無成佛之可能，必將永在外門廣行菩薩六度，永在凡夫位中。然而實相般若的發起，全賴實證萬法的實相；若欲證知萬法的眞相，則必須探究萬法之所從來，則須實證自心如來—金剛心如來藏，然後現觀這個金剛心的金剛性、眞實性、如如性、清淨性、涅槃性、能生萬法的自性性、本住性，名爲證眞如；進而現觀三界六道唯是此金剛心所成，人間萬法須藉八識心王和合運作方能現起。如是實證《華嚴經》的「三界唯心、萬法唯識」以後，由此等現觀而發起實相般若智慧，繼續進修第十住位的如幻觀、第十行位的陽焰觀、第十迴向位的如夢觀，再生起增上意樂而勇發十無盡願，方能滿足三賢位的實證，轉入初地；自知成佛之道而無偏倚，從此按部就班、次第進修乃至成佛。第八識自心如來是般若智慧之所依，般若智慧的修證則要從實證金剛心自心如來開始；《金剛經》則是解說自心如來之經典，是一切三賢位菩薩所應進修之實相般若經典。這一套書，是將平實導師宣講的《金剛經宗通》內容，整理成文字而流通之；書中所說義理，迥異古今諸家依文解義之說，指出大乘見道方向與理路，有益於禪宗學人求開悟見道，及轉入內門廣修六度萬行。講述完畢後結集出版，總共9輯，每輯約三百餘頁，售價各250元。

空行母—性別、身分定位，以及藏傳佛教：本書作者爲蘇格蘭哲學家，因爲嚮往佛教深妙的哲學內涵，於是進入當年盛行於歐美的假藏傳佛教密宗，擔任卡盧仁波切的翻譯工作多年以後，被邀請成爲卡盧的空行母（又名佛母、明妃），開始了她在密宗裡的實修過程；後來發覺在密宗雙身法中的修行，其實無法使自己成佛，也發覺密宗對女性岐視而處處貶抑，並剝奪女性在雙身法中擔任一半角色時應有的身分定位。當她發覺自己只是雙身法中被喇嘛利用的工具，沒有獲得絲毫應有的尊重與基本定位時，發現了密宗的父權社會控制女性的本質；於是作者傷心地離開了卡盧仁波切與密宗，但是卻被恐嚇不許講出她在密宗裡的經歷，也不許她說出自己對密宗的教義與教制下對女性剝削的本質，否則將被咒殺死亡。後來她去加拿大定居，十餘年後方才擺脫這個恐嚇陰影，下定決心將親身經歷的實情及觀察到的事實寫下來並且出版，公諸於世。出版之後，她被流亡的達賴集團人士大力攻訐，誣指她爲精神狀態失常、說謊……等。但有智之士並未被達賴集團的政治操作及各國政府政治運作吹捧達賴的表相所欺，使她的書銷售無阻而又再版。正智出版社鑑於作者此書是親身經歷的事實，所說具有針對「藏傳佛教」而作學術研究的價值，也有使人認清假藏傳佛教剝削佛母、明妃的男性本位實質，因此洽請作者同意中譯而出版於華人地區。珍妮·坎貝爾女士著，呂艾倫 中譯，每冊250元。

霧峰無霧—給哥哥的信　本書作者藉兄弟之間信件往來論義，略述佛法大義；並以多篇短文辨義，舉出釋印順對佛法的無量誤解證據，並一一給予簡單而清晰的辨正，令人一讀即知。久讀、多讀之後即能認清楚釋印順的六識論見解，與眞實佛法之牴觸是多麼嚴重；於是在久讀、多讀之後，於不知不覺之間提升了對佛法的極深入理解，正知正見就在不知不覺間建立起來了。當三乘佛法的正知見建立起來之後，對於三乘菩提的見道條件便將隨之具足，於是聲聞解脫道的見道也就水到渠成；接著大乘見道的因緣也將次第成熟，未來自然也會有親見大乘菩提之道的因緣，悟入大乘實相般若也將自然成功，自能通達般若系列諸經而成實義菩薩。作者居住於南投縣霧峰鄉，自喻見道之後不復再見霧峰之霧，故鄉原野美景一一明見，於是立此書名爲《霧峰無霧》；讀者若欲撥霧見月，可以此書爲緣。游宗明 老師著　售價250元。

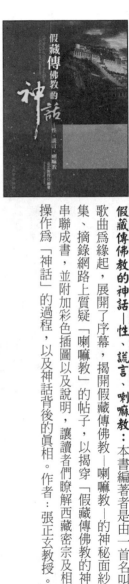

假藏傳佛教的神話—性、謊言、喇嘛教：本書編著者是由一首名叫「阿姊鼓」的歌曲爲緣起，展開了序幕，揭開假藏傳佛教—喇嘛教—的神秘面紗。其重點是蒐集、摘錄網路上質疑「喇嘛教」的帖子，以揭穿「假藏傳佛教的神話」爲主題，串聯成書，並附加彩色插圖以及說明，讓讀者們瞭解西藏密宗及相關人事如何被操作爲「神話」的過程，以及神話背後的眞相。作者：張正玄教授。售價200元。

達賴真面目—玩盡天下女人：假使您不想戴綠帽子，請記得詳細閱讀此書；假使您不想讓好朋友戴綠帽子，請您將此書介紹給您的好朋友。假使您想保護家中的女性，也想要保護好朋友的女眷，請記得將此書送給家中的女性和好友的女眷都來閱讀。本書爲印刷精美的大本彩色中英對照精裝本，爲您揭開達賴喇嘛的眞面目，內容精彩不容錯過，爲利益社會大衆，特別以優惠價格嘉惠所有讀者。編著者：白志偉等。大開版雪銅紙彩色精裝本。售價800元。

童女迦葉考—論呂凱文〈佛教輪迴思想的論述分析〉之謬：童女迦葉是佛世率領五百大比丘遊行於人間的歷史事實，是以童貞行而依止菩薩戒弘化於人間的大菩薩，不依別解脫戒（聲聞戒）來弘化於人間。這是大乘佛教與聲聞佛教同時存在於佛世的歷史明證，證明大乘佛教不是從聲聞法中分裂出來的部派佛教的產物，卻是聲聞佛教分裂出來的部派佛教聲聞凡夫僧所不樂見的史實；於是古今聲聞法中的凡夫都欲加以扭曲而作詭說，更是末法時代高聲大呼「大乘非佛說」的六識論聲聞凡夫極力想要扭曲的佛教史實之一，於是想方設法扭曲迦葉菩薩爲聲聞僧，以及扭曲迦葉童女爲比丘僧等荒謬不實之論著便陸續出現，古時聲聞僧寫作的《分別功德論》是最具體之事例，現代之代表作則是呂凱文先生的〈佛教輪迴思想的論述分析〉論文。鑑於如是假藉學術考證以籠罩大衆之不實謬論，未來仍將繼續造作及流竄於佛教界，繼續扼殺大乘佛教學人法身慧命，必須舉證辨正之，遂成此書。平實導師 著，每冊180元。

末代達賴—性交教主的悲歌：簡介從藏傳僞佛教（喇嘛教）的修行核心—性力派男女雙修，探討達賴喇嘛及藏傳僞佛教的修行內涵。書中引用外國知名學者著作、世界各地新聞報導，包含：歷代達賴喇嘛的祕史、達賴六世修雙身法的事蹟，以及《時輪續》中的性交灌頂儀式……等；達賴喇嘛書中開示的雙修法、達賴喇嘛的黑暗政治手段；達賴喇嘛所領導的寺院爆發喇嘛性侵兒童；新聞報導《西藏生死書》作者索甲仁波切性侵女信徒、澳洲喇嘛秋達公開道歉、美國最大假藏傳佛教組織領導人邱陽創巴仁波切的性氾濫，等等事件背後眞相的揭露。作者：張善思、呂艾倫、辛燕。售價250元。

黯淡的達賴—失去光彩的諾貝爾和平獎：本書舉出很多證據與論述，詳述達賴喇嘛不爲世人所知的一面，顯示達賴喇嘛並不是眞正的和平使者，而是假借諾貝爾和平獎的光環來欺騙世人；透過本書的說明與舉證，讀者可以更清楚的瞭解，達賴喇嘛是結合暴力、黑暗、淫欲於喇嘛教裡的集團首領，其政治行爲與宗教主張，早已讓諾貝爾和平獎的光環染污了。　本書由財團法人正覺教育基金會寫作、編輯，由正覺出版社印行，每冊250元。

第七意識與第八意識？—穿越時空「超意識」：「三界唯心，萬法唯識」是佛教中應該實證的聖教，也是《華嚴經》中明載而可以實證的法界實相。唯心者，三界一切境界、一切諸法唯是一心所成就，即是每一個有情的第八識如來藏，不是意識心。唯識者，即是人類各各都具足的八識心王—眼識、耳鼻舌身意識、意根、阿賴耶識，第八阿賴耶識又名如來藏，人類五陰相應的萬法，莫不由八識心王共同運作而成就，故說萬法唯識。依聖教量及現量、比量，都可以證明意識是二法因緣生，是由第八識藉意根與法塵二法爲因緣而出生，又是夜夜斷滅不存之生滅心，即無可能反過來出生第七識意根、第八識如來藏，當知不可能從生滅性的意識心中，細分出恆審思量的第七識意根，更無可能細分出恆而不審的第八識如來藏。本書是將演講內容整理成文字，細說如是內容，並已在《正覺電子報》連載完畢，今彙集成書以廣流通，欲幫助佛門有緣人斷除意識我見，跳脫於識陰之外而取證聲聞初果；嗣後修學禪宗時即得不墮外道神我之中，得以求證第八識金剛心而發起般若實智。平實導師 述，每冊300元。

中觀金鑑—詳述應成派中觀的起源與其破法本質：學佛人往往迷於中觀學派之不同學說，被應成派與自續派所迷惑；修學般若中觀二十年後自以爲實證般若中觀了，卻仍不曾入門，甫聞實證般若中觀者之所說，則茫無所知，迷惑不解；隨後信心盡失，不知如何實證佛法；凡此，皆因惑於這二派中觀學說所致。自續派中觀所說同於常見，以意識境界立爲第八識如來藏之境界，應成派所說則同於斷見，但又同立意識爲常住法，故亦具足斷常二見。今者孫正德老師有鑑於此，乃將起源於密宗的應成派中觀學說，追本溯源，詳考其來源之外，亦一一舉證其立論內容，詳加辨正，令密宗雙身法祖師以識陰境界而造之應成派中觀學說本質，詳細呈現於學人眼前，令其維護雙身法之目的無所遁形。若欲遠離密宗此二大派中觀謬說，欲於三乘菩提有所進道者，允宜具足閱讀並細加思惟，反覆讀之以後將可捨棄邪道返歸正道，則於般若之實證即有可能，證後自能現觀如來藏之中道境界而成就中觀。本書分上、中、下三冊，每冊250元，全部出版完畢。

人間佛教—實證者必定不悖三乘菩提：「大乘非佛說」的講法似乎流傳已久，卻只是日本人企圖擺脫中國正統佛教的影響，而在明治維新時期才開始提出來的說法；台灣佛教、大陸佛教的淺學無智之人，由於未曾實證佛法而迷信日本人錯誤的學術考證，錯認爲這些別有用心的日本佛學考證的講法爲天竺佛教的眞實歷史；甚至還有更激進的反對佛教者提出「釋迦牟尼佛並非眞實存在，只是後人捏造的假歷史人物」，竟然也有少數人願意跟著「學術」的假光環而信受不疑，於是開始有一些佛教界人士造作了反對中國佛教而推崇南洋小乘佛教的行爲，使佛教的信仰者難以檢擇，導致一般大陸人士開始轉入基督教的盲目迷信中。在這些佛教及外教人士之中，也就有一分人根據此邪說而大聲主張「大乘非佛說」的謬論，這些人以「人間佛教」的名義來抵制中國正統佛教，公然宣稱中國的大乘佛教是由聲聞部派佛教的凡夫僧所創造出來的。這樣的說法流傳於台灣及大陸佛教界凡夫僧之中已久，卻非眞正的佛教歷史中曾經發生過的事，只是繼承六識論的聲聞法中凡夫僧依自己的意識境界立場，純憑臆想而編造出來的妄想說法，卻已經影響許多無智之凡夫僧俗信受不移。本書則是從佛教的經藏法義實質及實證的現量內涵本質立論，證明大乘佛法本是佛說，是從《阿含正義》尚未說過的不同面向來討論「人間佛教」的議題，證明「大乘眞佛說」。閱讀本書可以斷除六識論邪見，迴入三乘菩提正道發起實證的因緣；也能斷除禪宗學人學禪時普遍存在之錯誤知見，對於建立參禪時的正知見有很深的著墨。平實導師　述，內文488頁，全書528頁，定價400元。

喇嘛性世界—揭開假藏傳佛教譚崔瑜伽的面紗：這個世界中的喇嘛，號稱來自世外桃源的香格里拉，穿著或紅或黃的喇嘛長袍，散布於我們的身邊傳教灌頂，吸引了無數的人嚮往學習；這些喇嘛虔誠地為大眾祈福，手中拿著寶杵（金剛）與寶鈴（蓮花），口中唸著咒語：「唵．嘛呢．叭咪．吽……」，咒語的意思是說：「我至誠歸命金剛杵上的寶珠伸向蓮花寶穴之中」！「喇嘛性世界」是什麼樣的「世界」呢？本書將為您呈現喇嘛世界的面貌。當您發現眞相以後，您將會唸：「噢！喇嘛．性．世界，譚崔性交嘛！」作者：張善思、呂艾倫。售價200元。

見性與看話頭：黃正倖老師的《見性與看話頭》於《正覺電子報》連載完畢，今結集出版。書中詳說禪宗看話頭的詳細方法，並細說看話頭與眼見佛性的關係，以及眼見佛性者求見佛性前必須具備的條件。本書是禪宗實修者追求明心開悟時參禪的方法書，也是求見佛性者作功夫時必讀的方法書，內容兼顧眼見佛性的理論與實修之方法，是依實修之體驗配合理論而詳述，條理分明而且極為詳實、周全、深入。本書內文375頁，全書416頁，售價300元。

實相經宗通：學佛之目的在於實證一切法界背後之實相，禪宗稱之為本來面目或本地風光，佛菩提道中稱之為實相法界；此實相法界即是金剛藏，又名佛法之祕密藏，即是能生有情五陰、十八界及宇宙萬有（山河大地、諸天、三惡道世間）的第八識如來藏，又名阿賴耶識心，即是禪宗祖師所說的眞如心，此心即是三界萬有背後的實相。證得此第八識心時，自能瞭解般若諸經中隱說的種種密意，即得發起實相般若——實相智慧。每見學佛人修學佛法二十年後仍對實相般若茫然無知，亦不知如何入門，茫無所趣；更因不知三乘菩提的互異互同，是故越是久學者對佛法越覺茫然，都肇因於尚未瞭解佛法的全貌，亦未瞭解佛法的修證內容即是第八識心所致。本書對於修學佛法者所應實證的實相境界提出明確解析，並提示趣入佛菩提道的入手處，有心親證實相般若的佛法實修者，宜詳讀之，於佛菩提道之實證即有下手處。平實導師述著，共八輯，已全部出版完畢，每輯成本價250元。

真心告訴您(一)—達賴喇嘛在幹什麼？這是一本報導篇章的選集，更是「破邪顯正」的暮鼓晨鐘。「破邪」是戳破假象，說明達賴喇嘛及其所率領的密宗四大派法王、喇嘛們，弘傳的佛法是仿冒的佛法；他們是假藏傳佛教，是坦特羅(譚崔性交)外道法和藏地崇奉鬼神的苯教混合成的「喇嘛教」，推廣的是以所謂「無上瑜伽」的男女雙身法冒充佛法的假佛教，詐財騙色誤導眾生，常常造成信徒家庭破碎、家中兒少失怙的嚴重後果。「顯正」是揭櫫眞相，指出眞正的藏傳佛教只有一個，就是覺囊巴，傳的是 釋迦牟尼佛演繹的第八識如來藏妙法，稱爲他空見大中觀。正覺教育基金會即以此古今輝映的如來藏正法正知見，在眞心新聞網中逐次報導出來，將箇中原委「眞心告訴您」，如今結集成書，與想要知道密宗眞相的您分享。售價250元。

法華經講義：此書爲平實導師始從2009/7/21演述至2014/1/14之講經錄音整理所成。世尊一代時教，總分五時三教，即是華嚴時、聲聞緣覺教、般若教、種智唯識教、法華時；依此五時三教區分爲藏、通、別、圓四教。本經是最後一時的圓教經典，圓滿收攝一切法教於本經中，是故最後的圓教聖訓中，特地指出無有三乘菩提，其實唯有一佛乘；皆因眾生愚迷故，方便區分爲三乘菩提以助眾生證道。世尊於此經中特地說明如來示現於人間的唯一大事因緣，便是爲有緣眾生「開、示、悟、入」諸佛的所知所見——第八識如來藏妙眞如心，並於諸品中隱說「妙法蓮花」如來藏心的密意。然因此經所說甚深難解，眞義隱晦，古來難得有人能窺堂奧；平實導師以知如是密意故，特爲末法佛門四眾演述《妙法蓮華經》中各品蘊含之密意，使古來未曾被古德註解出來的「此經」密意，如實顯示於當代學人眼前。乃至〈藥王菩薩本事品〉、〈妙音菩薩品〉、〈觀世音菩薩普門品〉、〈普賢菩薩勸發品〉中的微細密意，亦皆一併詳述之，開前人所未曾言之密意，示前人所未見之妙法。最後乃至以〈法華大意〉而總其成，全經妙旨貫通始終，而依佛旨圓攝於一心如來藏妙心，厥爲曠古未有之大說也。平實導師述　已於2015/5/31起開始出版，每二個月出版一輯，共25輯。每輯300元。

西藏「活佛轉世」制度—附佛、造神、世俗法：歷來關於喇嘛教活佛轉世的研究，多針對歷史及文化兩部分，於其所以成立的理論基礎，較少系統化的探討。尤其是此制度是否依據「佛法」而施設？是否合乎佛法眞實義？現有的文獻大多含糊其詞，或人云亦云，不曾有明確的闡釋與如實的見解。因此本文先從活佛轉世的由來，探索此制度的起源、背景與功能，並進而從活佛的尋訪與認證之過程，發掘活佛轉世的特徵，以確認「活佛轉世」在佛法中應具足何種果德。定價150元。

真心告訴您（二）—達賴喇嘛是佛教僧侶嗎？補祝達賴喇嘛八十大壽：這是一本針對當今達賴喇嘛所領導的喇嘛教，冒用佛教名相、於師徒間或師兄姊間，實修男女邪淫，而從佛法三乘菩提的現量與聖教量，揭發其謊言與邪術，證明達賴及其喇嘛教是仿冒佛教的外道，是「假藏傳佛教」。藏密四大派教義雖有「八識論」與「六識論」的表面差異，然其實修之內容，皆共許「無上瑜伽」四部灌頂爲究竟「成佛」之法門，也就是共以男女雙修之邪淫法爲「即身成佛」之密要，雖美其名曰「欲貪爲道」之「金剛乘」，並誇稱其成就超越於（應身佛）釋迦牟尼佛所傳之顯教般若乘之上；然詳考其理論，則或以意識離念時之粗細心爲第八識如來藏，或以中脈裡的明點爲第八識如來藏，或如宗喀巴與達賴堅決主張第六意識爲常恆不變之眞心者，分別墮於外道之常見與斷見中；全然違背 佛說能生五蘊之如來藏的實質。售價300元。

佛法入門：學佛人往往修學二十年後仍不知如何入門，茫無所入漫無方向，不知如何實證佛法；更因不知三乘菩提的互異互同之處，導致越是久學者越覺茫然，都是肇因於尚未瞭解佛法的全貌所致。本書對於佛法的全貌提出明確的輪廓，並說明三乘菩提的異同處，讀後即可輕易瞭解佛法全貌，數日內即可明瞭三乘菩提入門方向與下手處。○○菩薩著 出版日期未定。

修習止觀坐禪法要講記：修學四禪八定之人，往往錯會禪定之修學知見，欲以無止盡之坐禪而證禪定境界，卻不知修除性障之行門才是修證四禪八定不可或缺之要素，故智者大師云「性障初禪」：性障不除，初禪永不現前，云何修證二禪等？又：行者學定，若唯知數息，而不解六妙門之方便善巧者，欲求一心入定，未到地定極難可得，智者大師名之爲「事障未來」：障礙未到地定之修證。又禪定之修證，不可違背二乘菩提及第一義法，否則縱使具足四禪八定，亦不能實證涅槃而出三界。此諸知見，智者大師於《修習止觀坐禪法要》中皆有闡釋。作者平實導師以其第一義之見地及禪定之實證證量，曾加以詳細解析。將俟正覺寺竣工啓用後重講，不限制聽講者資格；講後將以語體文整理出版。欲修習世間定及增上定之學者，宜細讀之。平實導師述著。

解深密經講記：本經係 世尊晚年第三轉法輪，宣說地上菩薩所應熏修之唯識正義經典，經中所說義理乃是大乘一切種智增上慧學，以阿陀那識—如來藏—阿賴耶識爲主體。禪宗之證悟者，若欲修證初地無生法忍乃至八地無生法忍者，必須修學《楞伽經、解深密經》所說之八識心王一切種智；此二經所說正法，方是眞正成佛之道；印順法師否定第八識如來藏之後所說萬法緣起性空之法，是以誤會後之二乘解脫道取代大乘眞正成佛之道，尚且不符二乘解脫道正理，亦已墮於斷滅見中，不可謂爲成佛之道也。平實導師曾於本會郭故理事長往生時，於喪宅中從首七開始宣講，於每一七各宣講三小時，至第十七而快速略講圓滿，作爲郭老之往生佛事功德，迴向郭老早證八地、速返娑婆住持正法。茲爲今時後世學人故，將擇期重講《解深密經》，以淺顯之語句講畢後，將會整理成文，用供證悟者進道；亦令諸方未悟者，據此經中佛語正義，修正邪見，依之速能入道。平實導師述著，全書輯數未定，每輯三百餘頁，將於未來重講完畢後逐輯出版。

阿含經講記—小乘解脫道之修證：數百年來，南傳佛法所說證果之不實，所說解脫道之虛妄，所弘解脫道法義之世俗化，皆已少人知之；從南洋傳入台灣與大陸之後，所說法義虛謬之事，亦復少人知之；今時台灣全島印順系統之法師居士，多不知南傳佛法數百年來所說解脫道之義理已然偏斜、已然世俗化、已非眞正之二乘解脫正道，猶極力推崇與弘揚。彼等南傳佛法近代所謂之證果者多非眞實證果者，譬如阿迦曼、葛印卡、帕奧禪師、一行禪師……等人，悉皆未斷我見故。近年更有台灣南部大願法師，高抬南傳佛法之二乘修證行門爲「捷徑究竟解脫之道」者，然而南傳佛法縱使眞修實證，得成阿羅漢，至高唯是二乘菩提解脫之道，絕非究竟解脫，無餘涅槃中之實際尚未得證故，法界之實相尚未了知故，習氣種子待除故，一切種智未實證故，焉得謂爲「究竟解脫」？即使南傳佛法近代眞有實證之阿羅漢，尚且不及三賢位中之七住明心菩薩本來自性清淨涅槃智慧境界，則不能知此賢位菩薩所證之無餘涅槃實際，仍非大乘佛法中之見道者，何況普未實證聲聞果乃至未斷我見之人？謬充證果已屬逾越，更何況是誤會二乘菩提之後，以未斷我見之凡夫知見所說之二乘菩提解脫偏斜法道，焉可高抬爲「究竟解脫」？而且自稱「捷徑之道」？又妄言解脫之道即是成佛之道，完全否定般若實智、否定三乘菩提所依之如來藏心體，此理大大不通也！平實導師爲令修學二乘菩提欲證解脫果者，普得迴入二乘菩提正見、正道中，是故選錄四阿含諸經中，對於二乘解脫道法義有具足圓滿說明之經典，預定未來十年內將會加以詳細講解，令學佛人得以了知二乘解脫道之修證理路與行門，庶免被人誤導之後，未證言證，干犯道禁，成大妄語，欲升反墮。本書首重斷除我見，以助行者斷除我見而實證初果爲著眼之目標，若能根據此書內容，配合平實導師所著《識蘊眞義》《阿含正義》內涵而作實地觀行，實證初果非爲難事，行者可以藉此三書自行確認聲聞初果爲實際可得現觀成就之事。此書中除依二乘經典所說加以宣示外，亦依斷除我見等之證量，及大乘法中道種智之證量，對於意識心之體性加以細述，令諸二乘學人必定得斷我見、常見，免除三縛結之繫縛。次則宣示斷除我執之理，欲令升進而得薄貪瞋痴，乃至斷五下分結…等。平實導師述，共二冊，每冊三百餘頁。每輯300元。

＊喇嘛教修外道雙身法，墮識陰境界，非佛教＊

＊弘揚如來藏他空見的覺囊派才是真正藏傳佛教＊

總經銷：飛鴻 國際行銷股份有限公司
231 新北市新店市中正路 501 之 9 號 2 樓
Tel.02－82186688（五線代表號） Fax.02-82186458、82186459

零售：1.**全台連鎖經銷書局：**
三民書局、誠品書局、何嘉仁書店
敦煌書店、紀伊國屋、金石堂書局、建宏書局

2.**台北市：**佛化人生 羅斯福路 3 段 325 號 6 樓之 4 台電大樓對面
3.**新北市：**春大地書店 **蘆洲**中正路 117 號 明達書局 **三重**五華街 129 號
4.**桃園市縣：**誠品書局 **桃園市**中正路 20 號遠東百貨地下室一樓
金石堂 **桃園市**大同路 24 號 金石堂 **桃園**八德市介壽路 1 段 987 號
諾貝爾圖書城 **桃園市**中正路 56 號地下室 巧巧屋書局 **蘆竹**南崁路 263 號
墊腳石文化書店 **中壢市**中正路 89 號 來電書局 **大溪**慈湖路 30 號
御書堂 **龍潭**中正路 123 號
5.**新竹市縣：**大學書局 **新竹**建功路 10 號 誠品書局 **新竹**東區信義街 68 號
誠品書局 **新竹**東區中央路 229 號 5 樓 誠品書局 **新竹**東區力行二路 3 號
墊腳石文化書店 **新竹**中正路 38 號 金典文化 **竹北**中正西路 47 號
6.**苗栗市縣：**萬花筒書局**苗栗市**府東路 73 號
7.**台中市：** **瑞成**書局、各大連鎖書店。
詠春書局 **台中市**永春東路 884 號 文春書局 **霧峰**中正路 1087 號
8.**彰化市縣：**心泉佛教流通處 **彰化市**南瑤路 286 號
員林鎮：墊腳石圖書文化廣場 中山路 2 段 49 號（04-8338485）
9.**台南市：**博大書局 **新營**三民路 128 號
藝美書局 **善化**中山路 436 號 宏欣書局 **佳里**光復路 214 號
10.**高雄市：**各大連鎖書店、**瑞成**書局
政大書城 **三民區**明仁路 161 號 政大書城 **苓雅區**光華路 148-83 號
明儀書局 **三民區**明福街 2 號 明儀書局 三多四路 63 號
青年書局 青年一路 141 號
11.**宜蘭縣市：**金隆書局 宜蘭市中山路 3 段 43 號
宋太太梅鋪 羅東鎮中正北路 101 號（039-534909）
12.**台東市：**東普佛教文物流通處 台東市博愛路 282 號
13.**其餘鄉鎮市經銷書局：**請電詢總經銷**飛鴻**公司。
14.**大陸地區請洽：**
香港：樂文書店
旺角店 :香港九龍旺角西洋菜街 62 號 3 樓
電話 :(852) 2390 3723 email: luckwinbooks@gmail.com
銅鑼灣店 :香港銅鑼灣駱克道 506 號 2 樓
電話 :(852) 2881 1150 email: luckwinbs@gmail.com
廈門：廈門外圖臺灣書店有限公司

地址：廈門市思明區湖濱南路809號 廈門外圖書城3樓 郵編：361004
電話：0592-5061658（臺灣地區請撥打 86-592-5061658）
E-mail：JKB118@188.COM

15.**美國：世界日報圖書部**：紐約圖書部　電話 7187468889#6262
洛杉磯圖書部　電話 3232616972#202

16.**國內外地區網路購書：**

正智出版社 書香園地　http://books.enlighten.org.tw/
（書籍簡介、直接聯結下列網路書局購書）

三民 網路書局　http://www.Sanmin.com.tw
誠品 網路書局　http://www.eslitebooks.com
博客來 網路書局　http://www.books.com.tw
金石堂 網路書局　http://www.kingstone.com.tw
飛鴻 網路書局　http://fh6688.com.tw

附註：1.請儘量向各經銷書局購買：郵政劃撥需要十天才能寄到（本公司在您劃撥後第四天才能接到劃撥單，次日寄出後第四天您才能收到書籍，此八天中一定會遇到週休二日，是故共需十天才能收到書籍）若想要早日收到書籍者，請劃撥完畢後，將劃撥收據貼在紙上，旁邊寫上您的姓名、住址、郵區、電話、買書詳細內容，直接傳眞到本公司 02-28344822，並來電 02-28316727、28327495 確認是否已收到您的傳眞，即可提前收到書籍。 2.因台灣每月皆有五十餘種宗教類書籍上架，書局書架空間有限，故唯有新書方有機會上架，通常每次只能有一本新書上架；本公司出版新書，大多上架不久便已售出，若書局未再叫貨補充者，書架上即無新書陳列，則請直接向書局櫃台訂購。 3.若書局不便代購時，可於晚上共修時間向正覺同修會各共修處請購（共修時間及地點，詳閱**共修現況表**。每年例行年假期間請勿前往請書，年假期間請見共修現況表）。 4.郵購：郵政劃撥帳號 19068241。 5.正覺同修會會員購書都以八折計價（戶籍台北市者爲一般會員，外縣市爲護持會員）都可獲得優待，欲一次購買全部書籍者，可以考慮入會，節省書費。入會費一千元（第一年初加入時才需要繳），年費二千元。**6.尚未出版之書籍，請勿預先郵寄書款與本公司，謝謝您！** 7.若欲一次購齊本公司書籍，或同時取得正覺同修會贈閱之全部書籍者，請於正覺同修會共修時間，親到各共修處請購及索取；**台北市讀者**請洽：103 台北市承德路三段 267 號 10 樓（捷運淡水線 圓山站旁）請書時間：週一至週五爲 18.00~21.00，第一、三、五週週六爲 10.00~21.00，雙週之週六爲 10.00~18.00 請購處專線電話：25957295-分機 14（於請書時間方有人接聽）。

敬告大陸讀者：

大陸讀者購書、索書捷徑（尚未在大陸出版的書籍，以下二個途徑都可以購得，電子書另包括結緣書籍）：

1.廈門外國圖書公司：廈門市思明區湖濱南路 809 號 廈門外圖書城 3F
郵編：361004　電話：0592-5061658　網址：JKB118＠188.COM

2.電子書：正智出版社有限公司及正覺同修會在台灣印行的各種局版書、結緣書，已有『**正覺電子書**』陸續上線中，提供讀者於手機、平板電腦上購書、下載、閱讀正智出版社、正覺同修會及正覺教育基金會所出版之電子書，詳細訊息敬請參閱『正覺電子書』專頁：http://books.enlighten.org.tw/ebook

關於平實導師的書訊，請上網查閱：
成佛之道　http://www.a202.idv.tw
正智出版社 書香園地　http://books.enlighten.org.tw/

中國網採訪佛教正覺同修會、正覺教育基金會訊息：

http://big5.china.com.cn/gate/big5/fangtan.china.com.cn/2014-06/19/content_32714638.htm

http://pinpai.china.com.cn/

★ 正智出版社有限公司售書之稅後盈餘，全部捐助財團法人正覺寺籌備處、佛教正覺同修會、正覺教育基金會，供作弘法及購建道場之用；懇請諸方大德支持，功德無量。

★ 聲　明 ★

本社於 2015/01/01 開始調整本目錄中部分書籍之售價，以因應各項成本的持續增加。

＊ 喇嘛教修外道雙身法、墮識陰境界，非佛教 ＊

＊ 弘揚如來藏他空見的覺囊派才是真正藏傳佛教 ＊

售後服務—換書啓事（免附回郵） 2012/09/24

《楞嚴經講記》第 14 輯初版首刷本免費調換新書啓事：本講記第 14 輯出版前因 平實導師諸事繁忙，未將之重新閱讀而只改正校對時發現的錯別字，故未能發覺十年前所說法義有部分錯誤，於第 15 輯付印前重閱時才發覺第 14 輯中有部分錯誤尚未改正。今已重新審閱修改並已重印完成，煩請所有讀者將以前所購第 14 輯初版首刷本，寄回本社免費換新（初版二刷本無錯誤），本社將於寄回新書時同時附上您寄書回來換新時所付的郵資，並在此向所有讀者致上最誠懇的歉意。

《心經密意》初版書免費調換二版新書啓事：本書係演講錄音整理成書，講時因時間所限，省略部分段落未講。後於再版時補寫增加 13 頁，維持原價流通之。茲爲顧及初版讀者權益，自 2003/9/30 開始免費調換新書，原有初版一刷、二刷書籍，皆可寄來本來公司換書。

《宗門法眼》已經增寫改版爲 464 頁新書，2008 年 6 月中旬出版。讀者原有初版之第一刷、第二刷書本，都可以寄回本社免費調換改版新書。改版後之公案及錯悟事例維持不變，但將內容加以增說，較改版前更具有廣度與深度，將更能助益讀者參究實相。

換書者**免附回郵**，亦無截止期限；舊書請寄：111 台北郵政 73-151 號信箱 或 103 台北市承德路三段 267 號 10 樓 正智出版社有限公司。舊書若有塗鴨、殘缺、破損者，仍可換取新書；但缺頁之舊書至少應仍有五分之三頁數，方可換書。所有讀者不必顧念本公司是否有盈餘之問題，都請踴躍寄來換書；本公司成立之目的不是營利，只要能眞實利益學人，即已達到成立及運作之目的。若以郵寄方式換書者，免附回郵；並於寄回新書時，由本社附上您寄來書籍時耗用的郵資。造成您不便之處，再次致上萬分的歉意。

正智出版社有限公司 启

國家圖書館出版品預行編目資料

狂密與真密／平實導師著. 初版
台北市：正智，2002－　〔民 91－　〕
冊；　　公分
含參考書目
ISBN 957-30019-1-8（第一輯：平裝）
ISBN 957-30019-2-6（第二輯：平裝）
ISBN 957-30019-4-2（第三輯：平裝）
ISBN 957-30019-5-0（第四輯：平裝）
1. 密宗

226.91　　　　91003012

狂密與真密
——第二輯

作　者：平實導師
校　對：余書偉　陳介源
出版者：正智出版社有限公司
電話：○二 28327495　28316727（白天）
傳眞：○二 2834482
111 台北郵政 73-151 號信箱
郵政劃撥帳號：一九○六八二四一
正覺講堂：總機○二 25957295（夜間）
總經銷：飛鴻國際行銷股份有限公司
231 新北市新店區中正路 501-9 號 2 樓
電話：○二 82186688（五線代表號）
傳眞：○二 82186458　82186459
初　版：公元二○○二年四月　二千冊
初版十刷：公元二○一六年四月　二千冊
定　價：三○○元